流轉的紫禁城

世界史視野下的明清宮廷文化

王一樵 著

目次

乾隆御製金甌永固杯
（國立故宮博物院藏品）

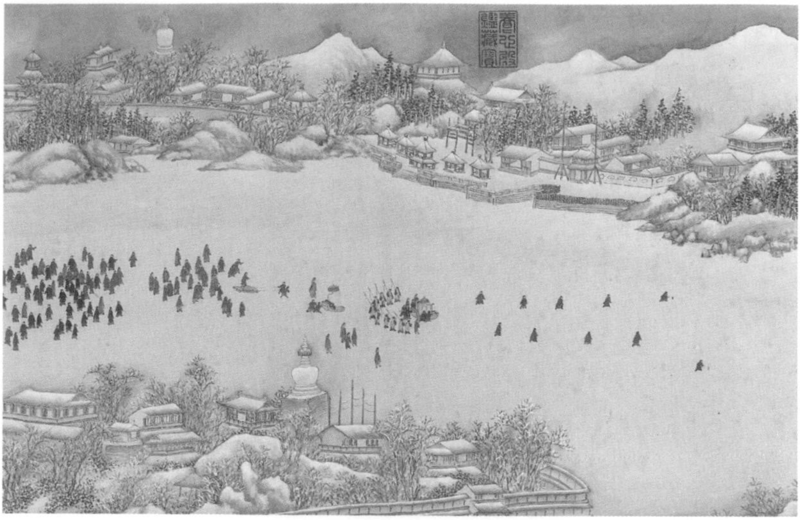

〔清〕錢維城畫御製〈雪中坐冰床即景卷〉
（國立故宮博物院藏品）

〔清〕英國嵌寶石鐘錶盒
（國立故宮博物院藏品）

〔清〕磁胎洋彩黃地團花山水膳碗
（國立故宮博物院藏品）

〔清〕丁觀鵬〈太平春市圖卷〉（局部）
（國立故宮博物院藏品）

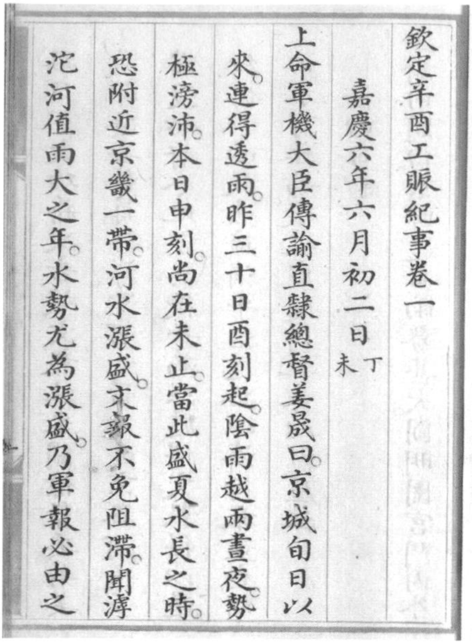
欽定辛酉工賑紀事卷一
嘉慶六年六月初二日丁未
上命軍機大臣傳諭直隸總督姜晟曰。京城旬日以
來連得透雨。昨三十日酉刻起陰雨越兩晝夜勢
極滂沛。本日申刻尚在未止。當此盛夏水長之時。
恐附近京畿一帶河水漲盛。未録不免阻滯。聞滹
沱河值雨大之年。水勢尤為漲盛。乃軍報必由之

《欽定辛酉工賑紀事》
（國立故宮博物院藏品）

清人〈狻猊圖〉
（國立故宮博物院藏品）

清孝賢純皇后繡花卉火鐮荷包
（國立故宮博物院藏品）

嘎巴拉骨念珠
（國立故宮博物院藏品）

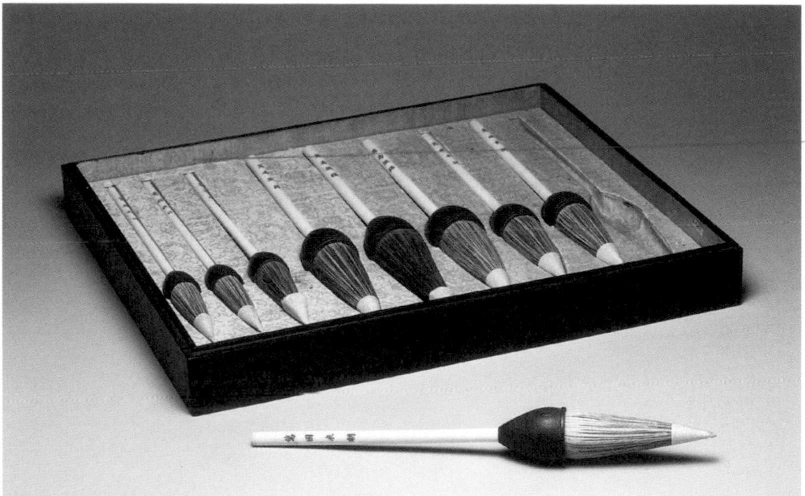

〔清〕萬國來朝象牙桿斗筆
（國立故宮博物院藏品）

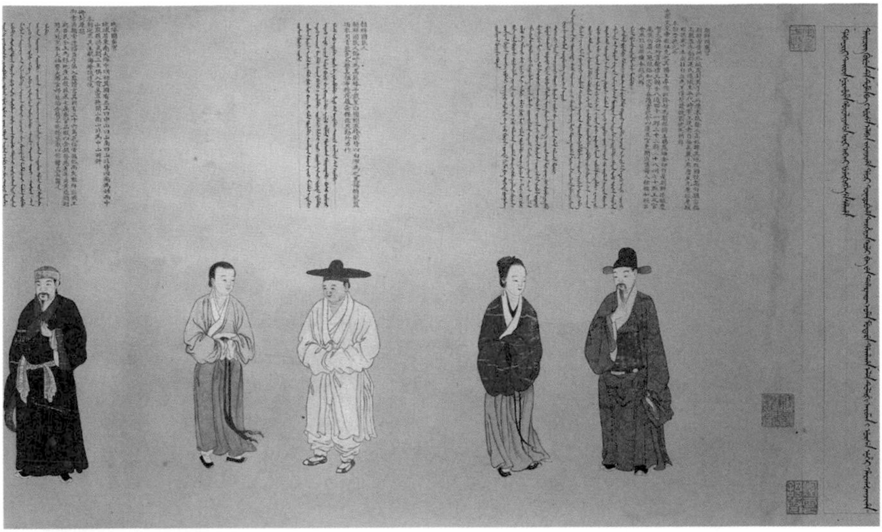

〔清〕謝遂《職貢圖．朝鮮國夷官．朝鮮國民人》
（國立故宮博物院藏品）

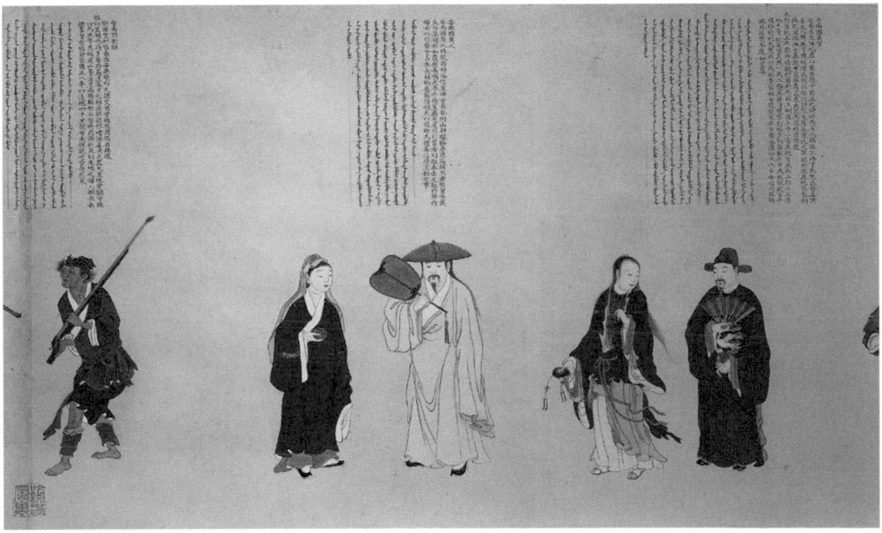

〔清〕謝遂《職貢圖．安南國夷官．安南國夷人》
（國立故宮博物院藏品）

〔明〕唐寅〈燒藥圖〉
（國立故宮博物院藏品）

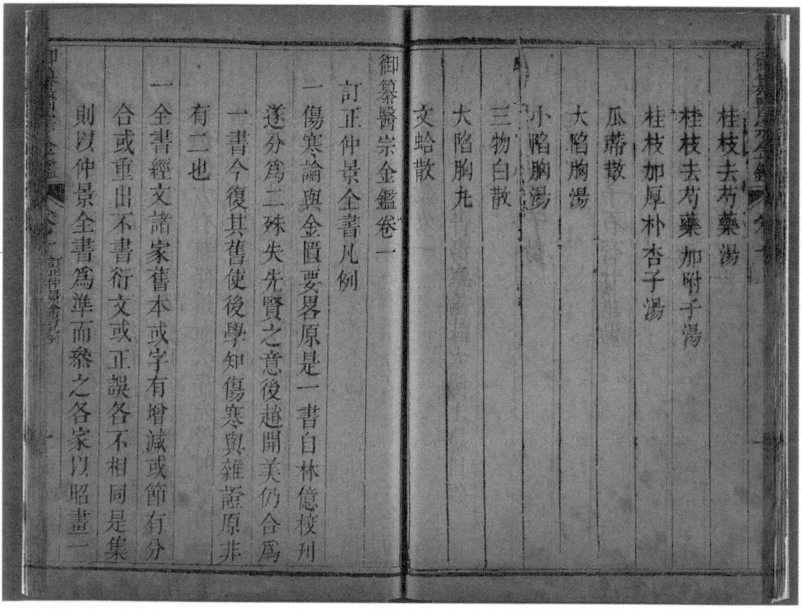

桂枝去芍藥湯
桂枝去芍藥加附子湯
桂枝加厚朴杏子湯
瓜蒂散
大陷胸湯
小陷胸湯
三物白散
大陷胸丸
文蛤散

御纂醫宗金鑑卷一
訂正仲景全書凡例
一傷寒論與金匱要畧原是一書自林億校刊
遂分為二殊失先賢之意後趙開美仍合為
一書今復其舊使後學知傷寒與雜證原非
有二也
一全書經文諸家舊本或字有增減或節有分
合或重出不書衍文或正誤各不相同是集
則以仲景全書為準而叅之各家以昭畫一

《御纂醫宗金鑑》九十卷卷首一卷
（國立故宮博物院藏品）

清高宗夏朝冠
（國立故宮博物院藏品）

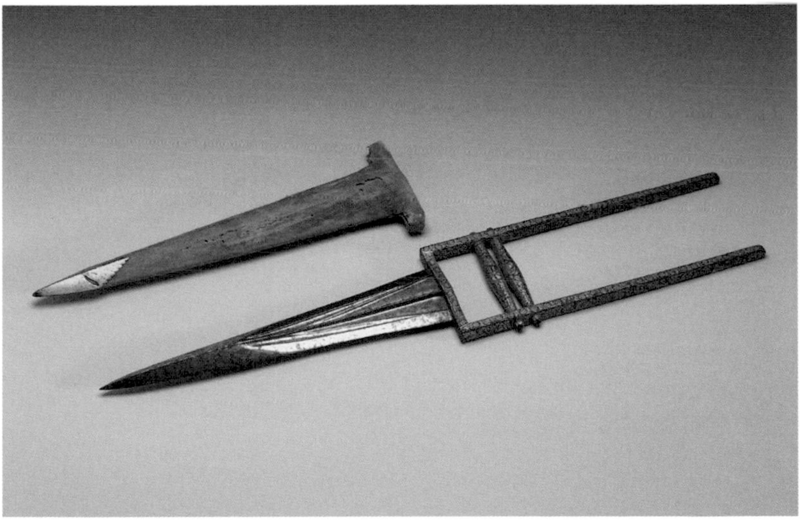

〔清〕插刀
（國立故宮博物院藏品）

前序

北京城裡留有許多求學時代的回憶，而研究的生涯也圍繞著這老北京裡的紫禁城而延伸，我嘗試著由域外之人、中西文化交流，以及世界史的視野，從各種流動與轉變的文化元素來重新觀看這一個古老的皇家宮殿，以及相關的明清宮廷文化議題，由不同的視角與文化脈絡，寫下明清紫禁城裡的動人故事。

依稀記得在二〇〇二年初秋的日子裡，北大校園還真是漂亮，特別是在「一塔湖圖」的四周，總是那樣的充滿著季節的腳步。秋天就是那樣的落葉漫天，而且總是帶給人數也數不完的回憶。還記得就在秋風漸起之時，一個人漫步在校園裡，閱讀著書，也思索著許多研究上的構想。那時北大歷史系的碩士生課程，無論是中國古代史專業、近現代史，還是世界史專業，都有一門必修的研究課程。這門課程的安排很特別，由系上邀請多位研究先進與老師們分別就自己的專業，進行專題演講。

我還記得第一講，當時是由張傳璽先生主講。張先生的講課題目主要是中國古代國家的歷史特徵，以及政治制度等等，從宏觀的審視角度討論了中國古代史。第二講是吳榮曾先生，吳老師談的是秦漢考古發現的研究回顧，談到了《日書》等文獻的發現，另外也談到拓碑的方法與技術上的一些細節。這一門課的作業布置上很有講究，每一位修課同學都要就自己的專業，擬寫一篇關於這項研究課題的近五十年研究回顧。這一項課程作業表面上看似簡單，但是在資料庫與線上檢索還不普及的年代，修課的同學們只能勤查勤找，同時編寫書目與資料卡片，才能慢慢整理出研究回顧的頭緒。當時籌備擬寫的研究回顧是「綜述近五十年來明代政治制度史研究」，努力抄寫相關研究書目，作為這一門課的學期作業。仔細回想，這或許就是我展開明清史研究的一個基點，由此出發，緩慢的學習相關的背景知識。

《鮚埼亭集》與許大齡先生的故事

千里之行，始於足下。誠如王汎森老師所言：「歷史是一種擴充心量之學。」史學之道，其實正是一種不斷擴充心量的重要學問。史學研究必須有一段長時間的積累，讓自己慢慢的理解史料文獻，某一方面也是消化這些歷史文獻裡的豐富訊息，讓這一些文字記載成為研究生涯的一部分。我還記得當時在北京大學的中國古代史教研室，那一天土天有老師請幾位年輕朋友們一起聚聚。天有老師談到自己的學生時代，特別是許大齡先生當初指導的時候如何布置功課。許大齡先生當時的要求是要先將《明史紀事本末》詳細通讀一遍，然後詳讀全祖望《鮚埼亭集》，接著細讀《明史》。研究方面，則是通讀點校《國朝典故》的善本特藏，完成了這一部書的點校工作。許大齡先生的教學方式，可以說是逐步且有層次的閱讀前輩史家的研究，辛苦下多年的研讀功夫，用心在這幾部書上。當時的我默記在心中，特別留心去延續著老先生們的指導，用心在史料文獻與前人成果，慢慢的積累。

徐世昌在《清儒學案》中是這樣評價全謝山先生的學問：「謝山為學，私淑南雷，精治經史，博極群書，尤熟於明事，凡永樂靖難忠賢……唐、桂遺聞，皆能抉其隱微。平生留意鄉邦文獻，於明季里人之死難者，必為之辨誣徵實，作碑誌銘傳以存其人。數百年來，浙東學派以重根柢、尚志節為主，南雷開其先，萬氏繼之，全氏又繼之，風氣綿延，迄今弗替，其效遠矣。」梁任公也認為《鮚埼亭集》是其最為重視的一部清人文集，評價全謝山可謂是真正史家，不作空論之言。許多年之後，研究與教學工作之餘，我慢慢的思索前輩們的教學之路。許大齡先生規劃的學習方案，正是由清人研究成果出發，讓研究者可以逐步理解明清以來的史事發展。天有老師離世多年，但是這一段教學指導，我一直留在心裡，並且用多年的時間來慢慢的實踐著。史學研究很是寂寞辛苦，但是老師與前輩們的用心教育，處處提點，才讓史學研究成果可以有了深化與進一步普及教育的可能性。

至於，許大齡先生的言外之意，則或許讓學生輩們明白全謝山的治史精神。史學家有一份獨特的義務責任，用心於時代之中，為死難志士仁人，辨誣徵實，抉其隱微，為鄉邦文獻留下一份真實的紀錄，流傳其人其事。隨著多年前的回憶，坐在書案前詳細的思索起來，其實最實在的學問研究取徑，反而是最樸實無華的研究法門。回想起來，未名湖畔有許多的故事，而生命裡的一些緣分，總是使這一些故事與我相遇。即便離開了北大校園，這一些學術故事卻依然在研究的過程中，深深影響著我的研究與學習。

大鐘寺的永樂梵鐘

往後十多年來，我一直在學術上有所追求，並且展開了一場知識的長途旅行。無論是在真實世界，還是在古老文獻之中，旅行總是能帶來文化的交流，進而引發思想上的各種創意與激盪，而古代的旅人總是會攜帶著地圖，並在上面標記著漫長旅途中的所經之地。我也不例外，研究的道路上，沿途的所見所聞，逐漸形成了筆記上的各種片段章節與證據線索，指引著下一步的研究道路。隨著歲月時光的流轉，我的研究課題擴展到了古代東亞世界中的使節活動，以及相關的文化交流歷程。研究工作之中，我總是閱讀著各種古代使節們所留下的文獻紀錄與古代地圖，思考著其中的各種歷史文化意義。事實上，透過這一些珍貴的域外文獻史料，我們不只看到了古代旅人們的所見所聞，也感知到他們眼中的紫禁城與明清宮廷文化。域外之人，往往提供了一扇窗口，讓我們可以按圖索驥，找尋到這些明清宮廷裡的有趣故事。

除了域外史料文獻與古代地圖，北京各處的人文地景可以說就是一張張活生生的歷史地圖。北京城裡許多建築物都與明清帝王有關，自然也包括了寺廟，例如雍和宮等等。還記得那熟悉的大鐘寺，也有一段極其有趣的故事。北京大鐘寺建於雍正年間，根據《燕京歲時記》，〈大鍾寺〉條下載：「大鍾寺本覺生寺，以大鍾（鐘）得名，蓋歲時求雨處也。」大鍾寺者，即今日北京的「大鐘寺」一地。由此可知大鐘寺原為京城內的求雨處。不過，求雨之處，其實另有故事。佛寺內的展示說明中寫道，大鐘寺的源頭其實更有淵源，原是永樂皇帝下旨鑄造大型銅鑄佛鐘，圍繞著大佛鐘而建築的御令敕建寺廟。一些關於北京的地方掌故記聞與清人筆記小說，時常會在字裡行間留下一些相關的紀錄，像是《日下舊聞考》、《帝京景物略》、《花隨人聖盦摭憶》等書中，便有一些概要的描述文字。據說清朝以來大鐘寺就一直是歲末年終時祈福的一個重要景點，每到歲末時節，京城百姓們總愛到寺中聽聽鐘聲梵音。甚至，就連朝鮮使臣們也都在筆下記錄了大鐘寺的景點特色；翻閱朝鮮使臣們的《燕行錄》時，還能在這些使臣們即景詩作中看到幾首相關的詩題。

黃昏時分看著永樂古鐘，看著大鐘寺映照在夕陽裡，總是讓年輕的我，在心中懷想著燕京昔日的遊人掌故。還記得當時剛到北京的我和友人們在北京尋覓到的暫時租房，便是在大鐘寺旁的一個社區裡，住處離寺廟並不遠，每日早晨都可以看到遊人們在大鐘寺門口來來往往，加上早晨上學上班的人們，在公車站前，形成了一幅極為熱鬧的場景。大鐘寺當時正在進行初步整修工程，清代以來建造的木構建築，正在逐步維修之中。寺廟裡還有一個小型的文物市場，也有一間小小的二手書店。當時正巧在二手書店裡看到一套中華書局的《明史》，雖然是二手書，但是正好配合研究上的需要，也就買了下來，也是一份書緣與生活的紀念。

還記得當時在大鐘寺的周圍，總是有各種工程，一切都在「改舊換新，市容改善」。一疊一疊的老石磚從大鐘寺的外牆拆下，由工人們換上新石磚，再疊成新牆面。那時興許還沒有「修舊如舊」的文物保存概念，每天經過大鐘寺的時候，腦海中不知不覺想起了黃秋岳書中的一段話：

> 二十年來，圓明園故址，文礎雕欄，暨于山石（中有艮嶽之遺）為豪強攫取略盡。瞿兌之常言，京城道上，常見大車曳宮殿木材花石而過，不知所往。……余則謂，不有所廢，其何以興，廢者可痛而非可痛。以殫力美藝之作，而悉供苟簡塗附焉，若興者悉如斯，乃真可痛者耳。

時代的新舊交替中，什麼存下，什麼逝去，什麼是讓人感到難以忘懷，其實也沒有什麼絕對的道理。一些我們習以為常的物事，卻不一定會細心記錄，反而是來自域外的朝鮮使節們為我們留下了一些關於老北京城的記憶，還有那些街談巷議的軼聞趣事。

北大西門外的煎餅果子

日常飲食，看似微不足道，但是裡面總是帶著味覺的記憶與歷史，更有屬於一些更深層次的人文底蘊。我總在想起北大西門的同時，也想起了屬於學生時代的街巷美食。北京大學的西門，造型古樸，校門前的一對石獅子讓人分外有一種懷舊的感受。二〇〇二年前後，西門外不遠的地段，一路漫步便會經過清朝康熙皇帝平日居住辦公的「暢春園」故址。很多清宮劇裡都會出現的「暢春園」，已非昔日故跡，現地已成為了一座公園。若是再往街弄裡走去，裡邊便有一些小吃食，不是什麼高檔的料理，只是庶民最平常的口味。但就是這種生活平常的巷弄口味，最讓人特別懷念，在腦海中留下了許多難忘的深刻記憶。

老北京城可以說是一座充滿了流動人口的大都市，外地人們有的是為了工作前程而來，有的只是為了找一個謀生的機會，或者是用俚俗的話來說沒關係就要找關係，找些親朋故舊來想辦法蹭口飯吃吃。每日清晨時分，就是各路早起的人們在開工前吃些東西填肚子的重要時分，最常見的吃食，莫過於煎餅果子。那時候在北京大學讀書，早晨趕在上課之前，搶搭從大鐘寺公車站開出的公交車，就先往西門坐去。時間若早一些，我便會轉去排隊，買著流動小販們推著販賣的煎餅果子。秋風漸起，早晨已經開始有些寒意，這個時候吃上一份熱氣騰騰的煎餅果子，分外有一種溫暖的感受。

這一種北京、天津一帶最為習見的早晨吃食，其實製作方法卻是再簡單不過。調好的麵糊在平底爐上製作成餅皮，上面加醬料、現切的青綠蔥花，最後配上一顆蛋，就成了最平民化的料理。另外，多半的時候，會配上一瓶酸奶，兩樣一起配著吃。這所謂的「酸奶」也並非現代乳製品，而是滿蒙民族常見的飲品「酸奶子」（滿語轉譯寫作：ayara）演變而來的發酵乳飲品。日本滿語學者山田恒雄先生曾在《滿洲語文語辭典》中將「酸奶子」（ayara）考訂為「優格」（ヨーグルト），也是一種帶有民族風情的特色飲料。最近新聞報導裡說這種早晨的庶民美食其實發跡自天津，雖然不像「狗不理」包子那樣大有名氣，但也是漸漸的傳到北京。但是滿語相關字詞中也記載了一種類似的食品「雞蛋焦餅」（滿語對譯為：「umhan haksangga efen」，「umhan」，即是「雞蛋」的滿語對譯。至於「焦餅」在滿語中對譯為：「haksangga efen」，由「金黃色」的滿語「haksan」轉化而來，也就是煎烤作金黃色之意）。日本學者羽田亨《滿和辭典》的注解說明中，就曾提及「雞蛋焦餅」是用麵粉蒸煮成形，混合雞蛋、砂糖，煎烤成的餑餑類麵食。安雙成先生纂輯的《漢滿大辭典》中也收錄有「蛋焦餅」一詞，應該是一種簡稱。若是透過各種滿語字典、辭典的記載來說，「雞蛋焦餅」極有可能是現代「煎餅」的源頭之一。總而言之，或多或少，這些語言文字的歷史變遷也是一種食物、滋味與人群的流動現象。隨著時代變遷，這樣的小吃也搭配上了最新科技，有了掃碼感應式支付的機器配置在小販部。但是，我覺得其實最有滋味的，還是在胡同巷弄裡，那一輛輛的小攤車，還有那北京初秋的早晨空氣。而那時候心裡正開始思索著明清史、宮廷史的研究構想，一點一滴的積累著那些有趣而神祕的古老故事。

流轉的紫禁城

第一章

萬歲爺的餐桌

清朝皇家御膳飲宴的雅致文化

玉殿行觴劍佩遲，乘龍有喜肅威儀。
禮成貳室分茅後，慶際三秋降主時。
近接天顏沾乳酪，全移日影沃金匜。
儒臣媿乏偕粧咏，既醉還歌湛露詩。

——清・劉正宗，〈正月晦日萬壽節侍宴紀恩〉。

皇家御膳：從掌故軼聞到清宮檔案文獻實例

老子有言：「治大國，若烹小鮮。」宮廷御宴之中，飲食之際，這一些看似日常生活的細微小事，平平淡淡中，卻可能是清代帝王領導群臣，統率眾人齊心同力的重要關鍵之處。高雅尊榮的皇家飲食，其實裡面不僅是玉食錦衣的華貴精緻，而且還有滿族源自白山黑水之間的民族文化風情。實際上透過《起居注》、《宮中檔》、《上諭檔》、《軍機處檔》，以及《內務府奏銷檔》等歷史文獻的相關記載，我們大略可以知道皇帝一般日常飲食用膳的具體內容。若是以乾隆皇帝為例，我們便可以在檔案文獻中看到其早膳、晚膳進用的各種御饌菜式，若再詳細檢視一下，還能看到各種不同料理方式的御膳品項。清代宮廷御膳飲食各式各樣的食材類別，可以說相當豐富多元，而且甜食、果品、餑餑糕餅等等，也是皇家飲食中不可或缺的美味點心，也在禮儀嚴謹的御膳宴飲之中，額外增添了一些日常生活中的貼心與甜美甘味。

有清一代，或許正由於東北關外的風土民情，可謂馬上英雄，豪氣萬千，滿族的文化風情也反映在清代宮廷的日常飲食上，宮廷飲食文化中往往別有一種特殊的民族風味。事實上，清朝國家政策重視「國語騎射」，除了文治之外，特別講究武備騎射的重要性，官方檔案文獻裡不乏各種賞賜狩獵野味的記載。例如清代檔案文獻中就常可見到清朝皇帝賞賜有功大臣們各種肉類食品的紀錄，皇家御賞食品中包括有鹿肉、鹿尾、鹿舌、麞肉、狍肉、野豬、野雞、山雞等野味肉品，種類頗為繁多。總括來看，清朝宮廷檔案文獻中關於賞賜飲食的相關紀錄如此眾多，可以說是汗牛充棟，各種事例可以說為後世讀者們開啟了一個觀察宮廷飲食文化的窗口門徑。透過官方檔案文獻中的詳細記載，我們不僅可以一窺清朝君臣如何經由飲食之際，溝通感情，凝聚向心力的清代政治文化面向。另一方面，檔案文獻中也記載下清代皇家飲食的各種面貌風情，則又可以在坊間掌故與傳說故事之外，為我們增加了一些歷史文化背景上的具體實例。

宏觀而論，正所謂「藥食同源」，日常飲食之間，其實正是養生之源。藥補遠不如食補有效，平時食用的穀肉果菜，看似簡單，但是食養之道可謂盡在其中。透過清朝各類官書文獻記載，我們也可以在清朝皇帝的日常飲食中看到養生方面的講究之處。除了前述提及民族文化風情之外，清朝歷朝皇帝可以說相當重視養生保健之道，例如乾隆皇帝甚至還曾經特別命令朝中大臣與太醫院御醫們主持編纂醫學叢書，匯聚考訂各種醫學知識，而這一種養生文化思維也充分反映在乾隆皇帝日常飲食的調整中。例如從年輕時候的食量，以及豐富多樣的肉品種類，漸至壯年，甚至到耄耋老年，飲食上則漸轉清淡，以配合身體狀況的細微變化。清代宮廷中這一種養生健康之方法，實際上其來有自，頗有歷史淵源，也可以說是宮廷飲食文化的重要特色之一。康熙皇帝就非常重視飲食養生之道，像是康熙帝特別注意用膳前後的心情變化，他甚至認為在用膳之後，不可以再過度勞累，或是觀閱聽聞讓人心煩之事。例如《聖祖仁皇帝庭訓格言》等書中便提及許多康熙皇帝的養生飲食之道。康熙皇帝認為用膳之後，「必談好事」，而且應該要閱看一些藝文圖冊畫譜，可以讓人在賞心悅目之餘，心情開朗，就容易消化飲食。畢竟，積食不消，就容易致病，平日飲食若是消化順暢，如此一來，也就不容易生病，身體自然健康。平日膳食種類方面，康熙皇帝更主張老年人在飲食上必須清淡，注意多食蔬果。平時多飲用清潔涼水，有益脾胃，更可以讓身體容易適應氣候上的寒暖變化。[1]

飲食養生之道，首重節制，凡事不可過量。康熙皇帝深明此理，因此雖然頗能飲酒，但是強調「朕之能飲而不飲，始為誠不飲者」。康熙帝特別訓誡子孫後人們千萬不可嗜酒貪杯，致使心志昏昧，或者致生疾病。酒之為物，飲用過量，往往「傷身亂行」，實非有益健康。對於養生長壽方面，康熙皇帝甚至主張不必時常服用人參等補藥，並且認為藥補過量，其實無益健康。康熙帝並且還舉富貴人家平時多半服用補益之藥為例，強調若是多用補藥，反而有損身體健康，不利養生延年。[2]雍正皇帝恪遵庭訓格言，平日就相當謹慎飲食，每在硃批中表示「朕之不飲，出自天性，並非強致而然」，對於飲酒之事，可以說頗為約束謹慎。透過檔案文獻的記載，我們可以看到雍正皇帝偶爾會與群臣於佳節聚會，同飲蒲酒，又或是應時應景的小酌一番，飲酒賦詩。但只是增加日常生活中的風雅樂趣，偶爾為之，可見雍正皇帝絕非清代坊間各種傳聞中的酗酒、嗜酒之人，頗知飲食養生之道。[3]

透過各方面資料的彙整，我們可以進一步發現清朝官方檔案文獻，以及清人筆記小說等相關記載中反映出來這一類最為有趣的皇家飲食文化，也讓人感受到最為貼近個人生活體驗的事例。像是清朝歷代皇帝時常賞賜眾臣食物果品的記載之中，乾隆皇帝甚至曾經將自己品嘗過的美味菜肴，特別賞賜給臣子的若干實例。除此之外，我們還可以在清朝檔案文書的字裡行間，看到清代君臣齊心為國之餘，也同享美食，共賞人間甘味美饌的詳細紀錄。[4]實際

1　參見：《聖祖仁皇帝庭訓格言》，收於《欽定四庫全書》，子部二十三，儒家類，第七一七冊，臺北：臺灣商務印書館，一九八三。相關討論可參見：莊吉發，《清史論集》（二十二），臺北：文史哲出版社，二〇一二，頁一六三—一六五。

2　康熙皇帝在養生與飲食方面的看法與相關研究討論，可參見：《聖祖仁皇帝庭訓格言》，收於《欽定四庫全書》，子部二十三，儒家類，第七一七冊，臺北：臺灣商務印書館，一九八三，頁二一—二三。莊吉發，《清史論集》（二十二），臺北：文史哲出版社，二〇一二，頁一六三—一六五。

3　參見：陳捷先，《青出於藍：一窺雍正帝王術》，臺北：三民書局，二〇一七，頁一八五—二二〇。馮爾康，《雍正傳》，臺北：臺灣商務印書館，二〇一四。

上，佳肴珍饈、山珍海味不只是單純的滿足口腹之欲，也不只是一種奢華富貴的身分展現。清朝皇帝的餐桌之上，萬歲爺與臣子們的御宴之會，我們看到的不只是精美菜肴，更是一種雅致細膩的宮廷生活文化。

除了上述提到的清朝宮廷檔案文獻，以及清人筆記小說中的軼聞掌故，清朝宮廷裡的御用器物也是御宴飲食文化的具體象徵。清代皇家御用的各種形式華麗的食器，可以說無處不是典雅與富貴交錯於一身的宮廷文化縮影，也扮演了紫禁城裡各種御宴上的重要角色。例如乾隆皇帝在新春年節慶祝之時，特於元旦舉行試筆儀式所使用的御用金杯，便是其中的重要代表。每年的元旦子時，乾隆皇帝都會在養心殿的東暖閣內舉行試筆儀式，同時並會以「金甌永固杯」來飲用屠蘇酒。這一方面可以說是承襲流傳已久的歲末年節習俗，而且以此象徵延年長壽，福澤深遠之意。儀式中所使用的「金甌永固杯」，則是寓意興盛繁昌，萬代千秋，山河永固，可說是天子尊貴威儀的具體象徵。試筆儀式的最後，乾隆皇帝會御筆寫下各類祈福祝願的吉語佳句，以及御製詩句，或是皇祖庭訓格言詩文等等，成為清代宮廷的年節慶祝慣例之一。關於乾隆皇帝御製試筆詩句的若干具體情況，皆可見於《清實錄》的相關記載之中。[5]新年佳節，御筆書寫吉言佳句，並以此祈願事事如意。誠如乾隆皇帝在乾隆十四年正月初一日的上諭所言「元旦應言吉事」，清代宮廷每逢新年佳節，必多說吉言吉事。實際上來看，這一些佳句名言，御製試筆詩句，所書所言的內容，多半是應景應時，歡慶新春佳節的吉祥喜慶之事。[6]

除此之外，新春元旦之時，乾隆皇帝還會翻閱是年曆書，共迓春祺，試圖透過這一些儀式來祈願新的一年國泰民安。另外，元旦開筆儀式中所使用的「金甌永固杯」則是乾隆皇帝為儀式之用，特別諭令所創製的御用金杯。國立故宮博物院所藏此一御用金杯，根據考訂，為乾隆四年製作之物，杯身係以黃金打造，並以夔龍造型作為杯耳，又以「三象頭」捲鼻成足。「金甌永固杯」的杯體器身則是鏨刻纏枝寶相花作為紋飾，以示吉祥喜慶之意。杯口沿飾為帶狀回紋，而且在回紋之中的一面鏨刻篆書「金甌永固」，另一面的回紋之中，則是刻有「乾隆年製」。金杯在器身表面上還特別以點翠工藝進行細部裝飾，杯身上另外還嵌有珍珠及紅藍寶石等等，樣式可謂華貴非常。[7]

實際上，我們若是仔細欣賞國立故宮博物院典藏的乾隆年間「金甌永固杯」，便能得到

4 參見：國立故宮博物院藏，《宮中檔雍正朝奏摺》，文獻編號：402021623，雍正六年十二月七日，奏為恭謝恩賜湯羊一隻鹿尾一簍等物事。國立故宮博物院藏，《宮中檔雍正朝奏摺》，文獻編號：402000386，雍正六年十二月七日，奏謝欽賜湯羊鹿尾折魯魚細鱗魚藕粉等食品摺。

5 《高宗純皇帝實錄》，卷一一七〇，乾隆四十五年五月二十七日乙巳條，頁八一五b。《仁宗睿皇帝實錄》，卷一，嘉慶元年正月初一日，頁六五a。

6 《高宗純皇帝實錄》，卷三三二，乾隆十四年正月初一日庚戌條，頁五三五a。

7 國立故宮博物院藏，「清乾隆金甌永固杯」，文物編號：故-雜-005490-N000000000。該件藏品的詳細註錄訊息與相關說明，可參見：國立故宮博物院，「器物典藏資料檢索系統」，網址：http://antiquities.npm.gov.tw/。並可參見：支運亭主編，清代宮史研究會編，《清代皇宮禮俗》，瀋陽：遼寧民族出版社，二〇〇三，頁一八五—一八六。

乾隆御製金甌永固杯
（國立故宮博物院藏品）

一個具體的文化印象。這一件御用金杯造型華貴，總是讓人在觀看後，心裡產生一些奇妙的深刻感受，特別容易讓人聯想到一些宮廷生活與工藝設計的雅致趣味。若是由工藝設計的角度來觀察，「金甌永固杯」這一款御用金杯的象鼻杯足，在許多細節的設計與處理上，便很有一種類似高級珠寶配合動物風格造型的宮廷華麗風格與細膩的設計感。詳細的樣式來源，雖然無法確實考察，但如果單純就設計藝術風格來看，這一件金杯在紋飾造型上帶有清代宮廷各類青銅復古器物的獨特紋飾與質感，並且具有類似「三足鼎」的工藝設計形式，雖是乾隆朝的創製之器，但是在復古風格之中，頗有文化締新的形式創意。除此之外，金杯在細部工藝的設計上，則頗有域外文化元素與美術風格交錯其中，例如象鼻杯足的設計構思，總是讓人想到來自域外的美學概念。若由較為宏觀角度來討論，金杯一物可以說是最能表示天子尊貴身分的一件皇家御用酒器。尤其是在皇家宴會儀典之中。事實上，無論中外，皇帝與君王所使用的御用杯器，形式上無不講求尊貴華麗，即是帝王權位的重要象徵之物。但是在形式之美、藝術風格的講求，以及工藝設計方面來看，「金甌永固杯」具體而微的反映了乾隆盛世的政治文化與宮廷物質文明。藝術設計精美絕倫之外，更顯天子尊貴威儀之風。清代宮廷器物的工藝形式之美，可以說是莫盛於此。

清代內務府與宮人呈進菜式的嚴格規矩

若是談到清代皇家膳食，則不能不提到內務府的工作職掌。清代內務府處理的皇家事務眾多，根據《大清會典》等史料文獻的記載，以及學者研究統計的結果，光是乾嘉時期，內務府轄下大大小小的正式職官人數，便有高達五千人上下，而這個數額還不包括一些雜役人力在內。時至晚清，光緒朝的內務府所轄人員在人數上更有增加。總體來看，這一個總管皇室生活的重要機構在清朝可以說是掌握了相當龐大的人力、物力，以及豐厚的財力。甚至就連接待外國使臣的重要外交活動，也是由內務府轄下的包衣們來負責處理相關行政事務。大英帝國派往清朝的馬戛爾尼與阿美士德使節團在清朝的外事活動中，都可以看到內務府的官員與包衣們負責招待這一些遠來的貴客。[8] 實際上，透過清朝官方檔案文獻的記載，我們可以觀察到內務府職司負責的業務相當廣泛，甚至包括後宮后妃在日常生活中的伴護侍從，例如在乾隆年間《內務府奏銷檔》中，我們便能看到很多清朝后妃身邊都有跟隨的內務府當差人員，隨侍左右，作為生活上的陪伴，像是負責裁製荷包的內務府轄下太監劉進玉，以及荷包頭目婦人孫氏便服侍在慶妃娘娘（一七二四—一七七四）的左右，協助處理宮廷中荷包活計的製作，以及一些生活中的跑腿雜事。[9]

另外，在日常的職掌業務方面，總管內務府事務的大臣們可以說是一刻也不能閒，甚至就連身體偶感不適，也不能隨意開小差、請病假。例如患病腹痛難耐的時候，負責的官員們若是請假，事後也會受到議處責罰。簡而言之，清代宮廷生活中的各項支用與日常用品的採辦，可以說離不開內務府。正因為內務府不僅代表皇家採購各項日常生活物品，同時也擁有鉅額的商業資本，因此內務府也就在許多北京商號中擁有形式不一的股份。像是內務府與北京重要商號同仁堂之間，便有許多經濟上的互動，既有採買御用藥品，也有商業上的各種金錢往來。隨著這幾年北京重要百年老鋪的商業檔案文獻逐漸整理公布，研究者們發現清代內務府與北京重要商號之間，其實有著各種千絲萬縷的關係。但是關於清代內務府的詳細設立時間，學界的研究其實仍然有一些爭議存在。這一方面是由於官署機構設置的當下，清代時人往往也不一定弄得清楚具體的設立時間。另外一方面，這或許也是一種人性使然的結果，年代久遠，言人人殊，又加上檔案文獻亦有記載上的若干出入，也造成了後世研究者在分析與考證上的困難。歷史長流之中，人們對於當下身處的情境往往最是熟悉，但是卻往往不會記錄下最普遍、最常見，也最是平凡的日常細節。[10]時至今日，我們若是要詳細整理出清朝宮廷御膳，以及相關制度的各種具體細節，也非常的不容易，必須從各種清代官方檔案文

8　清代內務府相關研究可參見：祁美琴，《清代內務府》，瀋陽：遼寧民族出版社，二〇〇九。賴惠敏，《乾隆皇帝的荷包》，北京：中華書局，二〇一六。黃麗君，《化家為國：清代中期內務府的官僚體制》，臺北：國立臺灣大學出版中心，二〇二〇。

9　參見：中國第一歷史檔案館，《乾隆朝內務府奏銷檔》，乾隆二十六年十二月二十日，冊二五九，微捲頁數一三四—一三七，〈太監劉進玉承辦荷包等項差務從中漁利〉。

獻、筆記小說，甚至是宮廷掌故軼聞中，逐一的詳細核對，相互比勘審訂，才能釐清箇中的相關詳細情況。

總括前述的各方面討論，清代皇家御膳飲食都有一定的規格制度，所以內務府掌轄下官署的職責所在，每日都要預備相當數量的御膳，供應宮廷日常食用之需。總體來說，清朝皇帝與宮廷皇室成員們的日常膳食主要由隸屬內務府的「總管御膳房茶房處」來負責總理其事。「總管御膳房茶房處」的滿文官署名稱，寫作：「amsu cai i boo be uheri kadalara ba」。漢文官署名銜方面，清代檔案文獻中也常稱為「御茶膳房」，滿語的對譯則寫作：「dergi amsu cai i boo」。根據日本學者羽田亨所編著的《滿和辭典》，以及由清史學者安雙成等人所編著《漢滿大辭典》中收錄的相關辭條解釋，我們可以得知「總管御膳房茶房處」的滿文官署名銜中，「amsu」一詞，實際上在滿語中即是指「皇帝御膳」之意。除此之外，清代皇帝「用膳」一詞的滿語動詞，亦是由此名詞進一步轉化而來，滿文對譯寫作「amsulambi」。[11] 除御膳之外，甚至就連清朝皇帝日常生活中，每日都要飲用的茶水、乳品，也都是由「御茶膳房」轄下的「茶房」（滿語官署名銜寫作：「cai i boo」）來專門負責伺候進茶一事。[12]

事實上，除了各類宮廷御饌菜式，各種不同的麵點食品也是清代宮廷每日御膳中的必備食品。例如其中「餑餑」一項，也就是各種麵類甜鹹點心，在選料製作上也都有特別的講究要求之處。依照清代宮廷檔案文獻記載，宮中每天都必須動員四十人左右的廚役人員，專門在「餑餑房」裡精心備製皇室成員食用的餑餑點心。這一類清代宮廷在日常生活中食用的甜食點心，主要由宮人們專門準備，負責職司此事的宮廷衙署稱之為「點心局」。若由滿文官署名銜來看，我們也可以從中發現清代宮廷中預備茶食點心的官署「點心局」的職司所在。根據《滿漢大辭典》、《滿和辭典》收錄的相關辭條記載，清代「點心局」的滿文官署名稱即寫作：「efen belhere ba」，辭條下特別注明即是「預備帝后所用小食處」。若是進一步透過滿文來進行理解其中具體涵義，我們可以發覺「點心局」的滿文官署名銜語意所指，其實就是「預備餑餑點心」之處。滿語中「efen」即是對譯漢語中的「餑餑」一詞，並且還在滿文中用來泛指各種麵製餅類食品。清代宮廷御膳之中，餑餑可說是必不可少的重要麵類食品。[13]若由這一項麵點食品來看，清朝皇帝每日的早膳、晚膳，各要準備八盤「隨膳餑

10 可參見清史學者定宜莊、劉小萌、賴惠敏等人的相關研究專著。參見：定宜莊，《滿漢文化交流史話》，北京：社會科學文獻出版社，二〇一一。定宜莊，《老北京人的口述歷史》，北京：中國社會科學出版社，二〇〇九。劉小萌，《清代北京旗人社會》，北京：中國社會科學出版社，二〇〇八。賴惠敏，《乾隆皇帝的荷包》，北京：中華書局，二〇一六。

11 參見：〔日〕羽田亨，《滿和辭典》，臺北：學海出版社，一九七四，頁一二二。安雙成等編著，《漢滿大辭典》，瀋陽：遼寧民族出版社，二〇〇七，頁一三一三。

12 參見：〔日〕羽田亨，《滿和辭典》，臺北：學海出版社，一九七四，頁六〇。

13 〔日〕羽田亨，《滿和辭典》，臺北：學海出版社，一九七四，頁一〇六。安雙成等編著，《漢滿大辭典》，瀋陽：遼寧民族出版社，二〇〇七，頁二〇八。

餑」，每盤各三十個，而且食材用料分外精緻，頗為講究。每盤餑餑都需用上等白麵四斤、香油一斤、芝麻一合五勺，以及豆沙三合，另外還需白糖、核桃仁與黑棗各十二兩。相較之下，皇后的膳食分量則是依照前例，減半供應。[14]事實上，清代宮廷中的大小事項，可以說是各有專職，分工精細。單單就「點心餑餑」一項，就有這麼多需要被處理的瑣細事務，其他差事的繁重也就可見一斑了。

除此之外，清代宮廷中食用的豬隻肉品食材，也都有專職官員負責職司其事。清代宮廷中的各種御宴、筵宴以及祭祀所用的豬隻肉品，甚至是宴席間所使用的大小桌椅等事，主要由光祿寺屬下的「大官署」來負責妥為預備，以便供應清代宮廷的日常生活所需。另一方面，我們還可以由「大官署」的滿文官署機構名銜來進行更深度的理解。若由滿語層面來詳細討論，「大官署」的滿文官署名銜，拼音轉寫為：「yali belhere falgari」。若是透過《滿漢大辭典》、《滿和辭典》，以及日本學者山田恒雄所編著《滿洲語文語辭典》等書所收錄的辭條內容，我們便可以得知該處滿文官署名銜的真實語言涵義，以及具體的職掌業務。滿文官署名銜中的「belhembi」一辭也就是「預備」之意，而「yali」一詞在滿語中則是「肉品」的對譯。因此，清代滿漢檔案文獻中所見的「大官署」，其平日職掌管理之事，若是透過滿文官署名稱來做更進一步的分析理解，其實就是清代宮廷中負責預備各類肉品，並供應豬隻的專職官署。[15]

然而，清代宮廷御膳不僅在菜色精緻、分量，以及食材來源上有具體的品質要求，另外如同現代高級飲食講究上菜禮儀一般，清朝宮廷中也有一定的規矩要求，太監宮人們在飲宴過程中呈傳菜品，必須要詳細遵守，才不會壞了宮中規矩。像是根據《中央研究院歷史語言研究所藏明清內閣大庫檔案》的相關記載，我們便能從一起宮廷失序事件中看到皇家進膳的嚴格要求。這起事件發生在嘉慶八年閏二月，圓明園中的「玉瀾堂」裡，嘉慶皇帝當時正在用膳，並同時接見大臣們議論政事。但不知道是因為宮人們剛進宮，還沒有熟悉規矩，或是太監們的一時大意，幾個太監和在圓明園中寄住服雜役的民戶人家，一干閒雜人等竟然不長眼睛的穿過了正在用膳的嘉慶皇帝的身後之處，而此時嘉慶帝正在與朝殿大臣們議事，這便觸犯了宮廷規矩，大犯忌諱。嘉慶皇帝在震怒之下，嚴命究責查辦，並且傳旨中飭了掌管此事的「三山大臣」緼布與額勒布兩人。[16]這一件「移會」檔案文書中，還特別記錄下嘉慶皇帝的訓誡話語：「朕召見大臣處，豈有任聽閑人往來行走之理。」這份檔案文獻可以說詳細

14　參見：支運亭主編，清代宮史研究會編，《清代皇宮禮俗》，瀋陽：遼寧民族出版社，二〇〇三。吳正格編著，《滿族食俗與清宮御膳》，瀋陽：遼寧科學技術出版社，一九八八。

15　相關滿語字詞可以參見：〔日〕羽田亨，《滿和辭典》，臺北：學海出版社，一九七四，頁四七〇；安雙成等編，《漢滿大辭典》，瀋陽：遼寧民族出版社，二〇〇七，頁一七二。〔日〕山田恒雄，《滿洲語文語辭典》，横浜：丸井図書出版株氏会社，一九八七，頁九一四。

16　參見：《中央研究院歷史語言研究所藏明清內閣大庫檔案》，文獻編號：199562-001，嘉慶八年閏二月，兵部為玉瀾堂閑人行走著中飭事。

記載了清代宮廷中關於皇帝用膳時，太監、宮女、雜役人等的行事要求。依照宮中的規定，清朝皇帝正在用膳議事時，傳膳人員應該只能由旁後伺候，不能任意穿行。而不相關的閒雜人等，更不能任意在皇帝用膳之處往來行走。[17]畢竟，皇家御膳事關重大，不能有任何的差錯，而軍國大事又怎能讓閒雜人等在旁聽聞呢？

除了漢文檔案紀錄外，康熙五十七年八月上旬的一份滿文奏摺檔案裡，也記載到與宮中膳房有關的事例。該件滿文檔案中提到太監魏玉竟將「好麵」、「次麵」混用，偷斤減兩，而且疑似將從膳房領取的一升大黃米麵偷出，私下帶往別的地方，分人食用。康熙皇帝下令管理膳房的首領太監詳查此事，找出箇中確實原因，並且查明太監究竟將膳房米麵帶往何處。[18]正所謂一葉知秋，清朝皇帝對於日常生活飲食的品質問題其實也是非常重視的，態度非常嚴謹，絕不容許職司膳房的太監們以次充好，欺上瞞下，畢竟嚴格說起來，這可是一件欺君重罪。而且如果連皇帝御膳都可以偷斤減量，以次充好，那天下大大小小官員們不就更是可以有樣學樣，混水摸魚了嗎？

萬歲爺的餐桌：明清欽賜飲宴的諸多講究與細節

明清以來，外國使臣來朝，依照慣例會由禮部籌備欽賜的上馬、下馬之宴，作為慰勞遠方使節的一種皇家優禮待遇，這可以說是外交儀式與宮廷飲宴文化的延伸。相關歷史文獻裡，除了記載朝廷典制的官書之外，朝鮮使臣記錄出使經歷的《燕行錄》文獻中，也保留了一些朝鮮使臣們參加欽賜飲宴的經歷，甚至是朝鮮使臣對於自身內心情感的各種文字描寫。這一些保存在朝鮮燕行文獻中的具體事例，可以說是一種對於明清皇家御宴的域外側面記載。相關事例中，像是在崇禎九年（一六三六），朝鮮國王派往明朝的最後一任朝天使金堉（一五八〇—一六五八）曾經在〈上禮部尚書〉一文中描寫外國使節接受朝廷欽賜飲宴款待的細節，描繪了御宴中的精緻食器，以及明代皇家儀典之中的無盡尊榮。使臣出席御宴可以說是殊異的榮典，朝鮮使臣金堉在字裡行間，也就自然流露出內心的感動之情。金堉在行文之中特別寫道自己以「下國陪臣」的身分入貢，竟然能得到明朝皇帝欽賜上馬、下馬之宴，並且慰勞使臣旅途來去的辛苦，可謂是「聖朝之優待遠人」，恩德至為深厚。金氏認為在明代皇家御宴的筵席上，自己能夠於「尊俎之間」，仰觀天朝上國的榮典威儀，可以說是「莫大之榮慶」。蒙獲如此天恩聖眷，實屬殊榮，因此非但不敢推辭，而且出席御宴正可說是實現其心中所願。[19]這一些激切的情感表達，其實有其歷史背景等原因，金堉作為最後一任出

17　參見：《中央研究院歷史語言研究所藏明清內閣大庫檔案》，文獻編號：199562-001，嘉慶八年閏二月，兵部為玉瀾堂閑人行走著申飭事。

18　參見：國立故宮博物院藏，《康熙朝宮中檔滿文奏摺》，文獻編號：411000051，康熙五十七年八月三日，膳房首領太監傳旨查明將麵帶往何處。

19　參見：〔韓〕金堉，《朝天錄》，收於《燕行錄全集》，冊十六，〈上禮部尚書〉，頁三五六—三五七。

使明朝的朝鮮使臣，當時冒著北方戰火四起的莫大危險出發，並且在陸路不通的情況下，輾轉由海路來到中國。幾經辛苦才抵達北京的朝鮮使臣金堉，可以說不畏艱難，也要完成使命。金堉筆下帶著濃厚感情的文字，為我們留下了明朝皇家欽賜筵宴儀典的最後身影，可說是極為難得的一段域外史料記載。

明代如此重視皇家御賜飲宴活動，清代自然也不例外，清朝在御膳飲宴之間呈現出一種極為雅致的宮廷文化氛圍。例如清代皇家宴飲中用於呈上菜品的盤具盒匣也有特別的講究，主要是用大紅雕漆的「飛龍盤」盛裝食物。如此一來，御膳菜品在進呈的過程中，既不會被外物灰塵沾染，也具有一定的保溫效果。照理來說，這般講究御用盤盒器皿的皇家飲宴本該是人間美味，但是飲食之中，其實最值得注意的還是各地風土人情在口味偏好上的不同。正所謂甜鹹濃淡，香油醬醋，人人各有所好，其中並沒有什麼高低優劣之別。世事常有合於情理，但卻出於意料之外的情況，就像本是人間難得的皇家賜宴，應該是最叫人難忘的飲食感受與視覺體驗，卻也常常讓不習慣北方口味的朝鮮使臣們吃了許多苦頭，大嘆不合口味。或許是飲食偏好略有不同，一些朝鮮使臣在燕行文獻中提及清代皇家飲宴食物的滋味時，往往寫下了一些不同的體會與感受，甚至是清朝御宴膳食並不合朝鮮使臣胃口的大實話。[20]事實上，飲食的口味偏好，遠近各有不同，其中涉及的不僅僅是內心情感的波動而已，食物調味的適合與否也是關鍵的一環。

當然，也或許因為心中仍然懷念明朝的故國恩眷，朝鮮使臣們在清朝欽賜御宴中常有內心痛苦、食不下嚥的情況。稍早於雍正五年，出使燕行的朝鮮使臣姜浩溥（一六九〇—一七七八）便曾經因為在朝廷供應的餐飯中見到豬肉，心裡覺得「此為胡人之物」，因而在飲宴之中，遲遲無法下箸。然而，由於滿族出身關外，豬肉本就是其薩滿信仰文化中，用於祭祀祖先與神靈的祭品，可以說是珍貴的「祭肉」。滿族文化視為珍饈佳肴的豬肉，特別在清朝宮廷御宴之中，用於款待朝鮮使臣，本是最為禮遇之舉，但最後反而引起了朝鮮使臣們心中的不滿，認為這是胡人夷狄的食物，難以入口。使臣們甚至不願食用，而且心中頗有憤慨與無奈之處。[21]甚至，朝鮮使臣姜浩溥就連在晉見雍正皇帝的時候，也是充滿憤懣，非常的惱恨不平。素來以「皇明遺民」自居的姜浩溥，就曾經在《桑蓬錄》中特別描寫自己當下的痛苦心境。姜氏寫道「胡酋儼然坐其上，已可憤慨」，姜浩溥看到清朝皇帝坐於寶座之上，心中頗感憤慨。姜氏認為自己身為「皇明遺民」，而且平日習讀聖賢經傳，講究義理之道，相較之下，自然是與這一些清朝胡人大不相同，但是如今卻是「甘心拜稽於下」。朝鮮使臣姜浩溥自視為熟知聖賢義理之人，因此深深覺得「俯昂今古，無地灑涕」，內心感到萬分悲痛。[22]

20 參見：〔韓〕姜長煥，《北轅錄》，收於《燕行錄全集》，冊七七，頁二八五。
21 參見：〔韓〕姜浩溥，《桑蓬錄》，收於《韓國漢文燕行文獻選編》，冊十四，上海：復旦大學出版社，頁八一—八二。
22 參見：〔韓〕姜浩溥，《桑蓬錄》，收於《韓國漢文燕行文獻選編》，冊十五，上海：復旦大學出版社，卷八，頁九一。

除了飲食口味，清代皇家飲宴在座位桌次的安排上，以及席間座位人數的搭配與飲宴空間的布置，也有特別的講究要求。畢竟皇家國宴之上，外國使臣們在御宴當中都是看在眼裡，吃在嘴裡，而且把其中發生的大小事情都給記在心底。若稍有閃失，或是不夠周全之處，都可以說是一件有關國家體面的重大事故。如果御宴席次的安排不夠妥當，宮廷飲宴的現場出現了大量的空位，不僅有失禮節，也讓外國使臣看笑話。例如嘉慶二十四年，時間上正是嘉慶皇帝六十歲的六旬萬壽之慶，正月元旦時分在太和殿特別舉辦筵宴，宴請朝中文武大臣與外國使節，座次席開一百九十一張，規模盛大。但是負責衙門與管宴大臣籌辦中略有疏忽，致使嘉慶皇帝到了太和殿筵宴現場時，才赫然發現竟然還有五、六十桌座位無人，場面空空蕩蕩，實在有失國家體面。[23]

根據《清實錄》與《欽定禮部則例》的記載，嘉慶皇帝因為此事大為光火，嚴厲指責負責的大臣官員們：「成何體制？豈不慮外國使臣所竊笑乎！」[24]天顏盛怒之下，嘉慶皇帝便嚴令負責衙門研議處理辦法，要求「將筵宴事宜，妥議章程具奏，席間的桌張座次，務必要與出席人數相符」。嘉慶皇帝可以說非常重視此事，要求負責此事的管宴大臣永錫（？—一八二一）必須詳細研議，調整桌次，以及出席人數細節。最後由其主持此事，並且再三研究，進而提出具體的修訂條款項目，此事方才告一段落。[25]事實上，現代社會又何嘗不是如此？請客吃飯從來就不是一件單純的小事情。明清皇家飲宴在儀式細節上有如此細緻的講究，其實也有其不得不然的道理。正所謂治大國，若烹小鮮。宮廷之中，事無分大小，其實方方面面都可能是緊要關鍵。許多宮廷日常生活中的瑣細末節，乍看之下，好像不甚重要。但是往往就在飲食之際，耳目唇齒之間，卻極為細膩的呈現著各種外交邦誼的巧妙維繫之處。萬歲爺的餐桌之上，明清皇家御宴之中，就連環侍於皇帝身旁的太監宮人、貼身侍衛，甚至是來自朝鮮、越南等國的使臣們，也都曾經在歷史長河之中留下極為獨特的昔日身影，並且透過各種歷史檔案文獻，向我們訴說著各式各樣的紫禁城故事。

＊延伸閱讀：

1. 支運亭主編，清代宮史研究會編，《清代皇宮禮俗》，瀋陽：遼寧民族出版社，二〇〇三。
2. 王汎森，《中國近代思想與學術的系譜》，臺北：聯經出版，二〇〇三。
3. 邱仲麟，〈《寶日堂雜鈔》所載萬曆朝宮膳底帳考釋〉，《明代研究通訊》六（二〇〇三），頁一一一二六。

23《清仁宗睿皇帝實錄》，卷三五三，嘉慶二十四年正月十二日乙巳條，頁六五六b—六五七a。
24《清仁宗睿皇帝實錄》，卷三五三，嘉慶二十四年正月十二日乙巳條，頁六五六b—六五七a。
25〔清〕特登額等著，道光朝《欽定禮部則例》，卷十九，〈太和殿筵宴〉，頁一〇九八。

4. 陳熙遠，〈天朝大燕——太和殿筵宴位次圖考〉，《中央研究院歷史語言研究所集刊》（臺北，二〇一九．三），第九十本，第一分，頁一二五—一九七。
5. 劉錚雲主編，《明清檔案文書》，臺北：國立政治大學人文中心，二〇一二。
6. 賴惠敏，《乾隆皇帝的荷包》，北京：中華書局，二〇一六。

第二章

皇家御供，價比金貴

天然冰的宮廷食用小歷史

數年前曾有一部韓國古裝劇情片《俠盜冰團》（바람과 함께 사라지다），題材相當特殊，這一部電影中提到了天然冰與古代朝鮮皇室之間的各種故事。劇中出現了專門保存冰塊的皇家冰窖，還有採集冰塊的專職官員與兵丁雜役人等，以及居中上下其手，貪污圖利的兩班貴族大臣們。但是劇情裡並沒有介紹這些天然冰故事的歷史源頭，其實並非是韓國文創劇作家們的憑空杜撰，而是其來有自，也有歷史文獻可供佐證。周代以來，古代先秦典籍中就有設置冰窖貯冰的相關記載，《周禮》〈天官〉即有凌人掌冰之制，而《詩經》〈豳風．七月〉亦有「二之日鑿冰沖沖，三之日納于凌陰」之句。事實上，古代東亞世界對於天然冰的使用並不陌生，明清中國的皇家宮廷、江戶時代的日本幕府，以及朝鮮王室都有使用天然冰的史料。就讓我們從明清中國宮廷開始，慢慢訴說皇家宮廷天然冰的食用歷史中所發生的各種奇聞趣事。

明清中國宮廷的天然冰食用史

明代南京貢船每年按照慣例往返於大運河，向北京輸送各種食品貢物時，就有使用天然冰保持御貢品質新鮮的文獻紀錄。例如明代著名文士沈德符（一五七八—一六四二）的《萬曆野獲編》中便有提到當時朝廷「尚膳監」負責主管的鮮梅、枇杷、鮮筍、鰣魚等物，最為重視貢物在沿途運送過程中的冰存保鮮。根據《明實錄》的相關記載，朝廷動用了大量人力、物力，甚至還在南京城外建立專屬的「冰窖」，方便就近提供貢船運送冰鮮的用冰需求，才讓各種需要講求新鮮的食品貢物得以有一路低溫直送的最高規格運送水準。[1]南京發出的冰鮮貢船上，由專職押運的內監負責，沿途還有官員隨行一路督運。南北大運河上的關隘遇到冰鮮貢船，也必須快速放行，以免耽誤了時鮮貢物運期。《明英宗睿皇帝實錄》卷十七，正統元年五月初七日壬申條下，便記載了英宗皇帝諭令北京與南京兩地的冰池、冰窖停罷修繕，不再起徵人夫修理的詳細旨意。根據文獻記述，英宗諭令南京一帶孝陵、懿文陵，以及歷代帝王廟等三處祭祀所需要使用的天然冰，共計四十桶，皆由南京內管監負責藏冰供應，不再起用民夫修理冰池、冰窖，使得宮廷祭祀用冰一事不致擾民，[2]自此之後，明代官方修理冰窖便改由宦官來負責其事。

明代宮廷藏儲天然冰的具體情況

經由這一段的記載，我們或多或少可以從側面得知，明代宮廷藏儲天然冰的一些具體情

1〔明〕沈德符，《萬曆野獲編》，臺北：偉文圖書出版社，據中央研究院歷史語言研究所藏鈔本景印，一九七六，第十七卷，〈南京貢船〉，頁一一三一—一一三五。

2參見：《明英宗睿皇帝實錄》，臺北：中央研究院歷史語言研究所校勘印行，一九六二，卷十七，正統元年五月初七日壬申條，頁三三〇。

況。明初由於定都南京，儲冰較為不易，但仍然設有冰窖，供應祭祀活動所需。洪武二十一年，明太祖便曾經諭命於天壇外壝東南，「鑿池凡二十，冬月伐冰藏凌陰」，以便夏秋兩季祭祀之用。明代宮廷當時規定，四月至九月之間，凡是「御用物」，以及「祭祀之品」，皆需用冰。[3]其後，明代自永樂帝遷都北京後，南京一帶仍設有吏、戶、禮、兵、刑、工等六部與若干相關行政單位，以及掌理帝陵祭祀的負責管署。因此，皇家與官方需要使用天然冰的事項，也就分別由兩京設置的冰池、冰窖進行相應的藏冰工作。歷史文獻中，明朝宮廷每年都會依照慣例，窖藏儲冰，由宮中內府相關單位領取「夫牌」、「鎖鑰」，以便起徵人夫專門負責修理池窨，才能妥善保存儲冰，以便來年宮廷各方面的使用。

另外，《明英宗睿皇帝實錄》還有另一則記載，提及南京方面為了便於每年四月前後進貢鰣魚的保鮮運用，因此特別「用氷（冰）辟熱」，一開始主要是使用內府的藏冰，搬運到南京城北的鰣魚廠。由於搬運取用頗有不便之處，經南京守備太監懷忠（一三九八—一四六三）等人的奏請，因此在英宗天順六年三月二十四日在南京鰣魚廠後方設置專屬的「氷窖」，以便就近取冰使用。如此一來，便能使進貢鰣魚在長途運送至北京的過程中，都能一直保持新鮮。《明實錄》中的相關記載雖然非常有限，但是透過這一些史料，或多或少可以幫助我們理解明代宮廷使用天然冰保存食物的一些情況。[4]

雪窖冰天：明清時期紫禁城中冰窖的詳細情況

明清時期不僅官方在南京鰣魚廠設有冰窖，北京紫禁城中也設有冰窖設施，儲放冰磚以便各種祭祀與食物保存上的使用，這一種運用天然冰的食物保鮮技術，在明清兩代一直延續。清代宮廷在天然冰的保存上，沿襲著明代使用冰窖進行藏儲冰磚的方式。雖然文獻記載較為零散，但是透過明清皇家宮廷建築的學術研究，以及二〇一六年北京故宮博物院正式開放冰窖供民眾參觀後，藉由研究實地建築的具體細節，我們開始對於明清皇家藏冰設施有了較明確的理解與認識，並且有了實物遺址可供參考。

根據清朝大員雲貴總督吳振棫（一七九二—一八七〇）所著《養吉齋叢錄》，以及《清宮述聞》等參考文獻的記載，曾經描述紫禁城中冰窖的詳細情況：「紫禁城內舊時冰窖五所。其四所各藏冰五千塊，其一所藏九千二百二十六塊。」[5] 綜合統計一下，藏冰約有二萬

3《明太祖實錄》，臺北：中央研究院歷史語言研究所校勘印行，一九六二，卷一八九，洪武二十一年三月十一日乙酉條，頁二八三六。〔清〕張廷玉等，《明史》，北京：中華書局點校本，一九七四，卷七五，〈職官志三．光祿寺〉，頁一二二七—一二二八。

4 參見：《明英宗睿皇帝實錄》，臺北：中央研究院歷史語言研究所校勘印行，一九六二，卷三三八，天順六年三月二十四日條下，頁六八九四。

5 章乃煒等編，《清宮述聞：初續編合編本》，北京：紫禁城出版社，二〇〇九。

九千二百二十六塊，數量相當可觀。紫禁城內藏冰的具體數字，在有清一代，歷朝略有增減變化。康熙《欽定大清會典》、雍正《大清會典》、乾隆《欽定大清會典則例》，以及光緒《欽定大清會典事例》中也有提及清代紫禁城內冰窖藏冰的數量細節。前輩學者曾經做過統計，大體而言數量約在順治元年的二萬五千三百八十三塊，至雍正六年的二萬塊之間。乾隆四年至道光元年之間的四次紫禁城冰窖藏冰紀錄，則維持在二萬五千塊左右。[6] 除此之外，若據康熙《大清會典》與《養吉齋叢錄》的記載，清代宮廷冰窖的藏冰一事，沿用晚明宮廷制度，每年冬至之前，主要由工部發銀，負責督辦差官伐冰儲藏。[7]

除此之外，《欽定總管內務府現行則例》也有相關記載，說明了清代宮廷藏冰所使用的冰源究竟是由何處取得。若干史料文獻中提到清代紫禁城中的五座冰窖使用的是「御河」，也就是「筒子河」的河冰，作為宮廷藏冰的來源。至於《欽定總管內務府現行則例》中則是如此記載：「紫禁城內設冰窖五座。初有一窖，系（係）通州冰，後一律用御河冰。」由前述這一段史料，以及乾隆《欽定大清會典則例》中的記載，我們可以得知清代紫禁城中冰窖所使用的天然冰，原始的來源是由「通州」一帶採集河冰，後來才一律改用御河河冰作為主要的藏冰來源。[8]

關於通州採冰的具體情況，根據《清高宗純皇帝實錄》，我們約略可以得知其中的制度演變，以及設窖儲藏的若干細節。乾隆十九年十二月初九日，當時主事的軍機大臣們曾經在「設窖藏冰」的奏報文書中，間接提及了清代宮廷藏冰舊例，為後世的研究者們從側面提供了一些細節上的說明。依照清代宮中的慣例，通州一帶每年都會依例運冰二千塊至京城，供皇家使用。但由於從通州運冰至北京的距離較遠，花費甚多，而且途中消融損失甚大，遠遠不如在京城附近龍王堂、蓮花池等地取冰。[9]

基於成本上的考量，清朝大臣們便向朝廷奏請停止由通州取冰運京的舊慣，並且建議朝廷如果日後在熱河行宮等處窖藏儲冰，也應該定下固定的藏冰數量，才能依例辦理。此後，清朝官方規定了固定的藏冰數量，例如：熱河藏冰固定為二千塊，喀喇河屯為三百塊，巴克什營等處藏冰各一百塊。由這一條文獻可知，清代宮廷日常使用的天然冰，原本是在通州採集，其後經軍機大臣們的奏議呈請，後來才改換至取用御河的河冰。這一個宮廷日常使用的天然冰在取冰來源的重要變化，大約是在乾隆十九年歲末前後，經由軍機大臣的奏請，朝廷

---

6 相關統計數據可參見：邱仲麟，〈天然冰與明清北京的社會生活〉，《中央研究院近代史研究所集刊》五〇．四（二〇〇五），頁五五—一一三。

7 〔清〕伊桑阿等纂，康熙《大清會典》，臺北：文海出版社，據康熙二十九年刊本景印，一九九三，卷一三九，〈工部．都水司．河渠三．藏冰〉，頁二三 a。〔清〕吳振棫著，王濤校點，《養吉齋叢錄》，杭州：浙江古籍出版社出版，一九八五。

8 〔清〕內務府編，文璧等纂，《欽定總管內務府現行則例》，香港：蝠池書院，二〇〇四。參見：〔清〕清高宗敕撰，乾隆《欽定大清會典則例》，收於《景印文淵閣四庫全書》，冊六二〇—六二五，卷一三五，〈工部．都水清吏司〉，頁八四 b。

9 參見：《清高宗純皇帝實錄》，卷四七八，乾隆十九年十二月初九日癸丑條。

才進行了具體改動。[10]

清代紫禁城內的製冰、儲冰工序

至於詳細的製冰工序，透過研究者的整理，我們也大致可以得到一個初步的概要。清代官方在準備於冰窖儲冰之前，需要先在紫禁城的御河內進行「伐冰」的工序。伐冰是在立冬以後，事先由負責閘口的官員們在預定日期進行涮河，在下游閘口先期墩放閘板進行蓄水，並且使用拉船鉤具除去河中的藻荇水草，淨化水質，然後提放閘板，待放去髒水後，再行墩板蓄水，等待凝凍成冰之後，就可以預備正式伐冰了。這一項涮河事宜主要是由工部知會步軍統領衙門執行，務必讓作為冰源的御河水道保持乾淨，除去髒物雜草，保障水質潔淨，以便蓄水凝凍之時，冰質能夠堅實潔淨。[11]

根據乾隆《欽定大清會典則例》中〈工部．都水清吏司〉所載順治元年的相關規定：「凡伐冰取諸御河……歲以冬至後半月，部委司官一人，募夫伐冰，取其明淨堅厚者，以方尺有五寸為塊。」[12]這一部分的文獻中提到了清代宮廷用冰的大小尺寸，以及講究冰質「明淨堅厚」品質要求的具體情況。相較於明代宮廷用冰約為一尺見方，清代宮廷用冰的尺寸則是每塊為一尺五寸見方。[13]另外，文獻中也提及冰窖藏冰的數量與用途：「凡納冰，紫禁城內窖五，藏冰二萬五千七百塊；景山西門外窖六，藏冰五萬四千塊，德勝門外窖三，藏冰二萬六千七百塊，以供各壇廟祭祀暨內廷之用。德勝門外土窖二，藏冰四萬塊；正陽門外土窖二，藏冰六萬塊，以供公廨、官學及各門、各監獄官設暑湯之用。」[14]除了皇家冰窖，其實北京城內還有親王府邸與民間販冰業者設置的冰窖設施。這一些冰窖設施配合著北京城內外的河流與人工渠道，支持了天然冰的製作與保存，提供了北京城中百姓日常生活用冰，使得食物保存與飲食之中有了天然冰的物質條件。[15]

至於，明清時期維護冰窖運作的開銷花費，史料中的記載頗為有限。《中央研究院歷史語言研究所藏明清內閣大庫檔案》中便保存有道光元年八月前後，工部為欽派大臣查估景山

10 參見：《清高宗純皇帝實錄》，卷四七八，乾隆十九年十二月初九日癸丑條。

11 參見：〔清〕清高宗敕撰，乾隆《欽定大清會典則例》，收於《景印文淵閣四庫全書》，冊六二〇—六二五，卷一三五，頁八四b。

12 參見：〔清〕清高宗敕撰，乾隆《欽定大清會典則例》，收於《景印文淵閣四庫全書》，冊六二〇—六二五，卷一三五，〈工部・都水清吏司〉，頁八四b。

13 參見：邱仲麟，〈天然冰與明清北京的社會生活〉，《中央研究院近代史研究所集刊》五〇・四（二〇〇五），頁五五—一一三。

14 〔清〕允祹等編，乾隆《欽定大清會典》，收於《景印文淵閣四庫全書》，冊六一九，卷七四，〈工部・都水清吏司〉，頁一六b—一七a。

15 參見：〔清〕清高宗敕撰，乾隆《欽定大清會典則例》，卷一三五，〈工部・都水清吏司〉，頁八四a—八六a。相關研究可參見：邱仲麟，〈天然冰與明清北京的社會生活〉，《中央研究院近代史研究所集刊》五〇・四（二〇〇五），頁五五—一一三。

〔清〕錢維城畫御製〈雪中坐冰床即景卷〉
（國立故宮博物院藏品）

冰窖工程一事的移會奏報，約略提到了一座冰窖維護需要的銀兩數目。清代內閣大庫檔案中記載：「奏為景山西門外雪池內，西起第四座冰窖，因連日陰雨全行坍塌，亟應修理，約估錢糧在千兩以上，請欽派大臣查估修理……」[16]透過此則史料，我們約略可以推估一下紫禁城內五座冰窖修建維護的工程價銀，應當在五千兩以上。為了供應皇家祭祀等活動中的天然冰，這樣鉅額的物力與人力投入，可以說是相當驚人，達到了一種空前的規模。[17]近年來紫禁城中的「冰窖」設施已經漸次修繕復原，也已經對一般民眾開放，這一處古老的天然冰儲藏設施，不僅見證了歷史的軌跡，也體現了古代先民建築技術的智慧巧思。

江戶幕府的天然冰食用史

相較之下，關於江戶時期的天然冰使用，明治時代著名的文史研究大家柳田國男（一八七五—一九六二），曾經對於加賀藩貢冰的祕密運輸道路一事，撰寫過相關論文，進行了考證與研究。[18]日本飲食文化傳統中的「天然冰」，某方面可以說是其特殊政治文化的具體象

16 參見：《中央研究院歷史語言研究所藏明清內閣大庫檔案》，文獻編號：131976-001，道光元年八月，工部為欽派大臣查估景山冰窖工程。

17 參見：《中央研究院歷史語言研究所藏明清內閣大庫檔案》，文獻編號：131976-001，道光元年八月，工部為欽派大臣查估景山冰窖工程。

徵，反映出了將軍與京都朝廷，以及各藩大名之間的各種交流互動。另一方面，天然冰的保存與利用的方法，又可以說是大和民族的生活智慧，以及技術能力的總體呈現。

「氷室御祝儀」與「氷室の日」

事實上，古代日本歷來便有朝廷公家在陰曆六月一日（六月朔日）頒賜貢冰的文化傳統，是日的節儀稱之為「氷室御祝儀」。史料文獻如《日本書記》以及鎌倉時代的《年中行事抄》中都有「獻冰」、「分冰」、「貢雪」與「貢冰」的記載。到了德川幕府時代，德川將軍們依然延續相關儀式事例。江戶幕府在儀式中，有將加賀藩於每年六月一日（是日在文獻中，多半稱之為「氷室の日」）獻上的貢冰分頒武家群臣，以及獻冰朝廷公家的特殊政治文化傳統，並且在日後形成了一系列的貢冰與獻冰典禮儀式。[19]

日本國立國會圖書館中保存有一件浮世繪圖卷：《撰雪六六談・六朔貢・加賀中将》，圖卷中所繪的場景便是加賀藩士們在六朔貢的時候向江戶幕府獻上「貢冰」的儀式。畫面正中是穿著梅缽紋的加賀中將，房間裡則是「貢冰」（お氷様），還有負責祈福儀式的和尚們。圖片中的「貢冰」在外形也有特別講究，必須製作得有如「富士山雪景」一般，以此象徵貢冰的神聖與尊貴。一些研究認為原本的「貢冰」並非是由遠處藩國進行的特殊進貢，最初應該是直接在江戶近處的富士山山頂採集夏季用冰，但是因為後來發生了富士山火山噴發事件，採冰活動無法再繼續進行，到了江戶時代才會轉而由加賀藩進行「貢冰」的特殊供給，但是儀式活動之中仍舊殘存了「富士山」的昔日印象。所以「貢冰」一物，也就必須模仿富士山的「聖山」造型，延續這一種貢冰儀式的文化傳統。[20]

藩邸冰室、桐木箱匣與貢冰祕密道路：加賀藩的冰雪保存術

加賀藩為了保存冰雪，不僅有貢冰之事，同時也規劃有從加賀藩所在的「金沢」直達「江戶」的貢冰專用道路，建立了一條獻雪貢冰的祕密路線。加賀藩甚至也在其位於江戶的藩邸之中修建了「冰室」，收集、儲存冬季冰雪，以便相關儀式的使用之需。[21]實際的儲冰技術操作上，加賀藩主要使用桐木箱匣來儲存貢冰，充分利用桐木的細密質地來達成保溫絕緣的效果。此外，位於江戶的加賀藩藩邸中還利用深掘於地下的「冰室」來保存冬季冰雪，並以此配合「桐木箱匣」來達成妥善保存「貢冰」的環境要求。至於天然冰的用途，除了維

18 參見：〔日〕柳田国男，《定本柳田国男集》，第二卷（新裝版），東京：筑摩書房，一九八〇。
19 參見：〔日〕柳田国男，《定本柳田国男集》，第二卷（新裝版），東京：筑摩書房，一九八〇。
20 參見：〔日〕竹井巖，〈金沢「氷室」考〉，《北陸大学紀要》，三四（二〇一〇），頁八一—八九。
21 參見：〔日〕竹井巖，〈金沢「氷室」考〉，《北陸大学紀要》，三四（二〇一〇），頁八一—八九。〔日〕竹井巖，〈金沢の氷室と雪氷利用〉，《北陸大学紀要》，二八（二〇〇四），頁四九—六二。

持德川幕府獻冰、頒冰的儀式之外，加賀藩甚至還在夏季時分運用在獻給德川將軍時鮮鯛魚的貢物上，利用天然冰進行魚鮮的低溫保存。

「冰の日」：飲食文化傳統與現代商業企劃創意

時至今日，「天然冰」的食用習慣，依然在日本的飲食文化中占有一席之地，日本一些著名的冰品老舖商家依然強調使用天然冰製作的食材特色。由於天然冰是由冰雪一層層積累而成，細部結構和人工速冷凍結的冰塊全然不同，使得食用口感上有著極細緻的差異。即便現代製冰技術進步，但是對於講究冰品口感的著名老店在冰塊的製作上，依然依照古法，堅持使用天然冰作為原料，呈現出了日本飲食文化傳統的一種延續性。即便時過境遷，現代日本社會中仍然保有將陽曆六月一日視為「冰の日」的特殊傳統，不時出現在新聞媒體報導中，用來寓意夏季冰品季節的到來，形成了一種消費文化的時尚。雖然這某一方面也是為了與江戶時代的歷史作為一種內在的連結，但實際上卻是由「日本冷凍倉庫協会」所提出來的現代紀念節日概念。雖非是傳統意義上的節慶儀式，只是商業會社的企劃發想，卻是一種由日本飲食傳統中進行再創造的文化創意。

朝鮮王室的天然冰食用史

相較於江戶幕府的「六朔貢」與獻冰儀式，朝鮮王室則有全然不同的天然冰食用制度與機構建置，細細讀來也頗有趣味。此處所要談的天然冰食用故事發生在朝鮮宮廷之中，就讓我們透過史料文獻的介紹，細細來品賞古代朝鮮君王在夏日盛暑之中，如何經營著一方清涼的飲食風尚。總而言之，朝鮮王室的官方文獻紀錄有其獨特之處，不僅反映了韓國特殊的飲食文化，同時也呈現出了宮廷政治文化中的人心險惡。

李祘：一位愛吃生冷飲食的朝鮮正祖大王

相信朋友們還記得在電視頻道上已經重播多次的韓劇《李祘》，劇集中出現的那一位常為國家大政憂心，勤政仁孝的朝鮮正祖李祘（一七五二－一八〇〇）。其實，朝鮮正祖在朝鮮官方史料文獻中也有另一種不同的神采面貌，特別是君王也是凡人，自然在日常飲食上也有貪食過量的嘴饞毛病。《承政院日記》一書中有關正祖元年五月三十日的記載，正好提供了一段有趣的史料，詳細記錄下了朝鮮正祖在飲食上的特別習慣。朝鮮君臣當時的對話甚有趣味，透過官方漢文文獻的紀錄，我們也可以略窺君臣言談之間的情感互動。[22]

話說當天在「興政堂」的君臣奏對中，君臣議政的前半段提到了一些當時朝廷政局的內外狀況。但由於時值夏日，所以話題也帶到了有關天然冰（文獻中稱之為「氷丁」）的儲藏情況，而且還在議政的過程中，點出了天然冰的儲藏，雖是供應朝廷使用，但是朝鮮官員、書吏、雜役與兵丁，往往有上下其手，私下偷賣販售的情況。這類不法的行徑，在當時還頗為常見。朝鮮官方為了減少弊端，只能從縮減儲冰數量下手，卻又造成朝廷在天然冰的使用「每每不足」，只能再另外添加購入。可見國家綱紀大有問題。朝鮮君臣之間為了朝政綱紀不張的陳年老問題，還特別好好議論了一番。[23]

永真丹：朝鮮皇室的御用整腸健胃特效藥

除此之外，朝鮮正祖在此次「興政堂」君臣奏對的後半段，話鋒突然一轉，談到日常生活飲食的問題，並且還提到了朝鮮眾臣們希望正祖在夏季飲食上需要多加注意，不可過量食用生冷食物。李祘則是在與朝臣左議政鄭存謙（一七二二—一七九四）的問答中，不經意的提到了自己對於冰鎮飲食的愛好。他說：「極暑煩渴之時，不覺過量。」實際上，這一位愛吃生冷、貪涼嘴饞的朝鮮君主正是因為這一種飲食愛好，而時常犯胃腸方面的毛病。憂心聖躬欠安的朝鮮臣子們無可奈何之下，只好想方設法，提前為君上預備了整腸健胃的保健藥品。透過朝鮮史料文獻，我們常在記載中見到一味藥劑，那便是「永真丹」。[24]左議政鄭存謙在奏對中曾經詢問朝鮮正祖是否經常進用「永真丹」，正祖也很實在的回答說「時時調服矣」，可見此味藥方頗有見效。鄭存謙還進一步勸誡正祖務必注意夏季飲食，即便「煩渴之時」，也不可食用過多的生冷之物。朝鮮正祖則在回答中提及自己不是不知道「生冷之為害」，但是「每當極暑煩渴之時，不覺過量，良可悶也」。正祖大王不禁感嘆著夏季暑熱煩渴，不知不覺中，飲食中的生冷之物也就過量了，實在讓人煩悶不已。[25]

至於「永真丹」的藥理效果與作用特性，根據《承政院日記》的相關記載，朝鮮正祖即位的丙申年（一七七六）十一月二十六日，正祖在「尊賢閣」的君臣奏對之間，曾經對藥房副提調官洪國榮提到了他先前胃氣厭食，喉渴不適的腸胃病症，洪國榮因此特別向君上進獻「永真丹」。洪國榮在奏對中詳細詢問朝鮮正祖服用後的效果，李祘當時回答說，此藥頗有療效，而且症狀也有所改善；胃氣較好，飲食狀況也較先前正常多了。另外，李祘甚至還提到「喉渴之症，比前稍減」，身體狀況大有改善。提調官洪國榮向朝鮮正祖解釋，「永真丹」

22 韓國國史編纂委員會編纂，《承政院日記》，首爾：國史編纂委員會，一九六一—一九七七，冊七八，朝鮮正祖元年五月三十日甲午條。

23 韓國國史編纂委員會編纂，《承政院日記》，首爾：國史編纂委員會，一九六一—一九七七，冊七八，朝鮮正祖元年五月三十日甲午條。

24 韓國國史編纂委員會編纂，《承政院日記》，首爾：國史編纂委員會，一九六一—一九七七，冊七八，朝鮮正祖元年五月三十日甲午條。

25 韓國國史編纂委員會編纂，《承政院日記》，首爾：國史編纂委員會，一九六一—一九七七，冊七八，朝鮮正祖元年五月三十日甲午條。

是一味「潤肺安胃」的藥品，可以長服，並不傷身。既然已有明顯療效，便不用再另外進服其他藥劑。[26]

味變之患：天然冰與朝鮮宮廷御膳的保存

透過《朝鮮王朝實錄》、《承政院日記》等史料的記載可知，朝鮮時代的冰庫，由三個主要的庫所構成，分為：「內氷庫」、「東氷庫」與「西氷庫」，皆按朝廷條例法規由漢陽城附近的公清道水軍出役，進行維修工作。至於，都城近郊一帶的藏冰處所，則集中在江華、喬桐兩邑，以及忠清道內浦等處，這些儲冰處所會在朝廷遇有祭享、御供等用冰需求之時，專程由水軍運送。平日則是將冰丁儲納於內冰庫，以供御供官用。而運送冰丁的計量方式，是用車馬駄數來計算，一駄為冰丁三塊，每月運送冰丁的數量約為四百六十五駄，甚至是七百多駄左右。[27]至於內廷與相關衙門若要入庫取用冰塊，需要有公文與取冰專用的「冰牌」，憑牌領取，並且依公文所載的明確數量取用，一切都有嚴格的規定，但總是有一些弊端存在其中。[28]

另外一方面，由於朝鮮半島的氣候，到了秋天依舊高溫，中午時分依然炎熱，朝鮮宮廷為了御膳飲食的保存，花費了相當苦心，每日準備五丈左右的冰丁，作為祭祀以及保存御膳飲食之用，可以說是避免食物變質的必要措施。但是天然冰保存不易，需要投入大量的人力、物力，在冬季預先儲存，再以稻草、泡石等物層層包覆，絕緣隔熱，再深藏冰窖中，留待來年使用。一般而言冰庫中當差的「冰夫」平常約在八十人上下，另外還設有書吏三人，庫直一人，人力上的所費不貲。但是天然冰用途甚多，不僅用於保存食物，維持禮儀祭享中供品食物的保質，另外也運用在尚衣院藍染官用布匹的用途之中。朝鮮朝廷對於大臣元勛之家，也有頒賜冰丁的慣例。[29]

除此之外，由於冰塊在自然狀況下容易消融，保存十分不易。史料記載中，朝鮮官員們在當時甚至以「價比金貴」來形容天然冰的珍稀難得。尤其是運送的過程中，需要大量的人力、馬匹與車輛，為了爭取時效，避免冰塊融化，朝鮮官員還得自己花錢私下另雇車馬，增加運送效率，以支援皇家御用的各種用冰需求。因此，往往到了八、九月的時節，朝鮮宮廷的負責官署便要四處向相關官衙索取尚存的冰塊，以為儲存備用之需。為了支應皇室膳食的

26　韓國國史編纂委員會編纂，《承政院日記》，首爾：國史編纂委員會，一九六一－一九七七，冊七七，正祖即位年十一月二十六日甲午條。
27　韓國國史編纂委員會編纂，《承政院日記》，首爾：國史編纂委員會，一九六一－一九七七，冊二，朝鮮仁祖七年六月初十日癸亥條。
28　韓國國史編纂委員會編纂，《承政院日記》，首爾：國史編纂委員會，一九六一－一九七七，冊三，朝鮮仁祖十五年四月十一日庚辰條。
29　韓國國史編纂委員會編纂，《承政院日記》，首爾：國史編纂委員會，一九六一－一九七七，冊三，朝鮮仁祖十五年六月初八日乙巳條。

需求，大量的人力、物力難以應對之下，禮曹、京畿監與各處衙門，時常有行政上的衝突，互相究責，爭執不斷。例如《承政院日記》中，朝鮮孝宗三年九月十九日的記載，便提及了京畿監司向各官衙索取冰塊備用，以便利用天然冰來保存「御膳」，避免食物變質，產生「味變之患」的事例。[30]

除了利用冰塊來低溫保鮮，天然冰是否乾淨可用，也是朝鮮宮廷相當重視的一個環節。四方貢獻的天然冰若是品質不潔，負責管理冰庫的官員，以及差役兵丁們都會受到杖責八十的嚴厲處罰，《承政院日記》便詳細登載了失職人員的處罰紀錄。[31]畢竟，御膳飲食一事關係重大，加上朝鮮景宗在位時期（一七二〇—一七二四）宮廷中曾經發生過一件景宗李昀在進用御膳後，身體不適，嘔吐黃水不止的事件，牽連掌膳宮人多人，不少宮婢因此下獄處死。因此，看來平常的膳食問題，單純的食物變質，一旦涉及了政治權力的中樞，事件的本質也就會產生扭曲，甚至釀成株連多人的「宮婢御膳下毒」事件。[32]

另外，由於朝鮮半島地近黃海，飲食風尚喜好海產魚鮮，因此朝鮮皇室御膳料理中自然就有更為豐富多樣的魚類與海產菜式，並且還在歷史文獻中呈現出了一種內容豐富的海鮮飲食史。事實上，朝鮮皇室的御供海鮮，不僅只是韓劇中御膳料理的故事情節而已。我們透過《朝鮮王朝實錄》、《日省錄》、《承政院日記》、《經國大典》等歷史文獻的各種零星片段記載可知，當時這一類對於朝鮮皇室的海產魚鮮特別專貢事項，官方文書中多半通稱為「御供生鮮」，也就是專門供應朝鮮皇室御膳使用的生鮮魚類食材。這一類朝鮮官方文獻中，不僅包括御供魚鮮的各種品項、品質要求，以及管理職司官署、專職漁夫，甚至是特供魚鮮商家們苦於供役的辛酸無奈之處，都能在其中略窺一二。[33]

根據文獻記載，朝鮮宮廷中專職御膳，負責「御供生鮮」等供饋事項的職司單位，稱為「司饔院」。「司饔院」平時管理著專門每日特供各類魚鮮的兩百多戶「御供漁夫」。此外，專門網捉御供生鮮魚類的船隻，則稱之為「御供秀魚船」，專職提供御用所需的烏魚等新鮮海魚。半數以上的御供鮮魚是由這一些「御供漁夫」負責網捕，以便供應朝鮮王室日常食用的各種需求。除御供漁夫之外，當時在朝鮮漢陽京畿一帶還有專門配合供給皇室魚貨海鮮的「生鮮廛」，官方文獻之中有時也寫作「生鮮作坊主人」，也就是專營海產魚鮮生意的商家。這些商家一方面在漢陽京城經營著魚貨海產的買賣，同時還必須負責供應各種御供使用的高檔鮮魚食材，用以輔助「御供漁夫」所不及供應的另外半數御供鮮魚數額。[34]

---

30 韓國國史編纂委員會編纂，《承政院日記》，首爾：國史編纂委員會，一九六一—一九七七，冊七，朝鮮孝宗三年九月十九日丁亥條。

31 韓國國史編纂委員會編纂，《承政院日記》，首爾：國史編纂委員會，一九六一—一九七七，冊四，朝鮮仁祖十九年七月二十六日庚子條。

32 韓國國史編纂委員會編，《朝鮮王朝實錄》，首爾：國史編纂委員會；東國文化社，一九五五—一九五八，卷九，朝鮮景宗二年八月十八日辛未條，頁十五a—十五b。

33 參見：王一樵，〈御供之魚，極擇新鮮——朝鮮皇室的生鮮魚類食用史〉，收於《瞰海——故事的故事書：海洋篇》，臺中：史多禮股份有限公司；故事編輯部；廣場出版社，二〇一七，頁一七四—一八九。

夏季時分，由於魚類在高溫之下，極易腐壞，因此每日生鮮廛必定會擇取最新鮮的魚貨進供王室御用。如果天候不佳，難以在漢陽京城近處捕魚，生鮮廛也要負責向遠處購覓鮮魚，甚至辦置冰塊，沿途保鮮運送到漢陽，以供朝鮮王室膳食使用。冬季時分，漢陽京江一帶江面結冰，無法出海網捕，御供鮮魚食材不足時，生鮮作坊主人也必須想辦法自外地漁家調運凍魚，運至漢陽京城，供應官家使用。由於海產生鮮講求新鮮，自然而然，朝鮮生鮮廛商家們必須充分利用天然冰進行低溫保存，這一種魚貨保鮮技術，可說是維繫御供海鮮食材品質的重要環節之一。[35]

無論古今，身處炎炎夏日，暑氣逼人，古代人其實也和現代人一般，渴望著飲食之間的清涼感受，但也總是擔心生冷過量有害健康。透過這古代東亞各國的天然冰食用史，我們不僅看到了朝鮮一代名君的生活日常，還有當時臣子們的小小苦惱，以及朝鮮皇室與消暑冰品之間的有趣小故事。下次到韓國旅行吃飯時，在品嘗加入冰塊的韓式冷麵與冰涼飲品的同時，我們或許也會想起這一些小故事，以及古今相同的清涼與味覺記憶。至於，那一些為了皇家御饌飲食的清涼滋味，而付出許多辛苦勞力的大小官員、宮中人，以及各類工匠職人們，我們可能無法在史料文獻中找到他們確切的姓名，但還是可以透過吉光片羽的文字紀錄，感受到他們勞苦付出的昔日身影。

＊延伸閱讀：

明清以來江浙一帶的魚類海鮮消費，以及天然冰用於保存食材的學術研究成果，可以參考中研院史語所邱仲麟研究員的相關論文：

1. 邱仲麟，〈天然冰與明清北京的社會生活〉，《中央研究院近代史研究所集刊》五〇．四（二〇〇五），頁五五—一一三。
2. 邱仲麟，〈冰窖、冰船與冰鮮——明代以降江浙的冰鮮漁業與海鮮消費〉，《中國飲食文化》一．二（二〇〇五），頁三一—九五。

關於日本江戶時代天然冰保存與食用的相關研究，可以參考柳田国男與竹井巖的相關研究論文：

1. 柳田国男，《定本柳田国男集》，第二卷（新裝版），東京：筑摩書房，一九八〇。
2. 竹井巖，〈金沢「氷室」考〉，《北陸大学紀要》，三四（二〇一〇），頁八一—九。
3. 竹井巖，〈金沢の氷室と雪氷利用〉，《北陸大学紀要》，二八（二〇〇四），頁四九—六二。

34 參見：王一樵，〈御供之魚，極擇新鮮——朝鮮皇室的生鮮魚類食用史〉，收於《瞰海——故事的故事書：海洋篇》，臺中：史多禮股份有限公司；故事編輯部；廣場出版社，二〇一七，頁一七四—一八九。

35 參見：王一樵，〈御供之魚，極擇新鮮——朝鮮皇室的生鮮魚類食用史〉，收於《瞰海——故事的故事書：海洋篇》，臺中：史多禮股份有限公司；故事編輯部；廣場出版社，二〇一七，頁一七四—一八九。

第三章

馬戛爾尼帶來的珍貴禮物

紫禁城裡「寫字人鐘」的祕密故事

西方著名電影導演馬丁・史柯西斯（Martin Scorsese）在二〇一一年曾經拍攝過《雨果的冒險》（*Hugo*），在這一部電影的優美敘事中，馬丁・史柯西斯運用了自動機械人偶（Automaton）作為楔子，引導出整個故事情節，並且娓娓道來世界電影史的重要淵源，以及科幻電影最早創始者喬治・梅里愛（Georges Méliès, 1861-1938）所發生的各種故事。其中，故事的主人翁小男孩雨果・卡柏瑞（Hugo Cabret）與小女孩為了發現祕密，找尋事件真相，必須讓早已故障的自動機械人偶再次開始作動，書寫繪畫出事件的線索，更是電影構思中的一絕。

這一部電影中提及的自動機械人偶（Automaton），事實上是十八世紀至十九世紀以來，鐘錶發展、科學史，以及歐洲上流社會物質文化風尚的重要一環。而北京故宮博物院所藏的「銅鍍金寫字人鐘」，自然也不例外，它也藏有一份屬於往昔的歷史祕密，等待世人揭開它精巧運作背後的古老故事。為了研究這些動人的故事，我開始了長達八年以上的資料文獻搜集，以及撰寫了大量的電子郵件與瑞士各個鐘錶博物館，還有幾間重要鐘錶廠的檔案館負責人進行聯繫。透過上窮碧落下黃泉、動手動腳找東西的方式，四處尋覓線索，一步一步的漸漸把這些深藏在自動人偶中的故事給仔細發掘出來。其間的過程就如同在修復鐘錶似的，讓一件件的細節零件重新歸位，彼此串連，最終逐漸在各種中外文獻中，慢慢開啟了一段有趣的清代中西文化交流往事。

歐洲宮廷飲宴的娛興節目：自動機械人偶的時尚風潮

溯源而論，「Automaton」一詞源自於希臘語，也有寫作「Automata」。具體字意即指「以自身的意志運作」，但多半是運用於形容純機械、非電力運作的機械，特別是仿造人類或動物動作的裝置。十八世紀以來，日耳曼地區與瑞士一帶的鐘錶技術革命，使得這時的技術條件，得以製造出此類自動機械人偶。由外觀華美的人偶，配合上內部精密的機械部件，最終產生了十八世紀至十九世紀在歐洲貴族階層風尚一時的自動機械人偶。這一些自動機械人偶時常在歐洲各國宮廷飲宴活動中，作為娛興節目，在王公貴族的面前進行展示表演。

由於手工鐘錶在當時屬於貴族階級專享的高級珍品，因此歐洲當時的王室貴族競相以此比較奢華品味。這一種王室貴族間的競逐比較風尚，同時也反映出當時歐洲的鐘錶匠人們必須以自動機械人偶的高超工藝作為技術基礎，並以此來吸引貴族上流社會的關注與喜好，進而打開高級鐘錶的市場。事實上，十八世紀歐洲王室貴族之間可以說有一種對於自動機械的狂熱，各國宮廷群起熱衷於各式各樣的自動機械人偶的表演。眾多製作自動機械人偶與模擬機械動物的鐘錶名家之中，一七二一年出生於瑞士納沙泰爾（Neuchâtel）山區的著名鐘錶匠皮埃爾・雅克・德羅（Pierre Jaquet-Droz, 1721-1790）可以說是其中翹楚，技藝超群，同時也是最廣為人知的瑞士手工高級鐘錶設計與製造者之一。

根據瑞士鐘錶歷史的研究成果與資料文獻，皮埃爾・雅克・德羅先生誕生於瑞士拉夏德芳（La Chaux de Fonds）的一個富裕名門，大學修畢神學學位後，他開始憑藉著自己在數學與機械方面的出色天分，在當時已是重要鐘錶製造中心的納沙泰爾嶄露頭角。一七六八至一七七四年之間，為了打開在歐洲皇室與上流社會的知名度，皮埃爾・雅克・德羅與助手們用盡巧思共同製作了三座極為精密的自動機械人偶作品，分別是「畫家」（The Draughtsman，約兩千個零組件）、「音樂家」（The Musician，兩千五百個零組件），以及「作家」（The Writer，約六千個零組件）。

這三件自動人偶於一七七四年在瑞士拉夏德芳首次向世人展示。稍晚，一七七五年前後，皮埃爾・雅克・德羅等人更帶著這三件自動機械人偶至巴黎，並曾經在法國國王路易十六（Louis XVI, 1754-1793）與法國王后瑪麗・安托瓦內特（Marie Antoinette, 1755-1793）面前表演，當時路易十六國王和瑪麗王后都被其獨創精巧的設計所深深折服。處在宮廷風尚的潮流中，皮埃爾・雅克・德羅等人便開始帶著其工作坊所製作的精巧自動機械人偶，巡迴歐洲各地向各國的王公貴族進行表演。這一些作品如此巧奪天工，而且栩栩如生令人讚嘆，因此他成功的在歐洲各國打開了知名度，並且接到為數眾多的皇室鐘錶與機械鳥訂單。時至今日，這三樣傑出的自動人偶作品依然可以正常運作，收藏在瑞士「納沙泰爾藝術與歷史博物館」（Musée d'art et d'histoire de Neuchâtel），並已成為該館的鎮館之寶，定期展示於博物館中。[1]

整體來說，瑞士是一個多山的國家，風光明媚之餘，農業資源有限。身為小國，二百多年以來，瑞士為在歐洲諸國競爭的環境中，尋找生存之道，當地百姓可以說投入了各式各樣的創意與努力。為了走出山城，瑞士人民或者是投身軍旅，到歐洲各國擔任軍隊衛士；時至今日，羅馬教廷專門負責保衛教宗，依然是由瑞士禁衛隊（Die Päpstliche Schweizergarde）擔任此一重要職務。除此之外，當地最重要的手工產業，莫過於聞名世界的高級鐘錶業，以及各式各樣專精於一門獨特工藝的小型作坊。

然而，相較於各行各業的發展歷程，瑞士鐘錶業的故事，可以說是最吸引世人注意的重點產業。在成本方面，鐘錶業使用最少的原料，發揮創意，投入最高端的技術，進而產生數十倍至數百倍的利潤。在發達地方經濟上，鐘錶產業既可以在家鄉製作，提供在地的工作機會，鐘錶產品又可以方便運出交通不便的山區，換取高額的報酬，使家人生計無憂，具體反映了瑞士人商業上的巧思。數百年來，瑞士開發鐘錶機心的匠人雖然為數眾多，但真正打開全球化的市場，讓自家產品行銷到遠東，甚至是清朝宮廷的卻是寥寥可數。其中，著名鐘錶匠皮埃爾・雅克・德羅可以說是箇中翹楚之一，不僅成功為自己掙得了一生衣食無憂的龐大家業，同時也打開自家產品行銷東方的商業通路。瑞士「納沙泰爾藝術與歷史博物館」的專題展覽介紹中，詳細說明了皮埃爾・雅克・德羅的經營成功之道。

1 可以參見瑞士「納沙泰爾藝術與歷史博物館」（Musée d'art et d'histoire de Neuchâtel）官方網頁的相關介紹：http://www.mahn.ch/expo-automates。

皮埃爾・雅克・德羅對於瑞士鐘錶業的發展甚為重要，因此在二〇一一至二〇一二年前後，瑞士的「納沙泰爾藝術與歷史博物館」更與「拉夏德芳國際鐘錶博物館」（Musée international d'horlogerie de La Chaux de Fonds），以及「力洛克鐘錶博物館・蒙特城堡」（Musée d'horlogerie du Locle Château des Monts）攜手舉辦聯合展覽，共同合作以「自動機械玩偶與奇蹟」為主題進行大型專題展覽。並且以此向十八世紀三位瑞士鐘錶奇才皮埃爾・雅克・德羅，以及其子亨利・路易・雅克・德羅（Henri Louis Jaquet-Droz, 1752-1791）與他們的合作夥伴讓・弗雷德里克・雷索（Jean Frédéric Leschot, 1746-1824）致敬。時至今日，雅克・德羅（Jaquet Droz）公司仍然是世界上最重要的高級鐘錶製造者之一，不斷有所創新，並且更於二〇〇〇年加入瑞士斯沃琪集團（Swatch Group）。[2]

清代宮廷所藏西洋寫字人鐘的歷史溯源

透過上述背景介紹，我們可以由十八世紀的自動機械人偶風尚（Automaton），以及科學史、世界史的時空脈絡來觀察北京故宮博物院收藏的「銅鍍金寫字人鐘」。該項藏品根據院方首頁介紹，一般認為是十八世紀英國威廉森公司（Williamson）的產品，但隨著近年來的研究，以及相關古鐘錶與自動機械人偶的歷史溯源，我們漸漸的可以從中發掘考訂出這一項國寶背後所藏的祕密故事。除此之外，央視節目《故宮》第九集「西洋宮廷風」的節目中，即收錄有一段北京故宮典藏的重要清代宮廷文物——「銅鍍金寫字人鐘」正在握筆寫字的珍貴畫面。[3]

影片畫面之中，西洋紳士造型的寫字機械人偶，手握著毛筆，並在白紙上一筆一劃，非常工整的寫出「八方向化，九土來王」八個中文字，字跡非常清晰，筆捺輕重甚有節奏。並且，寫字人鐘在機械作動之時，自動機械人偶的頭部還能隨之左右進行擺動。另外，寫字人鐘書寫的這八個中文字也間接印證了民國時期著名鴛鴦蝴蝶派作家許嘯天（一八八六—一九四六）在《清宮十三朝演義》中提及的傳聞故事，純屬虛構想像。而這一份來自遠方的禮物，經由機械設定後所書寫出來的祝賀文字，顯然經過高人的指點，表現出了不遠千里，特來朝賀的祝福美意。

清朝宮廷中這一類藏品，傳統上多半歸類為西洋自鳴鐘一類，既是宮中的陳設，或者被歸類為清代皇室的玩賞之一。實際上，自鳴鐘錶一物對於清朝皇帝甚有影響，例如乾隆皇帝

2 透過 YouTube 所提供的影片，我們可以看到這些精巧的人偶究竟如何作動，進行細緻的動作，書寫、彈奏音樂，甚至繪畫，許多名作皆有設計工匠的署名落款。相關的影片可以參見：http://www.youtube.com/watch?v=vr0e_WsjkvY&feature=related。英文的簡介節目：http://www.youtube.com/watch?v=fF0aA3B83Sk&feature=related。該影片即來自「雅克．德羅」（Jaquet-Droz）公司的官網：http://www.jaquet-droz.com/。

3 另可參考《我在故宮修文物》書中有關北京故宮博物院內宮廷鐘錶修復的相關介紹。參見：蕭寒主編，綠妖撰稿，嚴明攝影，《我在故宮修文物》，臺北：新經典圖文傳播有限公司，二〇一七。

即是鐘錶的愛好者，對於宮廷鐘錶的造辦樣式多有指示，相關的旨意可見於《內務府造辦處活計檔》的各類記載中。除此之外，「自鳴鐘」一詞亦有滿語對譯，滿語寫作：「erileme guwendere jungken」。根據《漢滿大辭典》、《滿和辭典》、《滿洲語文語辭典》的相關辭條解釋可知，「erileme」意指「按時」，「guwendere」則是意指「鐘鑼響聲」，「jungken」即是樂器「鐘」的滿語對譯。[4] 然而，「銅鍍金寫字人鐘」雖然具有按時自鳴鐘響的計時功能，但北京故宮博物院這一件特殊藏品，不僅可以從科學工藝技術，以及骨董鐘錶修復等方面分析討論，實際上還隱藏有更深遠的歷史祕密，可以由多重的面向來加以說明其中的有趣故事。

虛構與真實：作家許嘯天筆下的「寫字人鐘」故事

若由清代宮廷相關文獻掌故上來說，民國初年的章回體小說《清宮十三朝演義》中，就曾經圍繞著「寫字人鐘」，談論過清朝民間匠人為求官員重金賞賜而費盡心力製作寫字人鐘的故事。該書的第五十二回〈老頭子紀昀妙解，女孩兒福公祝壽〉中提到，一位兩廣總督福文襄（即福康安，一七五四－一七九六，諡號文襄）身邊的親隨巧匠為了得到總督大人的豐厚重賞，於是用盡了全部的心思，方才打造了這一座寫字人鐘。寫字人鐘裡的碧眼紅髯西洋人偶不但能夠書寫「萬壽無疆」四個漢文大字，甚至還能夠書寫出「萬壽無疆」的滿文字體。兩廣總督在得到了「寫字人鐘」後，便試圖利用乾隆皇帝萬壽的機會，進獻到宮中孝敬乾隆帝，以此祝賀太上皇壽辰，希望能夠得到太上皇的歡心，仕途能夠更上層樓。但是權臣和珅（一七五〇—一七九九）與寧壽宮總管太監上下其手，又讓兩廣總督費去不少銀兩來打通關節。寧壽宮總管太監甚至還說必定要得到一些銀兩好處，不然寫字人鐘在書寫「萬壽無疆」的過程，若是中間出了差錯，正好寫到了「萬壽無」的時候停筆，悲慘的後果將由兩廣總督自行承擔。雖然故事的最後這一份禮物進獻成功，但是親隨巧匠卻是心力交瘁，聰明用盡，痴痴呆呆，智力退化成了小孩一般，雖有財富，但是也無福消受。[5]

其實，這可以說是一個全然架空虛擬的章回小說情節，但也反映出了一小部分的事實，寫字人鐘的確是一件精巧無比的禮物。透過《清宮內務府造辦處檔案》的紀錄，我們可以看到乾隆皇帝對於這一件「寫字人鐘」的萬分喜愛，甚至將這件來自英國皇家的禮物擺置在寧壽宮樂壽堂中，作為晚年日常生活居所中的一件重要鐘錶陳設。據檔案文獻記載，乾隆五十四年五月十八日，乾隆皇帝特有旨意，由太監鄂魯里傳旨要求內務府造辦處如意館的西洋鐘錶匠德天賜、巴茂止等人依樣仿造一只西洋寫字人鐘，並且在細節方面更求精進，設計出更

4 參見：安雙成主編，《漢滿大辭典》，瀋陽：遼寧民族出版社，二〇〇七，頁一四三九。〔日〕羽田亨編，《滿和辭典》，臺北：學海出版社，一九七四，頁二一七、一八二、二五七。

5 許嘯天，《清宮十三朝演義》，上海：上海科學技術文獻出版社，二〇一〇。

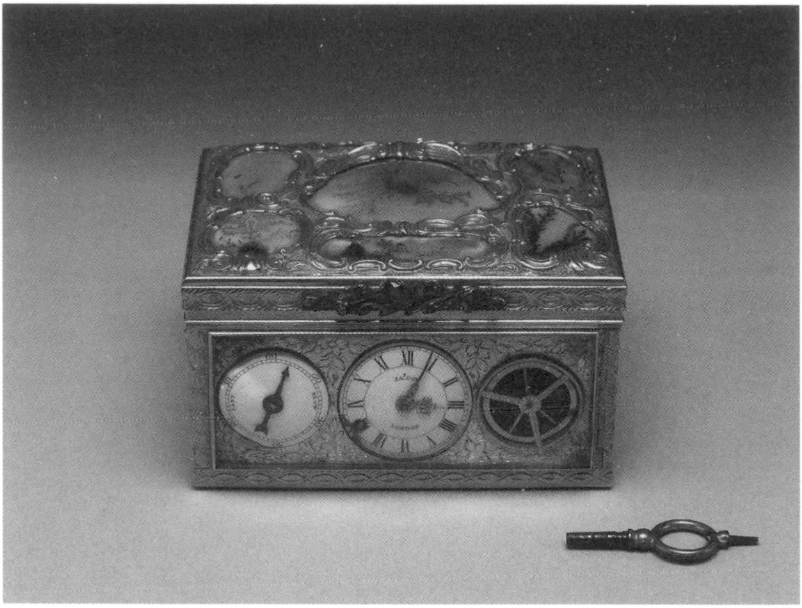

〔清〕英國嵌寶石鐘錶盒
（國立故宮博物院藏品）

為精巧的功能。旨意中表示，乾隆皇帝期許內廷如意館匠人們製造的「寫字人陳設鐘」能在技藝更上一層樓，能夠書寫「漢滿蒙藏」四樣字體。[6]此外，透過清代檔案文獻的記載，我們還能看到在「如意館」中從事鐘錶相關業務的西洋匠人們的工作身影。

總體來說，清代宮廷中的西洋匠人並不少見，並且在檔案文獻中留下了不少紀錄。除了製造與修繕鐘錶之外，他們也在宮廷中協助燒造器物，提供專業技術。清代宮廷檔案中對此也有詳細記載，例如內務府造辦處曾經敬奉旨意，向西洋匠人學習工藝技術。再如乾隆四十六年正月前後，內務府造辦處奉上諭，有關燒造活計製作顏色不能如西洋人所做一般，乾隆皇帝在旨意中特別要求問明如何燒造，並且命令造處辦向西洋人學習。[7]另外，還有關於西洋進貢藥物的使用說明與藥物識別的相關問題方面，也都有若干記載，例如乾隆十四年，旨意命西洋人識別「銅蓋水晶保心石」盒中所裝「保心石」一物，西洋人回答「保心石」原治弱症，但已經是陳年之物，不能再使用的詳細情況。[8]以及乾隆五十年五月，特頒旨意，諭命西洋人索德超識認丁香油、檀香油等物，並由其寫明「治方說語摺片」，以便恭呈乾隆皇

---

6 參見：中國第一歷史檔案館，《清宮內務府造辦處檔案總匯》，冊五一，乾隆五十四年六月，頁五一〇—五一一，五十四年五月十八日太監鄂魯里傳旨寧壽宮樂壽堂現設寫八方向化九土來王西洋人陳設鐘一件如意館西洋人德天賜巴茂止照樣成做陳設鐘一件要寫四樣字欽此。

7 中國第一歷史檔案館藏，《內務府造辦處活計檔》，記事錄，乾隆四十六年一月二十八日，管理造辦處事務舒文面奉諭旨造辦處炕老鸛翎活計顏色平常不能如西洋人所燒活計顏色好你可問明如何燒著造辦處跟西洋人學習欽此。

帝御覽。[9]

另外，清朝宮廷檔案文獻還有提及傳旨由西洋人認看物品的記載，有的時候是丸藥，有的時候甚至是協助認看鑄造銅器所使用的特殊礦石。像是乾隆二十五年十二月，太監胡世傑交來銅盒一件，內盛丸藥，傳旨交由西洋人認看。[10]乾隆三十六年十一月初一日，太監胡世傑傳旨將礦石交由西洋人認看，識別是否合適用於鑄造銅鈴。該件檔案詳細記述了西洋人如何解釋銅鈴的製作方法，說明此類礦石原產在西洋各國，主要生於金銀銅鉛各項礦物之內，惟銀礦鉛礦內生產更多。鑄鐘材料中，若是用紅銅一百斤，錫二十斤，或二十五斤，另外在其中加入二斤此類特殊礦石，一同鎔化做成鐘，聲音則更為清亮。[11]凡此種種，雖然瑣細，卻都是清代宮廷西洋匠人們在日常辦差工作中的生活縮影。

清朝檔案文獻與歷史學研究裡的「寫字人鐘」

聚焦於「寫字人鐘」的詳細研究分析，以及西方史料文獻的相關考訂，根據《東方輝煌與歐洲精巧：中國封建社會晚期的鐘錶》（*Eastern Magnificence and European Ingenuity: Clocks of Late Imperial China*, 2001）一書作者凱瑟琳・帕加尼（Catherine Mary Pagani）的研究，指出十八世紀前後「雅克・德羅與雷索」（Jaquet-Droz et Leschot）鐘錶公司與英國皇室互動關係密切，並且接辦了許多來自皇室的訂購。凱瑟琳・帕加尼經由整理許多當時留下的「雅克・德羅與雷索」鐘錶公司營運檔案，以及訂單紀錄，從中即可看到「雅克・德羅與雷索」工作坊承製了多項音樂鐘與自動機械人偶的製作項目。其中，也包括了一七九二年前後英國馬戛爾尼（George Macartney, 1737-1806）出訪清朝的禮品訂單。其中一筆禮品訂單目前保存在倫敦專利署（Patent Office, London）的紀錄細目，這筆禮品訂單中詳細列出了該自動機械人偶的各種具體作用，例如可以書寫出的中文字，以及中文字的詳細內容，甚至是大致的機械功能等等。[12]

禮品單據中如此描述：「該件自動人偶身著十八世紀法國宮廷服飾，坐在桌前，並用毛

8 中國第一歷史檔案館藏，《清宮內務府造辦處檔案總匯》，冊十七，頁二八，乾隆十四年二月一日，初一日司庫白世秀達子來說太監胡世傑交銅蓋水晶雞心盒二件傳旨西洋人認看裡邊裝的係何物欽此。

9 參見：中國第一歷史檔案館藏，《清宮內務府造辦處檔案總匯》，冊四八，頁三一三，乾隆五十年五月五日，內務府於五月初五日將丁香油一瓶檀香油一瓶著西洋人索德超認著寫得治方說語摺片呈覽奉旨交乾清宮欽此。

10 參見：中國第一歷史檔案館藏，《清宮內務府造辦處檔案總匯》，冊二五，頁四四三，乾隆二十五年十二月十二日，郎中白世秀來說太監胡世傑交銅四層盒一件內盛丸藥傳旨西洋人認看欽此。

11 參見：中國第一歷史檔案館藏，《清宮內務府造辦處檔案總匯》，冊三四，頁五二七—五三六，乾隆三十六年十一月一日，於本日員外郎金輝將查得本庫現收貯暗地磨牛一斤八兩如用配合鑄造聲音可得響亮等因交太監胡世傑轉奏奉旨將暗地磨牛西洋人認看如果鑄鈴聲音好即配合鑄造欽此。

12 相關討論可參見凱瑟琳・帕加尼（Catherine Mary Pagani）的研究專著，《東方輝煌與歐洲精巧：中國封建社會晚期的鐘錶》（*Eastern Magnificence and European Ingenuity: Clocks of Late Imperial China*）。參見：Catherine Pagani, *Eastern Magnificence and European Ingenuity: Clocks of Late Imperial China*, Ann Arbor: University of Michigan press, 2001.

筆沾墨，書寫中文字：『八方向化，九土來王』（Ba Fang Xiang Hua, Jiu Tu Lai Wang）。」相關文字紀錄中甚至還顯示該件禮品係由「雅克．德羅與雷索」公司負責接辦，並於一七九二年正式交貨給英國馬戛爾尼大使，作為送給中國皇帝的禮物。雖然馬戛爾尼本人並沒有留下直接的文字，提及此件重要禮品。但是根據訂單紀錄，這一項禮品是在馬戛爾尼大使離開中國的一年之後，方才送達了廣州。此外，收藏在瑞士納沙泰爾藝術與歷史博物館的「雅克．德羅」（Jaquet-Droz）工作坊機械人偶手稿資料，其中即有一張可以書寫中國字的自動人偶設計藍本草圖。透過一連串的資料單據以及設計藍圖，我們便可證明現於北京故宮奉先殿展示的「銅鍍金寫字人鐘」，其下半層的寫字自動機械人偶，即是「雅克．德羅」工作坊的產品之一。[13]

另外，根據凱瑟琳．帕加尼的研究與考證，該書寫中文的自動機械人偶，實際上又與英國「提姆斯．威廉森」（Timothy Williamson）所製作的機械鐘產品相互結合在一起，形成了今日我們在北京故宮博物院展品中所見到的上下兩層的「銅鍍金寫字人鐘」。此件自動機械人偶其實還可以與雅克．德羅的相關自動機械人偶作品，進行科學技術史上的文化連結，甚至還與十八世紀歐洲王公貴族的風尚潮流相互呼應。除此之外，凱瑟琳．帕加尼在調查北京故宮典藏的西洋鐘錶藏品中，還曾經發現到一個有趣的現象。透過歐洲各地博物館的相關典藏，我們可以得知「雅克．德羅」工作坊的高級鐘錶產品，多半會銘印專屬的「雅克．德羅」公司印記。而且公司銘印還具有特定的花紋與字體形式，可供研究者們進一步查找比對，以便核實真偽。[14]

但是其中最為奇特之處，便是北京故宮博物院的西洋鐘錶藏品中，卻很少見到這一類公司銘記的出現。個人暫時推測，或許「雅克．德羅與雷索」等高級鐘錶商當時也曾經針對清朝皇帝的喜好做過研究，知道中國帝王的御用器物上，不適合出現此類公司紋飾銘記。時至今日，作為世界上歷史最悠久的鐘錶製造商，「雅克．德羅」（Jaquet-Droz）仍然在生產頂級的手工鐘錶產品，二〇一二年雅克．德羅的鐘錶廣告為了訴求華人市場，並且配合中華文化的豐富意象，特別強調結合「8」與「∞」的象徵概念。即是講究富貴繁盛，同時也具有追求永恆的深厚文化內涵。某方面來說，也是這一種宮廷文化風尚的輾轉流變之一。

回顧往昔，古今相映，若由「銅鍍金寫字人鐘」可以應當時客戶的要求書寫中文，進而表達「八方向化，九土來王」的文化寓意來看，在各種中西文化交流的細節之中，又可以看到一個早期全球化的經濟現象。瑞士鐘錶匠人在試圖行銷全球，努力打開東方市場的同時，並且也訴求一種在地消費者們在美學與文化上的深層認同。相較之下，荷蘭商團試圖打開江戶時期德川幕府的鎖國門戶之際，荷蘭商人們同樣也是利用精美鐘錶作為外交禮物，以此作

---

13 參見：Catherine Pagani, *Eastern Magnificence and European Ingenuity: Clocks of Late Imperial China*, Ann Arbor: University of Michigan press, 2001.

14 參見：Catherine Pagani, *Eastern Magnificence and European Ingenuity: Clocks of Late Imperial China*, Ann Arbor: University of Michigan press, 2001.

為交流媒介，進而開展雙方的文化與經濟交流。[15]宏觀來看，掌握時間的科學技術，以及精美的藝術品，其實可以說是打開人心隔閡，並且同時增進交流互動的重要關鍵之一。除此之外，十七世紀至十八世紀英國的「提姆斯．威廉森」鐘錶世家在當時所製作的各式高級手工鐘錶，今日在西方骨董鐘錶收藏的圈子中，依然是重要的收藏品項。歲月流轉之下，雅致的生活風尚依舊影響著文化收藏界的鑑賞品味。

最後，作為中西文化交流的一環，「銅鍍金寫字人鐘」同時也見證了馬戛爾尼使臣來華之行。經由這一件精美的禮物，我們可以看到英國官方確實努力置辦了當時歐洲皇室貴族最時尚，也最珍貴奢華的自動人偶禮品，希望以此打開天朝的大門。即便這一個企圖最終沒能實現，但是瑞士鐘錶匠人依然打開了東方的市場。事實上，「雅克．德羅」公司官網曾在二〇一二年的展覽訊息中指出，雅克．德羅父子與其工作坊的合作夥伴讓．弗雷德里克．雷索，以及亨利．梅拉代（Henri Maillardet, 1745-1830）等人，雖然終其一生未曾到過中國，但因其鐘錶作品精細巧妙，而在東方世界聞名遐邇、遠近馳名。但是該則訊息所未提及的其實是更為重要的歷史文化脈絡，作為該公司最為精巧產品之一的「銅鍍金寫字人鐘」，事實上一直收藏在北京故宮博物院中，等待世人們去探尋它背後的歷史故事。

事不孤起，必有其鄰，人間之事總是充滿機緣巧合。電影《雨果的冒險》裡出現的那一只自動人偶，現藏於美國費城「富蘭克林研究所」（Franklin Institute）的科學教育博物館中。透過科學教育博物館館方的介紹文字，這一只能書寫文字的人偶在修復之後，曾經在自動書寫時留下明確署名落款文字，標示此件白動人偶實際上是瑞士鐘錶技師亨利・梅拉代的作品。透過人偶書寫的文字內容，可見此件自動人偶亦是亨利・梅拉代等人在英國倫敦「雅克・德羅」工作坊的重要創作之一。[16]根據博物館網頁的訊息介紹，北京故宮博物院的銅鍍金寫字人鐘，其實和電影中用來詮釋電影發展史的人偶，原是出自同一個鐘錶大師的工作坊之中，都是亨利・梅拉代等瑞士鐘錶技師們的手工作品。追本溯源之下，各種線索逐漸明朗，這一篇文章的初稿從撰寫成文，已經歷了多年的時光，自從初步的構思發表在《往復論壇》後的不久，便有相關的瑞士骨董鐘錶展覽在北京正式展出了鐘錶大師雅克・德羅的重要自動人偶作品。瑞士鐘錶商「雅克・德羅」當時在北京策劃了一個小型自動人偶展覽，並且更將雅克・德羅大師的三件重要作品：畫家、音樂家與作家，一同運至北京展出，因而讓雅克・德羅的巧思得以正式展示在古老的北京城中。至此，關於紫禁城中「寫字人鐘」的故事，終於有了一個最圓滿的結局。

15〔日〕小島毅，《東大爸爸寫給我的日本近現代史》，臺北：聯經出版，二〇一四，頁一二三—一二四。

16 可參見美國費城「富蘭克林研究所」（Franklin Institute）博物館網站的相關介紹文字，網址：https://www.fi.edu/history-resources/automaton。

來自瑞士的禮物：雅克・德羅自動人偶移展北京

因緣圓滿下，瑞士鐘錶商終於將雅克・德羅自動人偶展覽，移展至北京，同時並在該公司的網頁中提供了開幕當日展示自動人偶運作書寫文字的重要畫面。雅克・德羅公司首頁甚至還提供了自動人偶展示動作的短片，以及自動人偶如何運送到北京展覽的相關活動照片。此次自動人偶的特別展覽雖然布展精美，而且在空間的設計上充滿了人文氣息。但在策展上較為可惜之處，則是北京故宮博物院的「寫字人鐘」其實亦是出自「雅克・德羅」鐘錶作坊的自動人偶作品，然而並沒有機會被安排在此次展出的敘事與策展規劃之中，讓人略感遺憾。若是能在北京，讓兩件自動人偶相遇重逢，並且各自展演書寫動作，必定是科學史與人文歷史方面的重要歷史時刻。

雖有遺憾，但是展覽中最讓人感動之處，則是雅克・德羅先生的原始自動人偶作品之一的「作家」自動機器人偶，最後還是完成了它的漫長旅程，終於來到了北京，並且還展示了自動書寫的神奇功能。與此同時，就在北京故宮的展廳中，系出同源的「銅鍍金寫字人鐘」也在世人面前，繼續見證著人類科學技術與瑞士鐘錶名家雅克・德羅的不朽設計巧思，和那一代又一代延續下來，帶給人們無限驚奇的精巧技術，以及直觸人心的感動與文化震撼。

綜觀古今，人們的內心深處就是對類似自己，並由自己創造的事物，感到了無限的好奇。我們往往在這些自動化的人工機械裝置上，寄託著航向遠方的深遠夢想。無論是寫字自動人偶帶著瑞士鐘錶名匠想要商貿世界的夢想，終生堅持技術鑽研，達成技藝超群的追求，最終走向瑞士群山之外的世界，甚至航向遠東，到達東方君王們的華麗宮殿之中。還是現代運用自動化控制，航向深度宇宙空間的各種宇航探測飛船，其實都是類似概念框架下的遠大夢想。夢想源自於無數的積累，而透過一代一代科學工作者與技術匠人們的各種努力，方才開展出了夢想的旅程，既航向未知，也航向遠方，帶著一代又一代人的夢想，走向那無限與無窮的未來願景與世界圖像。

＊延伸閱讀：

1. 李侑儒，《鐘錶、鐘樓與標準時間：西式計時儀器及其與中國社會的互動（一五八二—一九四九）》，臺北：國立政治大學歷史學系，二〇一二。
2. 郭福祥，《明清皇帝與鐘錶》，北京：紫禁城出版社，二〇〇二。
3. 郭福祥，《時間的歷史映射：中國鐘錶史論集》，北京：故宮出版社，二〇一三。
4. 馮明珠編著，《乾隆皇帝的文化大業》，臺北：國立故宮博物院，二〇〇二。
5. Catherine Pagani, *Eastern Magnificence and European Ingenuity: Clocks of Late Imperial China*, Ann Arbor: University of Michigan press, 2001.

第四章

萬歲爺請吃飯

紫禁城裡的皇家御宴與明清宮中人的日常飲食

清代宮廷的飲膳文化，是相當具有儀式性的禮儀活動，不僅僅只是吃飯而已，也是一種政治文化的具體呈現。宮廷文化之中，吃飯從來就不是一件小事，從座位的列席，御宴菜式的準備安排等等，甚至是其中呈現的地位尊卑高低與權力關係，在在都是日常飲食之間的精細安排與巧心布置。其中任何一點小差錯，都會被萬歲爺與皇子阿哥們看在眼裡，記在心底，所以萬萬不可大意疏忽。例如《清高宗純皇帝實錄》裡有關太監蘇培盛的記載，便是一個具體的例子。也許大家對蘇培盛的印象總是老實護主的勤懇之人，但是實錄裡的文字之中，卻是另一個不同的形象。我們可以看到頗受恩眷的蘇培盛，不僅在九州清晏自行飲饌，遇到皇子到來不僅不知迴避，遵守禮儀，甚至邀請阿哥們同桌共食。阿哥們有的貪嘴，一時失於檢點，竟然與蘇培盛一起同桌共餐。[1]

乾隆皇帝氣憤之餘，曾經留下相當嚴厲的警告訓誡，並且提及了昔日發生在「九州清晏」的詳細事情始末，乾隆皇帝更在訓誡中特別談到：「似此種種悖亂，不可枚舉。」某一方面，乾隆皇帝所言在於嚴肅宮中秩序，維繫綱紀法度。但另一方面，這一條史料也為我們留下了一個紀錄，宮人們的日常生活離不開清代宮廷的各種生活作息。延伸而論，明清宮中人的飲食生活也離不開宮廷，甚至皇子們、阿哥們都有可能會參與其中，同桌共食，一起飲饌。明清宮人們不是完全沒有向上流動的機會，但是宮廷生活之中，一舉一動都有各式各樣的目光與評價。蘇培盛被乾隆皇帝嚴厲訓誡的例子可以說提供了我們一個清代宮中人日常生活的側寫，宮人們有時候或許只是不經意的一言一行，卻會在政治文化的特殊氛圍之下，產生相當嚴重的影響與結果。[2]

清代宮廷裡的除夕大宴

清宮在除夕節慶前後會在「太和殿」，或在「保和殿」籌備筵宴活動，邀請來京的外藩蒙古王公大臣、越南與朝鮮等各國來使，以及文武大臣出席。清代皇家筵宴的籌備工作，分工嚴謹詳細，例如禮部會就是否頒賜筵宴桌張一事，請求旨意。光祿寺則會籌備御宴活動所需銀器、銅盤器皿、煤炭、蠟燭、羊隻、煮肉鐵鍋等等物品，並特別向軍機處、內務府等咨呈行文。光祿寺另外還會呈請戶部撥下銀兩，以便辦理製造籌備相關應用器件。[3] 除了各類器物、銀錢開支之外，宮廷御宴中備有樂曲演奏，相關人等也需要提前演練。清朝御宴中的演出曲目、舞人，以及樂舞表演活動等細節，最後都會繕寫詳細清單，並且報呈皇帝提前加以圈定。[4] 清廷的各處官署衙門亦會參與籌備儀式的各項節目與服裝、衣飾、禮器等等，例

1《清高宗純皇帝實錄》，卷四，乾隆十三年十月初十一日丙子條，頁二二二b—二二五a。

2《清高宗純皇帝實錄》，卷四，乾隆十三年十月初十一日丙子條，頁二二二b—二二五a。

3 中國第一歷史檔案館典藏的《內務府全宗》中即有多條相關記載。另可參見：國立故宮博物院藏，《軍機處檔摺件》，文獻編號：147353，咨呈漢軍機處為本寺恭備本年除夕節賞頒給外藩蒙古王公桌張等項差務應用銀銅器皿等件奏撥戶部銀兩速即製造一摺由。

如「武英殿修書處」職掌印刷禮單，禮部亦會奏報粘修御宴中「隆慶舞」表演所需使用的「盔甲」、「油布」、「豹皮褂」、「虎皮裙」等細項情況。[5]

清代宮廷御宴的籌備工作，承辦官員們很是謹慎處理，各處衙署可以說是出盡全力，妥善準備各種典禮的演習作業，確保萬無一失。「保和殿」內所設置的除夕筵宴在席面座次桌張的安排上，也很有講究，嚴謹注意各項儀典細節。[6]「保和殿」的除夕御宴之中，蒙古王公大臣分別就座左右兩翼，皆由禮部詳細規劃。飲宴之中，茶、酒的供遞，主要由領侍衛內大臣特別挑選侍衛負責遞茶、遞酒，或是由皇帝欽派專員在宴席之間賞酒與遞酒，以便御宴盛典的順利進行。除夕前一日，乾清宮會點起「萬壽燈」與「廊燈」，中正殿則會點起「戳燈」等燈具，宮燈光明盞盞，以為裝飾。[7]

除夕當日的皇家御宴活動，除了在「太和殿」、「保和殿」舉辦筵宴外，還會在「豐澤園」舉行御筵大宴，並由親王大臣主辦其事。除夕是日，還會由皇帝親祭太廟，或是派皇子阿哥們等代為出席，並且獻帛致祭，特示崇敬。除此之外，清朝皇帝也會特派阿哥們至「雍和宮」上香，既是禮敬先人，也是新年祈福納祥之舉。相較之下，清朝後宮各妃則會在除夕未初二刻的時候，在各宮之內向君上行「辭歲禮」，以示辭歲納吉的美意。宮外各親王府的「福晉」與「命婦」人等也會在除夕之時，特別進入宮內行禮，以此慶賀歲末。相較之下，清朝皇帝則會在除夕之日親至「奉先殿」的「堂子」祭祀，並將堂子中懸掛的舊紙錢焚化。新年元旦之日，依照宮廷慣例會在堂子中掛上新的紙錢，亦是除舊布新之意。清朝皇帝有時也會在元旦之時，特別派皇子致祭「奉先殿」，崇敬先人，亦慶賀新年。除了飲宴吃飯之外，除夕的前後，宮廷中還有由正黃旗高麗世管佐領籌辦的「高麗觔斗人」的表演助興。另外，除夕尚有恭進春牛的典禮儀式，也呈現出朝廷以農為本，重視農桑的深刻心意。清代宮廷年節的相關慶祝活動到了宣統朝，時代轉變之下，方才正式畫下了句點。[8]

---

4 國立故宮博物院藏，《宮中檔咸豐朝奏摺》，文獻編號：406016871，咸豐朝無年月日奏摺，每年除夕應詳細行預備各項樂舞單請圈定。

5 中國第一歷史檔案館典藏的《內務府全宗》中即有多條相關記載。另可參見：國立故宮博物院藏，《軍機處檔摺件》，文獻編號：147353，光緒二十七年十二月八日，光祿寺咨呈漢軍機處為本寺恭備本年除夕節賞頒給外藩蒙古王公桌張等項差務應用銀銅器皿等件奏撥戶部銀兩速即製造一摺由。國立故宮博物院藏，《軍機處檔摺件》，文獻編號：169786，光緒三十四年十二月三日，咨軍機處為本部具奏除夕應否頒給外藩蒙古王公等桌張羊隻等物一摺由。

6 《中央研究院歷史語言研究所藏明清內閣大庫檔案》，文獻編號：226440-001，乾隆十二年十二月二十日，禮部為移取筵宴大臣名爵等由。

7 中國第一歷史檔案館典藏的《內務府全宗》，即有多條相關記載。另可參見：《中央研究院歷史語言研究所藏明清內閣大庫檔案》，文獻編號：143388-001，嘉慶十六年十二月，禮部為入宴大臣堂銜事。

8 國立故宮博物院藏，《軍機處檔摺件》，文獻編號：184882，宣統年間無年月日摺件，奏為除夕樂章宣統三年是否照例演習由。國立故宮博物院藏，《軍機處檔摺件》，文獻編號：184896，宣統年間無年月日摺件，奏為除夕元旦筵可否暫行停止由。

〔清〕磁胎洋彩黃地團花山水膳碗
（國立故宮博物院藏品）

元旦、萬壽、冬至：清代太和殿的皇家御宴

清代朝廷依照慣例，每一年元旦、冬至，以及萬壽節（也就是皇帝的生日）時，都會在紫禁城裡舉辦筵宴，也就是「大燕禮」。「大燕禮」的皇家筵宴活動中，清朝皇帝會宴請朝廷文武百官，以及王公大臣與朝鮮等國使節，一起在「太和殿」參與御賜國宴。但是參與萬歲爺的御宴其實並不是一件容易的事，首先要穿過一連串的宮門、石階與護城金水河，王公大臣與使節們才能來到了太和殿的廣場，準備參加清朝皇帝的宴席。「大燕禮」當日的卯時（清晨五點到七點），清朝的王公、貝勒、貝子、台吉、塔布囊、伯克等人都要身著朝服，會集於「太和門」。另外，文武大臣、有頂戴官員與朝鮮等國使節們則是俱著朝服，並在「午門」外聚集準備與筵的相關事宜。「鑾儀衛」也會在太和殿之前，直至午門之外，一路設置法駕、鹵簿等皇家儀仗，展現天子威儀之風。不過，這一路走來，距離頗為遙遠，若是在元旦、冬至之時，清朝臣子與各國使臣們又必須頂著北京冬季的朔風寒寒，不可不謂辛苦。[9]臺灣民間俗語說「吃飯皇帝大」，這不只說明了吃飯這件事情大有學問，而且若是換

9〔清〕崑岡等修；劉啟端等纂，《欽定大清會典圖》，收於《續修四庫全書》，上海：上海古籍出版社，據光緒年間石刻本景印，一九九七，冊七九五，卷二八，〈禮二十八．燕饗一〉，〈太和殿筵燕位次圖一〉；〈太和殿筵燕位次圖二〉，頁三〇四—三〇八。

一個角度來看，其實萬歲爺身為天子，不僅要照顧天下臣民的吃飯問題，甚至還要再加上宮廷筵宴的諸多典禮儀式。吃飯用膳看似簡單，但實在不是一件容易的事。[10]

即便如此，清朝皇帝也有其日常生活中平凡的一面。正所謂百善孝為先，皇帝也不例外，若有得空的時候，自然也要陪家裡的老人家一起吃吃飯。《清實錄》中也對清朝皇帝陪同太后用膳一事有所記載，像是《清高宗純皇帝實錄》便在乾隆四十一年正月初二日甲戌條下寫道：「上奉太后幸寧壽宮，侍早膳。重華宮，侍晚膳。」[11]即便尊貴如天子，身處在儒家孝道文化的氛圍中，也要陪陪家中長輩一起同享膳食，既是孝順，也是天倫之樂。雖然吃飯用膳一事看似單純，卻也在細微之處，寓意深長，透過史家筆下的文字，在字裡行間，可以看到對於清代皇家日常與飲食生活的生動描寫。

皇帝的生日，也就是「萬壽節」，可以說是清代宮廷的大事一件。清朝每逢皇帝旬壽，例如五十旬壽、六十旬壽與七十旬壽，都會舉辦元旦的太和殿筵宴，這可以說是一場特別為萬歲爺舉辦的生日午宴。清朝皇帝在太和殿裡的皇家御宴，正包括了萬壽節的筵宴之會，並且在御宴席位座次的安排上很有講究，中研院史語所的前輩學者們曾經利用《中央研究院歷史語言研究所藏明清內閣大庫檔案》進行過相關的研究與考訂。[12]透過這一些研究成果，若再進一步配合《欽定大清會典圖》的〈太和殿筵燕位次圖一〉、〈太和殿筵燕位次圖二〉與相關的檔案文獻，我們便可以得知太和殿筵宴的詳細座次安排。「太和殿」的筵宴位次正中所立，自然是清朝皇帝的寶座，寶座前的稍遠之處，「尚膳總領」與「內務府管領」會負責預備置設「御燕桌」。此外，領侍衛內大臣、禮部、內務府，以及理藩院的堂官們，會共同視察設席的情況。皇帝寶座身旁所立的則是「起居注官」，負責記錄相關的政事言行；左右兩旁，設置「後扈大臣」的席次；前面的左右兩方，則是設置「前引大臣」席位，座位是東西相向；後面左右兩側，會設置「豹尾班侍衛」的席次，另外還會在寶座的西面設置「日講、起居注官」的席位。[13]

至於，清朝內外王公大臣，以及一、二品文武大臣、台吉、塔布囊、伯克等在御宴中的席次，則會設於太和殿內，東西兩邊，各設七行，均是東西相向的席位。太和殿殿門外的西檐之下，也會設置都察院左都御史、副都御史的席位。太和殿的殿門外的東檐之下，則是設置理藩院尚書與侍郎的席次。丹陛之上的左右兩邊，則是設置二品以上諸世爵，以及侍衛人等的席次，各設三行座位，呈東西對向的設置。內務府總管的席位，則是設在黃涼棚

---

10 清代「大燕禮」筵宴儀式的相關研究，可參見：陳熙遠，〈天朝大燕——太和殿筵宴位次圖考〉，《中央研究院歷史語言研究所集刊》（臺北，二〇一九．三），第九十本，第一分，頁一二五—一九七。

11 《清高宗純皇帝實錄》，乾隆四十一年正月初二日甲戌條，頁三七六a。

12 參見：陳熙遠，〈天朝大燕——太和殿筵宴位次圖考〉，《中央研究院歷史語言研究所集刊》（臺北，二〇一九．三），第九十本，第一分，頁一二五—一九七。

13 〔清〕崑岡等修；劉啟端等纂，《欽定大清會典圖》，收於《續修四庫全書》，上海：上海古籍出版社，據光緒年間石刻本景印，一九九七，冊七九五，卷二八，〈禮二十八．燕饗一〉，〈太和殿筵燕位次圖一〉；〈太和殿筵燕位次圖二〉，頁三〇四—三〇八。

的右邊。丹墀上的左右兩邊涼棚之內，主要設置了三品以下文武各官的席次，而且「按翼為序，如常朝位」，座位均是東西相向。至於各國來使們的席位，則是設置於丹墀上官員們所屬西班座次的最末位，皆是東向的座位。丹陛御道的南面，在正中設有「黃涼棚」，而丹墀之內，除陳設法駕、鹵簿的皇家儀仗之外，還會特別設置八架藍布涼棚於兩翼，以為遮蔭之用。太和殿內一切陳設完畢後，鴻臚寺與理藩院官員便會引導王公大臣，以及文武大小官員一起進入，參與御宴。[14]

清代御宴活動中，除了飲食之外，自然也有隆重的典禮音樂作為陪襯，相關樂曲主要由樂部所轄的「和聲署」負責，設置「中和韶樂」在太和殿檐下，並且還會設置「丹陛大樂」在太和門內的東西兩旁。太和殿御宴開始之時，禮部堂官們會奏報「筵燕齊備」，並請皇帝升座太和殿。午門處則會鳴鐘擊鼓，演作《中和韶樂》，並且奏出〈元平之章〉，皇帝親御太和殿，升座於寶座之上。禮樂停止後，「鑾儀衛」會鳴鞭於階下。待三次鳴鞭之後，鴻臚寺、理藩院官員會再次引導內外王公以下，以及台吉、塔布囊、伯克以上的官員人等，在太和殿內依照座次，各於本位，行一叩禮之後，就坐席位。至於朝鮮國、琉球國等使臣也會在指引下，列於官員們的右翼班次的末位，在行一叩頭禮後，就坐席位。御宴進行的過程中，還包括進茶的儀式。尚茶執事人員在太和殿御宴之中，皆身著蟒袍進茶，進茶之時，並會在丹陛演奏〈海宇昇平日之章〉。皇帝用茶之時，王公以下文武官員們會各於席位坐次，先行跪禮，並且再行一叩禮，進茶儀式完畢後，仍就坐於席位。[15]

清朝皇帝用饌之時，演奏的是〈萬象清寧之章〉。皇帝分賜食品於諸王大臣的時候，尚膳等執事人員會呈進「肉饌」，並且分賜諸王大臣官員，儀式結束後，奏樂方才停止。此外，左右兩翼皆有領侍衛內大臣，每翼各設二員起視御宴，另外還會派侍衛與諸王大臣官員，各自負責巡酒一次。官員於坐次行一叩禮，待飲酒完畢，復行一叩禮之後，方就坐席位。御宴之中，還有「慶隆舞」表演於丹陛上，之後則是由「喜起舞大臣」依次進場表演。另外還會有吹笳人員進入殿中，演奏《蒙古樂曲》。另外，朝鮮、回部各類擲倒伎人，以及金川番子、番童等，還會在太和殿中表演百戲雜技，以為娛樂助興。御宴結束之時，則由鑾儀衛官贊鳴鞭於階下，三鳴鞭後，演作《中和韶樂》，奏起〈和平之章〉。待皇帝還宮後，奏樂方止，文武官員們皆退席，御宴方才正式結束。綜合上述太和殿御宴的安排細節來看，清代皇家的筵宴並非只是單純的日常飲食，皇帝與臣子，以及各國使節們的互動，也都是國家政事的重要環節，一言一行，皆有文字紀錄，飲宴的進行可謂是嚴謹有度。[16]

14〔清〕崑岡等修；劉啟端等纂，《欽定大清會典圖》，收於《續修四庫全書》，上海：上海古籍出版社，據光緒年間石刻本景印，一九九七，冊七九五，卷二八，〈禮二十八．燕饗一〉，〈太和殿筵燕位次圖一〉；〈太和殿筵燕位次圖二〉，頁三〇四—三〇八。

15〔清〕崑岡等修；劉啟端等纂，《欽定大清會典圖》，收於《續修四庫全書》，上海：上海古籍出版社，據光緒年間石刻本景印，一九九七，冊七九五，卷二八，〈禮二十八．燕饗一〉，〈太和殿筵燕位次圖一〉；〈太和殿筵燕位次圖二〉，頁三〇四—三〇八。

重華宮茶宴、千叟宴與玉瀾堂十五老臣宴：清代各種形式的皇家飲宴

清代皇家飲宴活動，不僅在太和殿中，透過史料檔案文獻的記載，我們還可以看到康熙年間在「乾清宮」，以及西直門、暢春園一帶舉辦過「千叟宴」的大型皇家飲宴活動。[17]其後，乾隆、嘉慶年間也都有舉辦過類似的「千叟宴」，規模人數更加盛大，儀典的隆重程度，更有過之。除了「千叟宴」，清代宮廷中還有「重華宮茶宴」之事，例如乾隆四十九年正月初九日，新年的喜慶氣氛中，乾隆皇帝便在「重華宮」特別舉辦「茶宴」，邀請阿桂、三寶、嵇璜、蔡新、和珅、梁國治、劉墉、德保、曹秀先、周煌、福長安、董誥、紀昀、彭元瑞、胡高望與朱珪等眾臣，共二十八人，一道同品茶宴。清朝君臣眾人在「重華宮茶宴」之中，不僅飲席聚會，還會聯句同賦詩作，一同歡聚，慶祝新年。[18]

嘉慶皇帝此後更將「重華宮茶宴」擬為宮中節慶慣例，皇帝宴請眾臣茶敘聯句，可以說成為清代宮廷文化的重要特色。像是嘉慶九年正月十二日，嘉慶皇帝便依照乾隆年間舊例，亦在「重華宮」舉辦茶宴，宴請群臣。同日之中，嘉慶皇帝又在「紫光閣」內宴請蒙古王公、貝勒、額駙、台吉、呼圖克圖，以及外藩使臣人等，並且各給豐厚賞賜。[19]清代皇家飲宴的形式眾多，嘉慶十年八月二十六日，嘉慶皇帝則在「大政殿」賜宴扈從王公大臣官員們，以及蒙古王、貝勒、貝子、額駙、台吉、盛京文武官員與朝鮮國使臣人等，並且各有賞賜。[20]道光、咸豐年間也都依循宮中成例，「重華宮茶宴」仍然時有舉辦。另外，清朝宮廷

還有在每年正月時分，於圓明園的「奉三無私殿」中，舉辦皇室宗親筵宴的事例，像是道光十三年正月十四日，上元佳節前夕，道光皇帝便曾經在「奉三無私殿」中舉辦御宴，並且賞賜宗室親藩人等，一起與宴同歡。[21]

除君臣飲宴之外，清朝宗室昭槤（一七七六—一八三三）曾在《嘯亭續錄．千叟宴》中詳細記載了「千叟宴」一事，所謂「千叟宴」指的是清朝官方邀請耆老參與皇家御宴的大型尊老、敬老飲宴活動。[22]康熙五十二年，清朝宮廷首次在「暢春園」舉辦千叟御宴。其後，康熙六十一年正月初二又再次於乾清宮內舉行千叟宴，康熙皇帝特別宴請蒙、滿、漢文武大臣，以及致仕官員們，以及年齡六十五歲以上的老人，共計六百八十餘人，參與御宴盛會。

16〔清〕崑岡等修；劉啟端等纂，《欽定大清會典圖》，收於《續修四庫全書》，上海：上海古籍出版社，據光緒年間石刻本景印，一九九七，冊七九五，卷二八，〈禮二十八．燕饗一〉，〈太和殿筵燕位次圖一〉；〈太和殿筵燕位次圖二〉，頁三〇四—三〇八。
17〔清〕昭槤，《嘯亭續錄》，臺北：新興書局，一九八四。
18《中央研究院歷史語言研究所藏明清內閣大庫檔案》，文獻編號：297511-002，乾隆四十九年一月九日，交吏戶禮兵等部重華宮茶宴聯句入宴由。
19《清仁宗睿皇帝實錄》，卷一二五，嘉慶九年正月十二日壬寅條，頁六八三a—六八三b。
20《清仁宗睿皇帝實錄》，卷一四九，嘉慶十年八月二十六日丙午條，頁一〇四四b—一〇四五a。
21《清宣宗成皇帝實錄》，卷二二九，道光十三年正月十四日丙戌條，頁四三六b。
22〔清〕昭槤，《嘯亭續錄》，臺北：新興書局，一九八四。

正月初五日，康熙皇帝再次宴請了文武大臣在年齡六十五歲以上者，共計三百四十餘人，同享千叟御宴。康熙皇帝為紀念盛世御宴，還賦有千叟宴御製詩，至此便有了「千叟宴」的美名傳世。西洋傳教士馬國賢（Matteo Ripa, 1682-1746）也曾在其回憶錄中描述過康熙年間的「千叟宴」，提及康熙皇帝對於赴宴老人們的各種賞賜，以及在宴席間指派皇子、皇孫們給眾多老人們斟酒的美談佳話。[23]

延續康熙年間的盛典佳話，乾隆皇帝也舉辦過千叟御宴，而且規模更為盛大，飲宴參與人數較之康熙朝，可以說是有過之而無不及。乾隆五十年（一七八五），第一次舉行千叟宴，特在乾清宮內列席八百桌，參與是次御宴者共計三千九百餘人。軍機處特發知會，文武大臣、各省將軍、總督、巡撫、提督等員，凡是年歲在六十以上者，皆准赴京參與千叟恩宴。[24]甚至就連朝鮮使臣，乾隆皇帝也在上諭中指示禮部盡速行文給朝鮮國王，酌請朝鮮國王在選派是歲年貢正、副使的出使人員時，特別派任年歲在六十以上者來京，以便一同參與千叟御宴之會。[25]其後，乾隆皇帝宣布內禪，尊為太上皇帝，並於「太和殿」舉行「授受大典」，授寶傳位嘉慶。嘉慶皇帝即位，亦即嘉慶元年正月初四日，朝廷為慶祝千載盛典之事，特於「寧壽宮」的「皇極殿」內舉辦了第二次千叟御宴。[26]當時，六十歲以上的與宴老者，共計有五千九百餘人，其中更有十多位百歲左右的人瑞。參與千叟御宴的文武官員與老人家們，各有頂戴、鳩杖、拄杖、如意、銀牌、賜酒與聯句等等的不同御賜恩賞。國立故宮博物院所藏《宮中檔嘉慶朝奏摺》便收錄有參與千叟宴官員們奏呈的謝恩奏摺，並提及嘉慶皇帝恩賞如意、拄杖等物的具體情況。[27]

清代《千叟宴詩》等御製詩文集，其後都交由武英殿修書處刊刻印行。時至今日，我們或許可以這樣評論，「千叟宴」既是敬老之舉，同時亦是清朝重要的文化事功之一。[28]詩句數量龐大的《千叟宴詩》正式刊印後，作為一代文化盛事，乾隆皇帝時常將《千叟宴詩》作為賞賜之物，將這一部共計六函，總數三十六冊的詩文集，分別恩賞各地的總督、巡撫、提督、學政、總兵官等文武官員。[29]嘉慶元年，乾隆內禪後，清宮再度舉辦千叟御宴，規模盛

---

23 參見：馬國賢（Matteo Ripa）著，李天綱譯，《清廷十三年：馬國賢在華回憶錄》（譯自：*Memoirs of Father Ripa, during Thirteen Years Residence at the Court of Peking in the Service of the Emperor of China*），上海：上海古籍出版社，二〇〇四。

24《中央研究院歷史語言研究所藏明清內閣大庫檔案》，文獻編號：044111-001，乾隆四十九年十月十二日，題報交印起程赴京日期。《中央研究院歷史語言研究所藏明清內閣大庫檔案》，文獻編號：046488-001，乾隆四十九年十一月六日，題報交印起程赴京日期。

25《中央研究院歷史語言研究所藏明清內閣大庫檔案》，文獻編號：119765-001，乾隆四十九年十月，禮部為朝鮮國王請封事。

26《清高宗純皇帝實錄》，卷一四九三，乾隆六十年十二月十六日癸巳條，頁九七三a。

27 國立故宮博物院藏，《宮中檔嘉慶朝奏摺》，文獻編號：404000124，嘉慶元年二月七日，奏謝恩賞千叟宴御賜墨刻詩章如意拄杖等項。

28《中央研究院歷史語言研究所藏明清內閣大庫檔案》，文獻編號：210105-001，清代無年月日檔案，武英殿修書處為刊刻用過銀兩由。

大空前，可謂一代盛典，御製詩文多方恩賞內外臣工官員。例如嘉慶五年前後，《千叟宴詩》御製詩文的御賜恩賞所及，甚至包括了孔子的後裔襲封衍聖公孔慶鎔（一七八七—一八四一）在內。[30]

除了千叟御宴外，道光年間還有道光皇帝向老臣們垂詢治國良策於玉瀾堂御宴席中的君臣飲宴之事，也就是道光二年的「玉瀾堂十五老臣宴」。此次玉瀾堂御宴之會，道光皇帝宴請以「立朝正色」聞名的托津（一七五五—一八三五）等十五位老臣，並且繪有圖像畫卷，誌記此次君臣佳宴盛會。托津曾經在嘉慶皇帝突然於熱河崩逝之時，親啟嘉慶帝隨身寶盒祕匣，啟視傳位遺詔，並與文武官員們擁立道光皇帝，扶助社稷，立朝持身誠正，可謂特有功勛。御宴之中，君臣歡聚之際，道光皇帝還另外向兩江總督孫玉庭（一七五二—一八三四）垂詢有關淮鹽疏銷的政策意見。[31]宏觀而論，清朝宮廷御宴不僅僅只是飲食之事，同時也是清代政治文化的重要體現之一，可以說既是禮遇臣工的筵宴之會，同時也是一代之盛典，經由皇家御宴，彰顯天子威儀。

紫禁城中宮人們的日常飲食與伙食待遇

明代宮廷之中，當值侍候的宮人們時常會獲得皇帝的特別恩賞，賞給御饌膳品，相關事例散見在詩文，以及筆記小說中的各類記載中。根據前輩學者的研究成果，明代內廷太監與宮女們都有過蒙受恩賞御膳菜品的例子。明代皇帝在用完御膳後，往往將剩下的菜品分賜宮人們，任其分而食之，而蒙恩賞賜御饌的太監宦官們也會向皇帝叩謝恩典。[32]除此之外，明代皇帝賞賜的各類御饌菜品不僅是平日所用膳食，甚至就連由南方特貢京城，非常珍罕少見的「御貢鰣魚」，也在賞賜的御饌菜式之列。明人詩文之中，亦有專門誌記皇帝傳賜鰣魚給宮女分食的事例，像是明代著名文人王世貞（一五二六—一五九〇）曾經在〈弘治宮詞〉中寫下「五月鰣魚白似銀，傳餐頗及後宮人」的詩句，這可以說是明代宮廷飲食文化的重要特色之一。[33]

29　國立故宮博物院藏，《宮中檔乾隆朝奏摺》，文獻編號：403049959，乾隆五十二年一月二十日，奏謝皇上賞臣千叟宴詩六函事。國立故宮博物院藏，《宮中檔乾隆朝奏摺》，文獻編號：403049974，乾隆五十二年一月二十二日，奏謝欽賜千叟宴詩卷事。國立故宮博物院藏，《宮中檔乾隆朝奏摺》，文獻編號：403050215，乾隆五十二年二月十五日，奏為恭謝恩賜千叟宴詩集事。

30　國立故宮博物院藏，《宮中檔嘉慶朝奏摺》，文獻編號：404005403，嘉慶五年三月二十三日，恭謝天恩欽賜千叟宴詩六函。

31　參見：《清史稿》，〈列傳〉，卷三四一，頁一一一〇二—一一一〇五。《清史稿》，〈列傳〉，卷三六六，頁一一四四三—一一四四五。

32　參見：〔明〕宋起鳳，《稗說》，收於《明史資料叢刊》，第二輯，南京：江蘇人民出版社，一九八二，卷四，〈大內常儀〉、〈中外起居雜儀〉，頁一二〇—一二一。相關研究參見：邱仲麟，〈皇帝的餐桌——明代的宮膳制度及其相關問題〉，《臺大歷史學報》第三十四期（臺北，二〇〇四），頁一—四二。

明代宮膳制度之中，供應為數眾多的各類宮人每日所需膳食，也是宮廷文化的重要特點之一。根據中研院史語所邱仲麟研究員考訂明代史料文獻的研究成果，我們可以從中觀察到明代宮膳每日供應的各類宮中人等，其範圍所及，不僅包括了宮女、管家婆婆，以及大小宦官太監們而已。甚至就連在紫禁城中辦公的文官、各類雜職官員人等，以及外國朝貢使者們，也都在供應膳食的人員之列。學者並曾考訂明人張鼐（？—一六三〇）《寶日堂雜鈔》中收錄的萬曆三十九年正月光祿寺宮膳帳目，以及明人文集與筆記小說中的記載，利用各種文獻進行過開支費用的概略估算。[34]總體來看，明代宮膳所要供給膳食的總人數，粗估大約在一萬兩千人以內。[35]由於明代宮膳供應人數眾多，相關開銷花費的具體數目，自然也就相當龐大。整個明代宮膳制度在每天日常運作中，所動用的人力、物力、財力，可以說在人類歷史上甚為少見。

如此規模空前的宮膳制度，明代每日宮廷膳食的開銷自然也是相當驚人。例如根據史料的記載，明代光祿寺為了辦理每日宮中膳食，其轄下的廚役人數規模龐大，在明初時期約為九千四百多人之眾，一直到明代後期，雖然人數稍減，依然有三千四百餘人之多。每天預備膳食所動用的廚役人力，相當的可觀，才能支撐起明代宮廷的日常運作。而在開銷經費方面，學界也有統計結果，根據萬曆、天啟年間的史料文獻，萬曆朝每月的宮膳花費，平均為一萬兩左右，每年開支大約為十多萬兩上下。萬曆至天啟年間宮膳的開支情況大致也是如此，平均數約在一萬兩上下，崇禎年間的宮膳開支方面，崇禎皇帝雖然力求節省，每月開支略有減少，仍然約有九千兩左右，依然是相當龐大的一筆開銷。[36]相較之下，清代紫禁城裡宮人們的日常飲食，則呈現出另外一種不同的宮廷文化風貌。

關於清代紫禁城中宮人們的飲食，雖然有一些掌故與筆記小說的記載，但是實際上還是必須回到清朝官方檔案文獻來作討論。其中，宮中侍衛們平日的飲食為一日兩餐，而且自從天理教教亂之後，嘉慶皇帝特別注意禁城守衛，甚至對守衛兵丁的飲食也有注意，指示務必「妥為調濟」，提高飲食品質。[37]另外，我們還可以透過《刑案滙覽》裡的紀錄，從側面觀察到宮中值班侍衛兵丁的飲食情況。例如嘉慶二十五年前後，護軍倭克精額平時即患有氣逆心迷病症，當時他正在西安門內的「景山」圍牆之外值班守衛，不巧一同值班的護軍舒明哲覺得倭克精額當天飯菜做得不好，故而責罵了他幾句。不料倭克精額在生氣之下，便發作了心

33〔明〕王世貞，〈弘治宮詞十二首〉，《弇州山人四部稿》，臺北：偉文圖書出版社，一九七六，據明萬曆年間世經堂刊本影印，卷四七，頁八b。

34〔明〕張鼐，《寶日堂雜鈔》，收於《北京圖書館古籍珍本叢刊》，北京：書目文獻出版社，一九八八。

35 相關研究參見：邱仲麟，〈《寶日堂雜鈔》所載萬曆朝宮膳底帳考釋〉，《明代研究通訊》六（二〇〇三），頁一—二六。

36 邱仲麟，〈皇帝的餐桌——明代的宮膳制度及其相關問題〉，《臺大歷史學報》第三十四期（臺北，二〇〇四），頁三七—四一。

37《中央研究院歷史語言研究所藏明清內閣大庫檔案》，文獻編號：224446-001，道光二年四月二十九日，鑲藍旗護軍統領處為咨覆事。

迷病，意識混亂時竟自殘抹傷。但由於景山一帶即有清朝皇帝用於祭祀敬祖與相關宗教儀式的「觀德殿」，屬於皇家祭祀要地，事關重大，因此護軍倭克精額被依「違制律」，加重處罰，處以杖刑一百下。此事雖是宮廷中的失序事件，但卻記錄下了侍衛兵丁們在「西安門」內附近值班期間，自行造飯食用的具體情況。[38]相較於宮中侍衛，清代宮廷中因為設有「按摩處」，由太監專司職掌按摩之事。[39]這一些專長按摩的內侍中官們在學習按摩技術期間，白天責令其在外學習按摩，另外兼習剃頭等技術；晚間仍然必須返回值宿當差，並由「內膳房」給予每日飯食。官方檔案文獻所見，也是清代宮中人日常膳食的若干記載。[40]

另外，清代紫禁城裡的宮中人們往往也會有偷買酒吃的情況，檔案文獻中也有記載。像是乾隆二十七年十二月前後，鑲黃旗護軍統領奏報民人石玉私入紫禁城內賣酒一案的經過。此案除將石玉交由刑部治罪外，神武門看門章京伊什太本年應得紀錄，則因此案而毋庸給予。並且還將伊什太、護軍校明亮、白雲保等分別交部嚴議處罰。另外，涉及此案的各護軍人等，也都被重加懲責。[41]整體而言，明清兩代，身處紫禁城中的諸多宮人們，他們生活日常的各種飲食，嚴格上來說雖非天子御膳筵宴之事，但其實也與明清宮廷文化息息相關。雖然是宮中小人物的飲食瑣事，但卻具體而微的呈現出了明清宮廷日常生活中的各個方面。

＊延伸閱讀：

1. 定宜莊，《滿漢文化交流史話》，北京：社會科學文獻出版社，二〇一一。
2. 邱仲麟，〈皇帝的餐桌——明代的宮膳制度及其相關問題〉，《臺大歷史學報》第三十四期（臺北，二〇〇四），頁一—四二。
3. 馬國賢（Matteo Ripa）著，李天綱譯，《清廷十三年：馬國賢在華回憶錄》（譯自：*Memoirs of Father Ripa, during Thirteen Years Residence at the Court of Peking in the Service of the Emperor*

---

38 相關文獻記載：「景山值班大臣咨送：『護軍倭克精額素有氣逆心迷病症，在西安門內景山圍牆以外值班，因同班護軍舒明哲嗔伊造飯不好，出言斥責，氣忿病發，自行抹傷。按平時在該處犯事照常例止杖八十，惟現在景山系切近觀德殿，較常尤為應嚴，應酌照違制律，杖一百』」。參見：《刑案匯覽（三編）》，〈宮內忿爭．西安門內因病自行刃傷〉。

39 中國第一歷史檔案館藏，《內務府全宗》，文獻編號：05-08-000176-0048，道光十八年八月七日，派出會計司員外郎烏勒洪額為酌擬招募太監學習剃頭章程事。中國第一歷史檔案館藏，《內務府全宗》，文獻編號：05-08-005-000176-0046，道光十八年七月二十一日，會計司擬裁按摩處剃頭按摩學業人事。

40 中國第一歷史檔案館藏，《內務府奏銷檔》，乾隆四十七年一月，頁三五七—三五八，檔案頁面編碼：004-005。中國第一歷史檔案館藏，《內務府奏銷檔》，乾隆四十七年閏三月，頁三五七—三五八，檔案頁面編碼：004-005。

41 《中央研究院歷史語言研究所藏明清內閣大庫檔案》，文獻編號：221130-001，乾隆二十七年十二月，兵部為民人私入紫禁城內賣酒等由。

of China），上海：上海古籍出版社，二〇〇四。

4. 陳熙遠編著，《天朝大慶：皇清盛典》，臺北：中央研究院歷史語言研究所，二〇一九。

5. 賴惠敏，《乾隆皇帝的荷包》，臺北：中央研究院近代史研究所，二〇一四。

第五章

皇明流來美風尚

朝鮮燕行使筆下的明清北京旅行食記

近年來有關《燕行錄》的專書紛紛出版，從多元角度環視著《燕行錄》所能提供的特殊視角，協助研究者們重新審視明清歷史的各種幽暗伏流。但是除了嚴肅的學術研究方向，事實上《燕行錄》也能夠有不同的讀法，例如味覺感受與歷史記憶，明清北京的自然環境變遷，以及各種文化理想的東亞跨國流轉，甚至是明清宮廷文化的田野調查紀錄文獻等等。許多朝鮮燕行使節團隨行官員所寫的日記，例如書狀官、子弟軍官、隨行譯官等人，透過古代旅人之筆，我們可以看到他們之間的言談與互動，包括他們與清朝士人，甚至是街頭庶民百姓的交流與對話。特別的是《燕行錄》文獻中記載有這些低階官員們彼此互動的豐富細節，從他們的筆談對話中，便呈現出了朝鮮使節團如何運作的具體流程。一些不方便由正使出面打聽的消息與情報，或是需要向胥吏購買圖書與內廷文書檔案的檯面下祕密交易，多半是由使節團中的書狀官，以及子弟軍官出面，私下進行接洽。

朝鮮使節團成員們所留下的紀錄，我們也可以在字裡行間看到燕行文獻並非只是私人日記，而是有在朝鮮刊行流傳的刊布文獻，可以說是一種長時間積聚的海外訊息情報，並且在知識上頗有積累的特殊著作形式。朝鮮士人不僅細心保存，而且抄寫其中的內容，並從中參考與傳承歷代燕行使出訪明清中國的實地參訪經驗。

若是換一個角度來觀看，我們便能發現文獻中的言外之意。舉例來說，明清北京城的街邊美食小吃是什麼樣的滋味，當時的外來旅人們留下了什麼樣的旅行食記，而這一些唇舌之間的美好在當時是如何與異國旅人產生了情感的內在聯繫，甚至是一種歷史記憶上的跨文化互動？這一些原本是極難回答的問題，接近感官體驗的研究範疇。但歷史研究的有趣之處，往往正是在轉換不同的研究視角來重新理解歷史文獻所提供的重要訊息，並且由小見大，在字裡行間中，解讀出特殊的時光記憶。

朝鮮燕行使節筆下的明清京城美食

明清時期北京城的街邊美食口味，以及相關的細節，文獻中並非完全沒有留下紀錄，而是保存在一些域外史料之中。事實上，朝鮮使節的出使紀錄文書，也就是《燕行錄》文獻，正為後世人們提供了一扇觀察窗口，使我們得以一窺當時的庶民飲食文化，以及味覺體驗上的歷史記憶。對於明清北京城的飲食，朝鮮使臣們多半認為「大抵飲食之味，多淡而少濃」，若是和現代人的美食感受相比，這種體驗看來是和現代的北京口味有所不同。可見北京的口味，並非是一成不變，濃淡之間，多有轉變。或者，朝鮮燕行使節平日習慣的口味更重一些，相較之下，清代北京城各色飲食不夠濃厚，同時也沒有熟悉的家鄉醃造醬菜佐飯。仔細想來，這或許可能也是箇中原因之一吧。

總之，隨著視野的不同，我們所看到的《燕行錄》其實不只是使節文書，也可以是一種另類特殊的「旅行食記」。朝鮮使臣們的筆下不只有軍國大事，他們也記錄下了清代京城食物的各種美好滋味，同時也記憶了明朝與朝鮮的關係，表達出他們感情上「或存或亡」的歷史文化意識。燕行使節團歷代前輩們留下的有關前朝的飲食記憶文字，讓後來使臣們在字裡行間生出了一種無奈與遺憾的心靈感受。

時至今日，透過國際學術出版的合作，原本典藏於各處圖書館中的《燕行錄》文獻，才有了與讀者見面的可能性。存世的各種《燕行錄》文獻，數量相當驚人，雖是旅程的逐日紀錄，但裡面恰恰保存下了朝鮮使節們昔日出使北京的「旅行食記」。其中，日本學者夫馬進教授與韓國學者林基中教授合編的《燕行錄全集．日本所藏編》，這一部書就收錄了一段很有趣的文字記載。朝鮮使臣們在此次的出使紀錄裡特別提到清代北京城中習見的各類美味的甜鹹口味麵點，品項繁多，像是燒餅、酥餅、蒸餅、捲餅、千層蒸餅、棗糕、酥皮角兒糖、夾糖餅、象眼糕等等，可以說開列出了一張詳細的美食清單。其中最特別之處，更在於這一些食物在朝鮮使臣們的眼中都是自「皇明」（明朝）以來即有的吃食，但是改朝換代後，如今是或存或亡。在京城日常生活中常見的小甜點、小麵點，看似平凡無奇，卻是和明清鼎革、改朝異代的歷史記憶有著深刻的內在關聯。飲食之際，口腹之間，京城裡舊時人物或者也如同這「皇明口味」一般，現今或存或亡，只是徒留追憶吧。這一段《燕行錄》文獻中，朝鮮使節們在文字裡特別提到北京城裡的一般人家，平日多半是食用「沉菜、炒豬肉、熱鍋湯」，另外還有用豬肉和蒜末作餡的麵點食物「柔薄兒」。想來或許和今日北京飲食中的各類葷素熱炒，還有豬肉包子，頗有一些歷史淵源吧。至於「粘米作小圓餅，浮水烹之，乘其熱而啖之」，這一段記載，則是讓人想到了糯米湯圓，也是在寒冷冬日中暖人心脾的美好滋味。[1]

時至今日，這一些點心也在北京人們的生活中出現，繼續扮演著讓人記憶這座古老城市的生活美味。實際上，類似的明清京城飲食文化記載並不少見，許多朝鮮燕行文獻都提及清代北京城裡的特殊飲食記憶，像是《燕行日記》中就記錄下了朝鮮使臣在乾隆朝的京城見聞，其中提到了北京飲食用具諸多情形，以及庶民百姓的日常食用之物，例如朝鮮使臣們就曾提及清代北京雖在嚴冬時分，依然可食用到新鮮蔬果等等。這一些出使旅途的所見所聞，往往讓朝鮮使臣感到分外奇異。[2]

往來無白丁：朝鮮燕行使飲宴席間的各方友朋

京城庶民小吃食中的思明情懷之外，朝鮮使節們還有一種特殊飲食文化風尚，便是找前明文士名人的後裔子孫們一起家宴飲酒。雙方在酒席之間，一方面敘舊，另一方面便是想從這些明代遺民後人的口中打探一些清朝政事與世風人情切實的第一手情報，特別是有關文字

1〔日〕夫馬進，〔韓〕林基中編，《燕行錄全集．日本所藏編》，首爾：東國大學校韓國文學研究所，二〇〇一，第一冊，《燕行日記》，坤冊，卷一，頁三四四。

2〔日〕夫馬進，〔韓〕林基中編，《燕行錄全集．日本所藏編》，首爾：東國大學校韓國文學研究所，二〇〇一，第一冊，《燕行日記》，坤冊，卷一，頁三四四—三四六。

獄案件、明清政權交替的歷史祕聞，還有宮廷之中的各種大事軼聞等等。

例如精通漢語，而且愛好中華文化的朝鮮使臣洪大容（一七三一—一七八三）便曾經在筆談中，想要向漢人探問宮中發生的重大事件。洪大容由於在北京城中耳聞乾隆皇帝曾經幽禁皇后的街談巷議，並且還從一位皇族與市井小民的口中分別核實過了相關訊息，所以希望進一步在筆談中再次向清朝士人潘庭筠等人，做一些事實上的詳細確認。然而，洪大容所聽到的宮中大事，經其仔細反覆查訪之下，事情的真相卻非僅是如此而已。清朝文士在筆談中談到宮廷中發生的大事，其實另有隱情，並不單純。乾隆三十年至三十一年（一七六五至一七六六），這一段時間不僅是身為朝鮮謝恩使的洪大容燕行出使北京的時候，此時清朝宮廷中也發生了大事，乾隆皇帝特別鍾愛的一位皇子，榮親王永琪（一七四一—一七六六）於乾隆三十一年三月間突然薨逝。因此，清朝宮廷中隱祕難明之奇聞軼事，甚至引起舉朝波蕩的事件真相，其實就是榮親王永琪辭世，宮廷上下因此震動。這一類紙面筆談中，朝鮮使臣利用機會向清朝士人探問各種重要國情訊息的情況，時常出現在《燕行錄》中，為當時的宮廷，以及清代社會的各種風俗民情，留下了最珍貴的歷史紀錄。[3]

我們在《燕行錄》文獻中不難發現，朝鮮使臣們其實對於清代文字獄事件非常關心，從呂留良案、曾靜案，以及錢謙益案等等文字獄事件，燕行使節們可以說都有一定了解，而且在使行旅程中到處找人來談論，想要追根究柢的盤問一番，特別是有可能熟知這些掌故祕聞的名人後代。像是朝鮮使臣李商鳳（一七三三—一八〇一）便曾在《北轅錄》中記錄了他與明代著名史學家谷應泰（一六二〇—一六九〇）的後人親族在宴席間的筆談過程。飲宴的交流中，他們曾談論到谷應泰的名著《明史紀事本末》，李商鳳在言談中流露出他對於明代史事遺獻的高度興趣。李氏在與谷氏後人親族的對話中，還談及了明清衣冠制度上的問題，李商鳳甚至開了一些比較有政治敏感度的小玩笑，取笑彼此之間衣冠服飾的不同之處。這一則飲宴席間的小玩笑，內容大意其實不難理解。當時李商鳳故意問道：「咱倆身上穿的衣服若是比較起來，我們兩國的衣冠制度，哪一邊比較優秀勝出呢？」谷家後人們擔心禍從口出，引來麻煩，於是非常機警的回答「貴國朝鮮襲用前代明朝的衣冠制度，我們則是照著國家當下的法律綱紀」，因此對這一個問題，不置可否。[4]聚會席間，談話無忌之中，又或者巧妙應對事涉政治忌諱的提問，機智的即席回答等等，其實反映的正是清代日常生活與特殊政治氛圍的點點滴滴。

另外，像是乾隆十四年以書狀官身分出使清朝的俞彥述（一七〇三—一七七三），在《燕京雜識》也曾經記載下他與漢人的對談。當時，清朝漢人文人們在與朝鮮使臣的私下談話中，或許是酒後多言，往往不經意脫口說出清朝衣冠服飾，竟然「此是韃子打扮」、「我

3 參見：〔韓〕洪大容，《湛軒書》，《外集．杭傳尺牘》，卷二，《乾淨衕筆談》，收於《韓國學基本叢書》，首爾：景仁文化社，一九六九，第五輯，上冊，頁四六—四七。〔韓〕洪大容，《湛軒燕記》，收於《燕行錄全集》，冊四二，頁一〇〇、一三二—一三三。

4 〔韓〕李商鳳，《北轅錄》，收於復旦大學文史研究院編，《韓國漢文燕行文獻選編》，第十六冊，頁三六七—三六九。

輩獨女人不順」的內心真實觀感。[5]類似例子甚多，而且多半發生在聚會飲宴中，清朝士人與朝鮮使臣們往往都會談到彼此衣冠上的差異，引為談資笑語。例如洪大容與李德懋等人曾在《乾淨衕筆談．清脾錄》中談到另一則有關衣冠制度的笑話，而且還記錄到了聚會當下，眾人常常聲言主張「以茶代酒」，但是洪大容等朝鮮使者們認為如此一來，席間無酒助興，氣氛不佳，不夠熱鬧，於是寫下了「風流掃地盡矣」的感嘆。[6]這一段文字記載中，我們恰恰看到朝鮮人性好飲酒的習慣，來到了中土，遇到了「以茶代酒」的交際套語，亦有施展不開時候，只能啞然一笑。雖然朝鮮使臣時常利用飲宴之際，三杯黃湯下肚後，清朝眾人們酒後吐真言的機會，套出清朝人心中的各種時局議論與隱隱心曲，但清朝士人也並非省油的燈，想出了「以茶代酒」的應酬話來，可以說把這類可能事涉政治風險的失言場面，巧妙的用哈哈一笑來克服過去。

若是詳細整理，我們可以發現到朝鮮燕行文獻中留下了不少類似的笑語戲談，朝鮮使臣與清朝文士在筆談時，往往利用這些敏感話題，彼此來開開玩笑，以助談興。例如朝鮮使臣們認為清朝詩中不得出現「朱王」二字，因為有影射明朝君王，朱家天下的延伸寓意，因此用於詩文之中，可說是大犯忌諱。筆談之中，朝鮮使臣們認為這實在是「可笑之至」，但也無可奈何。[7]另外還有關於「八股文」的政治笑話，像是《燕行錄》文獻中便提及朝鮮使節曾經與一位清朝的孔秀才在晚上筆談交流，燕行使臣趁著夜深人靜，突然脫口說「八股文之不足學」，以為科舉考試所用的八股文大有弊病，實不足學。孔秀才回答說：「這是明朝留下來的制度。」朝鮮使臣便開玩笑的說道：「股固明朝之留，頭非明朝之留乎？」這句話在字面上的意思是：「八股文固然是明朝留下來的，頭首髮式衣冠難道不是明朝留下來的嗎？」這一句玩笑話特別的機智，可以說是「一語雙關」，挖苦了清朝士人在日常生活中的無奈之處。正如朝鮮使者所言，明代科舉考試的八股文留了下來，但是清朝漢人的衣冠已變，改網巾為薙髮，形式已截然不同。而另一層意思，則是借身體頭首臀股之別來開玩笑，臀股沒有什麼變化，就像明朝八股文一般留了下來，難道清朝漢人們的頭首腦袋不是明朝留下來的，怎麼就改變衣冠髮式了呢？筆談的當下，孔秀才看到了這一句玩笑雙關語，一邊哈哈大笑，一邊把寫上交談文字的紙片給撕裂了，不留任何隻字片語的證據。[8]

---

5 〔韓〕俞彥述，《燕京雜識》，收於弘華文主編，《燕行錄全編》，第二輯，第九冊，頁四六五。

6 朝鮮使臣洪大容曾詳細描寫了這次的筆談經過，寫道：「每諸人飲酒，必呼茶代之，曰：『以茶代酒，弟之風流掃地盡矣。』起潛曰：『兄衣四面俱開，亦是前明制耶？』余曰：『此乃戎服，似是明制，不敢質言。官者朝服及士子道袍，大抵襲明制耳。』」參見：〔韓〕洪大容，《湛軒書》，《外集．杭傳尺牘》，卷二，《乾淨衕筆談．清脾錄》，收於《韓國學基本叢書》，第五輯，上冊，頁八七。

7 〔日〕夫馬進，〔韓〕林基中編，《燕行錄全集．日本所藏編》，首爾：東國大學校韓國文學研究所，二〇〇一，第一冊，頁一七一。

遠道而來，身體不適：朝鮮使臣們在旅程中遇到的水土不服與各種常備藥物

除了上述這一些飲宴中的小插曲，千里外遠道而來的朝鮮使節們，日常飲食中最感困擾的便是水土不服的各種腸胃毛病了。這些在今日看來無關痛癢的小病痛，在醫學尚不發達的時代，卻常常會奪人性命。明清時期朝鮮使臣們來到北京之後，除了漫天的沙塵難以習慣之外，最常見的詩文記載便是提及各種水土不服的問題，其中又以飲用水為最。為了克服北京城水質苦鹼，難以入口，朝鮮使節們甚至要行賄看守館驛的兵丁門吏，才能買到適於飲用的井水，以免使節團成員們患病難癒，甚至客死異鄉。《燕行錄》文獻中提及的相關事件不少，像是朝鮮使臣崔晛（一五六三—一六四〇）在《朝天日錄》中提及當時朝鮮使臣留宿京城館社，但是由於館舍內的水井水質不良，飲用大有問題，而且明朝官方又規定外國使臣人等不得任意出館，館社設有門禁。再加上禮部遲給賞銀，使臣們資財物力略有不濟，因此使節團成員無法自行購買薪材與飲水，致朝鮮使節團一行多人病疾，並且還有斷糧之慮，可以說是苦不堪言。[9]

明清易代後，政局氣氛雖然特別嚴峻，但是這一類的事件仍然有留下不少紀錄。例如乾隆二十五年（一七六〇）跟隨使節團奉使燕行的子弟軍官李商鳳便曾經在《北轅錄》一書中，記錄了北京城水質偏鹹，飲用上難以適應的具體情況。他寫道：「北京水味甚惡，如我國闤闠中最鹹之水，鹹味久服漸勝，而最難堪者，鹹中有甘意，不忍下咽……」[10]清代北京

城的飲用水除了鹹味水硬之外，卻又夾帶了一些甜味，的確讓人難以飲用。若是細檢存世的數百卷《燕行錄》，類似記載在當時朝鮮使臣的筆下，可以說是每每躍然紙上，活靈活現，生動的寫下了他們的北京之行。時至今日，讀者們可以經由歷代朝鮮使臣的《燕行錄》文字，不用親自走一趟，就能夠透過字裡行間的各種見聞，體會古人出門在外，獲得合適飲用水的諸多不易，還有擔心飲食不適患病的種種憂慮，以及旅行過程中日常生活的點點滴滴。

除了飲用水不習慣，加上略有水土不服，清代皇家賜宴也常讓朝鮮使叫苦連天。或許是飲食習慣不同，一些燕行使臣們在提及清代皇家飲宴食物的滋味時，不經意說出了不合口味的大實話。例如在咸豐五年（一八五五）前後出使北京的使節姜長煥（一八〇六—？）便曾在《北轅錄》中寫道：「此皆彼中美味，而我使則本不合胃，且未達其品，皆不能喫……」[11]事實上，清朝皇家御宴雖然都是最上等的一流菜式、精緻美食，而且廚藝高明，

8〔日〕夫馬進，〔韓〕林基中編，《燕行錄全集．日本所藏編》，首爾：東國大學校韓國文學研究所，二〇〇一，第一冊，頁一七二。

9〔韓〕崔晛，《朝天日錄》，收於成均館大學校大東文化研究院編，《燕行錄選集補遺》，首爾：東亞學術院大東文化研究院，二〇〇八，上冊，頁六〇—六二。

10〔韓〕李商鳳，《北轅錄》，收於復旦大學文史研究院，成均館大學東亞學術院大東文化研究院合編，《韓國漢文燕行文獻選編》，上海：復旦大學出版社，二〇一一，冊十六，頁八八。

11〔韓〕姜長煥，《北轅錄》，收於林基中編，《燕行錄全集》，首爾：東國大學校出版部，二〇〇一，冊七七，頁二八五。

但是朝鮮使節團的成員裡，若是品級不到，御宴的座次安排也就較遠，往往只能遠遠乾望著，而不能親口品嘗。清代御宴上，朝鮮使節們能夠取食的筵宴菜式雖也是美食，但是口味不合，細細想來也是一件頗為遺憾的事。相較之下，朝鮮使臣姜長煥看著一旁的琉球使節胃口甚好，飽食佳肴，朝鮮使臣則是不合口味，頗有苦處。無奈之餘，姜長煥便寫下了這一段生動的文字紀錄。除此御宴飲食滋味之外，燕行使節們在參加清朝皇家御宴的同時，往往也觀察到了清朝皇帝在日常生活中的細微之處，例如嘉慶皇帝在賜酒的時候，朝鮮使臣便在無意間觀察到嘉慶帝手指纖白如玉。又或者是朝鮮使者李恒億（同治元年〔一八六二〕出使清朝）所見到的，同治皇帝幼年的時候，隨行伴護的宮人竟然達到三十多人之眾，但是皇帝四周卻是一片靜寂，「絕無喧譁之聲」。朝鮮使臣的各種近身觀察，也可以說是清代宮廷文化的一個重要紀錄來源。[12]

水土不服，飲食不合胃口，也就容易生病不適。就如同現代人出國旅行，隨身要攜帶常備藥物一般，朝鮮使節也會隨身攜帶藥物，以備不時之需。但多半情況下，這一些隨身藥物大多會在旅途中作為禮物，用來和沿途的官民人等做做人情，打點各種來往關係。另一方面，飲食不適，甚至食物中毒的例子，其實在前近代社會中十分常見。因此，尋找各種醫藥與解毒特效方，也是朝鮮使節出外查訪的重點之一。朝鮮燕行使節們特別關心一種解毒藥「吸毒石」，又稱之為「蛇頭石」，不僅名稱甚多，而且相關的傳說更多。清代著名文人紀曉嵐（一七二四—一八〇五）的筆記小說作品《閱微草堂筆記》中便有一篇文字，詳述了

「吸毒石」的掌故由來。當時的東亞各國都有文獻記載提到了「吸毒石」的解毒神效，甚至耶穌會士南懷仁（Ferdinand Verbiest, 1623-1688），也曾為此專門以滿文譯寫了西方醫學的看法。日本江戶時代的博物學者們，還曾在記載西洋事情的著作中，留下了圖片與文字的紀錄。像是當時的蘭學作品中，江戶時代後期京都著名蘭學醫者広川獬就曾在《長崎聞見錄》（文政元年〔一八一八〕刊行）一書中提到了「吸毒石」的圖畫與使用方法，書中將「吸毒石」稱之為「蛇頭石」。[13]當然，朝鮮燕行使節們也不例外，例如朝鮮使臣李宜顯（一六六九—一七四五）在《壬子燕行雜識》中便提到了「吸毒石」這種來自異國的藥物。[14]從中我們可以看到朝鮮使臣們為了一探這種解毒奇藥，也曾經在北京城四處打聽，最終在《燕行錄》中留下了紀錄，並且將這一些異國的醫藥知識傳回朝鮮。

另外一方面，朝鮮使節團中的隨行官員、子弟軍官，以及隨團醫生們對於燕行路上所見的各種奇特物產、新奇體驗，甚至是小孩子的各種玩具，也都抱持著極高的好奇心。例如在《燕行日記》裡便詳細記載了乾隆時期北京飲食用具諸多樣態，極為有趣；又像是北京城中雖然是在嚴冬時日，亦可食用蔬果等等。這一些特別的旅程經驗可以說讓朝鮮使臣們心中

12〔韓〕李恒億，《燕行日記》，收於《燕行錄全集》，首爾：東國大學校出版部，二〇〇一，冊九三，頁九一。

13〔日〕広川獬，《長崎聞見錄》，日本國立國會圖書館藏文政元年（一八一八）刊行本，卷五，〈蛇頭石〉，頁四b。

14〔韓〕李宜顯，《壬子燕行雜識》，收於《燕行錄全集》，首爾：東國大學校出版部，二〇〇一，冊三五，頁四八一—五一五。

倍感驚奇，留下了許多紀錄。[15]甚至在醫學方面，燕行文獻中也有不少相關的記載。朝鮮的韓醫們甚至延續了傳統中醫的看法，認為一些具有驚嚇效果的玩具也可以有小兒科醫學的神奇療效。例如《燕行錄全集．日本所藏編》記載使節團中御醫金宗友造訪北京隆福寺的見聞，以及他所購買的玩具奇物「筒蛇」。「筒蛇」的機關十分靈巧，金宗友將之帶回朝鮮，試圖拿來作為醫治小兒科病症之用。這一段史料意外記下了北京街頭玩具「筒蛇」的大致形式。另外，朝鮮使臣們在使行旅途中，還曾經在瀋陽店鋪牆壁上看到了懸空舞動的大蜘蛛玩具。[16]

來自宋朝的太平盛世想像：〈太平城市圖〉的有趣故事

飲食小吃，自然離不開繁華的鬧市街景。關於明清中國，乃至於宋代文化的繁華城市街景，其實也隨著燕行使者們的旅程，流傳到了朝鮮，甚至還影響到了當地的藝術文化風尚。時至今日，我們依然可以在韓國國立中央博物館的重要國寶文物中，看到這一種庶民物質文化與太平盛世理想圖景的輾轉流變。韓國國立中央博物館所典藏的國寶〈太平城市圖〉屏風畫，據韓國學者的考證研究，這一組屏風組畫，大約繪成於十八世紀後期的朝鮮。屏風畫裡詳細描繪著繁華都市中的種種人事物，既有商家店鋪、茶館書肆，同時也有小販走卒、男女老少在巷弄街道之間川流不息。根據韓國國立中央博物館的藏品介紹，以及韓國學者的研究考據，這一組屏風圖其實源自於宋代張擇端的〈清明上河圖〉的各個明清時期摹本。以〈清明上河圖〉的摹本為範例，當時的朝鮮畫師透過〈清明上河圖〉的構圖形式，呈現出朝鮮人們心中對於太平盛世繁華都會的想像。[17]

事不孤起，必有其鄰，若是綜合了晚明城市畫作的研究成果，我們就更能理解到這一組〈太平城市圖〉屏風畫其來有自，應該和朝鮮使節們常年出使北京的燕行活動有關。晚明以來，各種〈清明上河圖〉的摹寫帖本，漸漸成為市場上重要的「文化商品」，特別是蘇州一帶的畫師們巧手製作下，各類仿作圖畫紛出，呈現了一種「文創商品化」的特殊文化現象。根據晚明文士李日華（一五六五—一六三五）《味水軒日記》的記載，當時北京各處的書肆與舊貨商行中常常能見到〈清明上河圖〉的圖式帖卷，而且每卷索價並不昂貴，一般讀書士子皆能購置入手一部。[18]

15〔日〕夫馬進，〔韓〕林基中編，《燕行錄全集・日本所藏編》，首爾：東國大學校韓國文學研究所，二〇〇一，冊一，《燕行日記》，〈坤冊〉，頁三四四—三四六。

16〔日〕夫馬進，〔韓〕林基中編，《燕行錄全集・日本所藏編》，首爾：東國大學校韓國文學研究所，二〇〇一，冊一，《燕行日記》，〈坤冊〉，頁三八七。

17 相關研究可參見韓國首爾大學李秀美博士的學位論文《國立中央博物館藏〈太平城市圖〉屏風研究》（국립중앙박물관소장〈태평성시도〉병풍연구）。參見：李秀美，《국립중앙박물관소장〈태평성시도〉병풍 연구》，서울대학교，二〇一四。〈太平城市圖〉屏風的相關介紹，可參見韓國「國立中央博物館」的網頁，網址：https://www.museum.go.kr/site/chn/relic/search/list。

相較之下，清代宮廷畫師的類似作品中，則呈現出不同太平盛世想像。例如清朝宮廷每逢春節，通常都會營辦春市賞遊，常會由宮人們裝扮成一般街市百姓。春市賞遊沿途，貨郎、茶水店肆一應俱全，但是挑擔所擺放的各種碗盤，卻都是乾隆年間的宮廷日用器物。透過清朝宮廷畫師丁觀鵬（生卒年不詳）在乾隆七年所奉敕繪製的〈太平春市圖〉，我們便可以略窺一二。〈太平春市圖〉的畫面裡，不只有撈金魚、表演戲法的，還有一臺人偶戲。老老少少，走訪春市，一同賞玩世間諸多美好。不過，畫中人物造型都是仿照宋朝畫作中的人物，著用古代冠服，而非清代服飾。雖然可以說是一種仿古的風格，卻又讓人感覺到一絲滿漢之間的忌諱敏感，與一些政治文化的禁忌話題。古代衣冠在圖畫中權作明清衣冠的代表，清宮畫師雖然可在畫中仿古，畢竟是無法繪出頭戴網巾的大明衣冠。所以權宜之下，畫中人物也就只能盡數描畫為古代衣冠。典雅復古之中，其實也許恰恰道出了清代太平盛世的最大隱憂。明清易代之際，衣冠改換變制之下，造成的各種政治文化忌諱，其實充塞四處，甚至就連畫作，也依然在政治嚴厲氣氛的籠罩之下。因此，朝鮮所繪的〈太平城市圖〉，延續著宋時人物畫風，體現出〈清明上河圖〉的構思筆意，其實也可以說是在這一種政治文化脈絡下的產物。圖畫中的太平盛世，既非大明衣冠，也非清人裝扮，都是古代人物在街市之中，不涉任何忌諱。

若是將這幾點串連起來，我們或者可以做一個大膽的推斷，這一組屏風畫的文藝創意源頭，很可能就來自於燕行使節在北京書店商肆中訪求圖書文獻的活動。於是源出於宋代的太平盛世文化願景，也就隨著燕行使者的腳步，由中原大地輾轉來到了朝鮮半島。這一組屏風畫作中所描繪的若干物事，也間接印證了這個推論，因為圖畫中的一角恰巧出現了燕行使金正中《燕行錄》筆下記錄過的「西洋鞦韆」。這一個燕行使在旅程中曾經見聞過的異國物事，可以說隨著燕行文獻流傳到朝鮮，進而轉化成為畫師筆下的想像素材，並在畫作中一一加以重現。

歲月流轉，時至今日，我們在〈太平城市圖〉中，不僅看到一幅美麗的藝術作品，而且更體會到宋代文化中有關太平盛世理想圖景如何透過各種不同的訊息渠道，輾轉流傳，影響域外的文化理想與藝術創作風格。因此，從記憶前朝的「皇明食物」到尋找清潔衛生的水源，甚至是為了解毒救命的奇藥，歷代朝鮮使節們可以說為後人們留下了萬分精采的旅行食記。或許，對於《燕行錄》的這一種特殊詮釋與理解面向，除了史家之外，也只有真正的旅人們才能明白其中的美麗動人之處吧。

18 參見：〔明〕李日華，《味水軒日記》，收於《叢書集成續編》，史部，第三十九冊，上海：上海書店，一九九四，頁七三九—七四〇。

〔清〕丁觀鵬〈太平春市圖卷〉（局部）
（國立故宮博物院藏品）

＊延伸閱讀：

1. 吳政緯，《從漢城到燕京：朝鮮使者眼中的東亞世界》，臺北：秀威資訊科技，二〇一七。
2. 吳政緯，《眷眷明朝：朝鮮士人的中國論述與文化心態（一六〇〇—一八〇〇）》，臺北：國立臺灣師範大學；秀威資訊科技股份有限公司，二〇一五。
3. 林麗月，《奢儉．本末．出處：明清社會的秩序心態》，臺北，新文豐，二〇一四。
4. 張存武，《清韓宗藩貿易（一六三七—一八九四）》，臺北：中央研究院近代史研究所，一九七八。
5. 葛兆光，《想像異域：讀李朝朝鮮漢文燕行文獻札記》，北京：中華書局，二〇一四。
6. 葛兆光，《歷史中國的內與外：有關「中國」與「周邊」概念的再澄清》，香港：香港中文大學出版社，二〇一七。

第六章

京師大雨，永定河漫

嘉慶皇帝齋戒祈晴與紫禁城淹水的辛酉之年

嘉慶六年京城畿輔一帶連續五晝夜大雨不止，那幾天嘉慶皇帝的心中滿是憂慮，希望能夠祈求雨過天晴，百姓們不用受大水淹浸之苦。由於災情嚴重，嘉慶皇帝即有賦詩誌記於「社稷壇」祈求天晴之舉，希望能夠躬行齋戒飲食，舉行祭儀，誠心向上蒼祈求清朗朝陽，雨勢漸緩，百姓不受洪害災殃。這幾天之內，嘉慶皇帝的餐桌上，膳食是清淡齋戒的菜式，因為受苦的百姓興許是吃不上一頓熱飯，一家老小還都泡在黃澄澄的泥水裡。嘉慶帝只能躬行齋戒，並在社稷壇舉行祈晴典禮，祈求上蒼護祐，轉危為安，化雨為晴。嘉慶皇帝在〈社稷壇祈晴紀〉詩中寫道：「祈雨祈晴總一誠，典章創始特躬行。」此詩的後注則記載了朝廷在社稷壇舉行祈晴儀典的始末，並且詳細描述嘉慶帝身處於京城大雨災情中的個人心境變化，以及祈晴儀式當日「昇陽昭朗」的特殊天象，甚至還記載下了嘉慶皇帝始創祈晴儀式典章的具體應對之策。[1]

總體來說，一座古老城市的運作需要大量專業人才，運用各類知識與技術，集結各方物資與人力，方能維持各種基礎功能的運作。明清宮廷位在北京城的中心，具體而微的呈現城市中樞的功能，但同時也依賴著整座城市在各方面功能的支援配合，才得以維繫宮廷日常生活的方方面面。清代宮廷位處的京城若是遭遇災害，殿宇樓閣也無法置身事外，完全不受任何侵害與影響。

近年來由於全球氣候變遷，環境史的議題成為國際上的重要研究課題。古老的北京曾經遭遇過多次的大雨成災，甚至連紫禁城也不例外，曾經面對過嚴峻的水害災情。氣候變遷帶來暴雨與乾旱交替頻繁等極端化現象，導致各國水資源管理情勢嚴峻的情況，更引起研究者廣泛的注意。特別是城市人口增加下，城市水害的問題也就越發重要。近年來多則新聞則是提到了北京城中大雨成災，遭遇百年未有的強降雨情況。例如二〇一二年北京暴雨成災，新聞報導以為數十年內所未遇。二〇一六年夏季強降雨集中，北京亦有災情傳出，但這其實並不是單一事件。有一些新聞報導認為由於紫禁城的建築設計精良，所以多年以來經歷多次暴雨而沒有淹水災情，並且認為建築整體經歷數百年來的各種天候情況，都沒有任何的淹水事件發生。但若就清朝檔案文獻而論，則圍繞著清代北京城水資源管理一事，京城中專事疏通溝渠的專業開溝人董氏家族，還有金水橋在汛期前的清理除淤奏報建議，以及宮廷內外各種預防措施，史料中都記載了許多重要案例，相當具有歷史意義。

回顧歷史，清代京城水災相關紀錄可說散見於各種奏摺、檔冊、官書文獻之中，若細加整理，勤作爬梳，仍然可從中看出當時官方應對處理措施的諸多細節，像是北京城雨量降水分布不均的情況，暴雨與乾旱集中月份等等。若由清代官方檔案來看，我們可以約略看出其大致的情形。事實上，清代官方對於北京水資源的管理頗有章程辦法，若由檔案觀之，則不只是預防汛情、管理水源，以及防止水災而已。清代官員對於水資源管理可以說是具有多方面的認識，涉及了水患災害的預防，以及災民們的安置救濟等。舉例來說，清代官員對於北

1 參見：國立故宮博物院藏，《欽定辛酉工賑紀事》，編號：故殿027198，冊一，〈社稷壇祈晴紀〉，頁四a—四b。

京的雨量降水分布，即有實際了解，甚至是紫禁城城門，以及軍機處值房淹水情況，都曾有詳實紀錄。此外，我們還可以看到在這一些記載與災情紀錄中出現的無聲身影——京城裡的開溝人、庶民百姓，以及涉水值班的軍機大臣們。

清代京城取水不易的若干溯源

若就檔案記載來看，清代北京的雨量似乎集中於特定月份，導致京城百姓取水、用水多有困難。事實上，晚清以來，興辦自來水事業，正因京城雨量不均，取水不易，水質不佳，甚至戶部大火之時無水可救，因此在光緒年間朝廷即有倡議。國立故宮博物院所藏《宮中檔》奏摺中即有光緒二十九年御史梁文燦〈奏請設立自來水由〉一件。梁文燦在奏摺中寫道：「水泉涸澀，時疫流行，擬請旨飭辦自來水，以備火災，而濟民用……其法用機器自城外河流引注城中，沿街沿巷，於地內安設水管……。其水取之不盡，用之不竭，於救護火災，至為迅速，且于閭閻養生之道，大有利益。」同摺中，他還特別寫道：「近雖渥沛甘霖，但歷年以來，三、四月間，往往亢旱，時疫流行，若食水甘潔，或可補濟。況現在城外河流，又將乾涸；城中井泉，不甚暢溢……」、「京城井水向來鹹質，飲此水者多生疫疾。」

梁氏奏摺的內容，除了保存晚清開辦自來水事業的始末，更重要的是顯示出京城水資源在晚清時的概要情形。水質有待改善，飲水不潔，對於京城百姓們的健康大有害處。加之取水不易，火災難救。值得注意的是，農曆三、四月間，屬於亢旱時節，食水不易。此外，御史徐堉對這類京城食水不易的情況，也有相關奏片，他寫道：「天氣亢旱，時疫流行，商民居戶心急如焚。京都近年以來，四、五月間往往雨澤歉缺，焦燥不堪，皆由地氣之鬱堙……」也是一例，可以參考。綜合而言，水資源管理不易，清代北京城民苦於缺水。同時，北京自來水博物館亦有晚清自來水事業的文物典藏，也可見證此一事業興辦的始末，及北京用水取水的困難情況。

清代北京被水成災的相關紀錄

清代北京城在強降雨狀況上也有特別集中的情形，就筆者所見，《中央研究院歷史語言研究所藏明清內閣大庫檔案》中，即有順治、乾隆，以及嘉慶年間京城被水成災的記載。像是順治十年閏六月十五日，戶科給事中趙進美（一六二〇—一六九二）即有題本，奏報京城自是年六月以來，霪雨連日，都邑之中各處積水成渠。此外，京城四郊之外，民間農作傷稼必多，又加上秋成收穫之期已經不遠，奏請敕下該督撫早行勘明京畿直隸各處州縣的被災情況，並且具題檄行各負責衙門，以便設法救恤濟助。除上述災情之外，由於水災影響，京城內外傾毀房屋不少，加上貧民露天而處，頗為困難，因此奏請敕令順天府五城御史加以查問撫恤，酌量給予賑濟。該題本另有批紅，朝廷特別指示：「畿內地方災傷分數，京城內外傾毀房舍，著作速行察議，奏該部知道。」[2]其後，乾隆七年七月前後，乾隆皇帝在上諭中指示京城內外水道甚有關係，必須加以注意。乾隆帝認為近年以來，只要雨水少驟，京城街道便至積水，而且消洩遲緩，這都是因為「水道淤墊之故也」。因此諭令海望、哈達哈、韓光基、舒赫德等人帶同欽天監官員逐一查明應該如何疏濬，詳議之後再請旨辦理，所有相關事宜，一併移會通知工部、提督衙門等。[3]除京城內外水道，紫禁城的排水設施，也是關鍵要處之一。清朝官員也曾經奏請適時疏濬紫禁城金水橋一帶水道，預防水道淤塞成災。類似意見也可見於乾隆年間的檔案，例如：乾隆十六年六月，福建道監察御史王荃便有條陳奏請疏濬紫禁城金水橋水道，防止淤塞的奏摺。[4]清代北京城溝渠河道主要由通州五閘河宣洩排水，清朝官方對於這一條位於下游的重要排水河道也相當重視，定期安排疏濬挑挖，避免淤泥積塞水道。[5]

京城大雨成災之事，在嘉慶年間也有數例，例如內閣大庫檔案記錄了嘉慶二年（一七九七）京城大雨，以及嘉慶六年北京連下五晝夜大雨的災情，以及善後措施的施行情況。嘉慶二年七月，當時已年逾八十的直隸總督梁肯堂（一七一七—一八〇一）奏報永定河上游水勢暴漲，並報告當時施工搶救的情況：「風雨交作，工所危險，督率工員搶護平穩。」梁肯堂因救護有功，嘉慶帝特別親解「小荷包一箇以賜，用昭眷注」。[6]相較於永定河的汛情彙整詳細，京師大雨的相關奏報，卻是訊息混亂。嘉慶二年七月上諭曾提及：「所有奏報京城雨水不實之留京王大臣等，著交部議處」[7]；「京城一帶既無被水成災，伊等前奏未經詳悉聲敘，尚非有意諱災，所有留京王大臣等，交部議處之處，著加恩寬免。」[8]這一些記載反映關於大雨成災、永定河漫口一事的奏報不明，訊息混亂。當時身處承德，並不在京師的嘉慶皇帝對於朝廷官員們的奏報，即多有質疑。

京師大雨：紫禁城淹水的辛酉之年

大雨數旬不止，永定河漫口，嘉慶六年京城畿輔一帶連續五晝夜大雨，形成重大災情，甚至導致水淹南苑。清人昭槤便曾在《嘯亭雜錄》卷一〈辛酉工賑〉條記下此事的概略始

2《中央研究院歷史語言研究所藏明清內閣大庫檔案》，文獻編號：155782-001，順治十年閏六月十五日，戶科為霖雨示災拯濟宜急事。

3《中央研究院歷史語言研究所藏明清內閣大庫檔案》，文獻編號：177133-001，乾隆七年七月十七日，工部為奉上諭事。

4 國立故宮博物院藏，《軍機處檔．月摺包》，文獻編號：006886，乾隆十六年六月四日，奏為條陳疏濬禁城金水橋一帶水道管見以防淤塞而消災沴事。

5 中國第一歷史檔案館攝製，《內務府奏銷檔》，北京：中國第一歷史檔案館，第二八八冊，乾隆三十二年九月七日，奏為疏通河道修堤事，微捲頁數：一二四—一三〇。

6〔清〕王慶雲校輯，《梁肯堂列傳》，國立故宮博物院藏清國史館本，頁一一—一二。

7《中央研究院歷史語言研究所藏明清內閣大庫檔案》，文獻編號：188944-001，嘉慶二年七月，兵部為奉上諭二道由。

8《中央研究院歷史語言研究所藏明清內閣大庫檔案》，文獻編號：188944-001，嘉慶二年七月，兵部為奉上諭二道由。

末。[9]另外，當時朝鮮派往北京的謝恩正使曹允大（嘉慶六年出使北京，生卒年不詳）也在《承政院日記》留下此次大水成災的紀錄。朝鮮純宗二年（清嘉慶七年，一八〇二）四月初十日，出使返國的曹允大在與朝鮮純宗的奏對中提及前年自六月初一（即嘉慶六年六月）以來，大雨連注山海關內，是次洪水經過之處，都可見到流民阻塞道路，不知有多少生命消逝其中。清朝民間傳講中批評嘉慶帝只不過徒擁寶座虛位，實際上清朝的國家財政已然是「銀貨匱竭」，老百姓在言談之間，皆戲稱嘉慶皇帝為「無銀皇帝」。甚至，清朝官方所謂的賑濟救助，實際上也沒有官員檢視聞問，而災民在城外領取的救濟物資，不過是粗略籌措的「糜粥」等物，「殆不成貌樣」，讓人有「有名無實」的感嘆。[10]

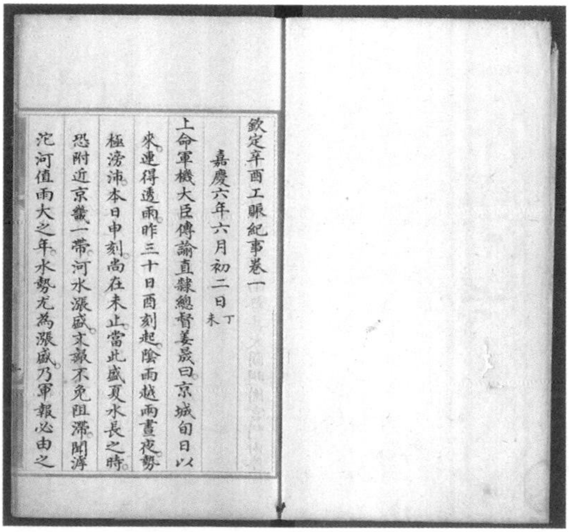
欽定辛酉工賑紀事卷一
嘉慶六年六月初二日 丁未
上命軍機大臣傳諭直隸總督姜晟曰京城旬日以來連得透雨昨三十日酉刻起陰雨越兩晝夜勢極滂沛本日申刻尚在未止當此盛夏水長之時恐附近京畿一帶河水漲盛或未免阻滯聞渾沱河值雨大之年水勢尤為漲盛乃軍報必由之

《欽定辛酉工賑紀事》
（國立故宮博物院藏品）

前文所引《嘯亭雜錄》與《承政院日記》的記載中，前者可說較為粗略概要，後者則主要是以朝鮮使臣的角度來立論，奏報言辭間，行文用字，略帶貶抑。相較之下，清朝檔案與官書文獻，則提供了極為詳實的具體記載。像是嘉慶皇帝曾在〈欽定辛酉工賑紀事序〉中指出此次京師大水：「京師大雨數日夜……下游被淹者九十餘州縣，數千萬黎民蕩析離居，漂流昏墊，誠從來未有之大災患。」[11]此外，國立故宮博物院所藏《嘉慶朝上諭檔．嘉慶六年六月夏季檔》也詳細記載是次大雨一連數日不停，被水成災，洪水甚至泛溢橫流，漫溢至紫禁城宮門外，水深至五、六尺，情勢嚴峻。當時朝中大臣甚至籌議是否備置小船、木筏於宮門外，以為待命應變。[12]《嘉慶朝宮中檔》亦有記載嘉慶六年七月硃批一道：「今

9《嘯亭雜錄》書中記述如下：「辛酉夏，霖雨數旬，永定河漫口，水淹南苑，漂沒田廬數百里，秋禾盡傷……特建席棚，以處災黎，凡活者數百萬人。又特簡大臣四出查賑，截南漕數十萬石，以備緩急。又築永定西堤，上親為巡視，指定方略，堤遂以成。其憂勤民瘼，實為曠古所罕覯焉。」參見：〔清〕昭槤，《嘯亭雜錄》，臺北：新興書局，一九七九，卷一，〈辛酉工賑〉，頁一四b。

10 韓國國史編纂委員會編纂，《承政院日記》，首爾：國史編纂委員會，一九六一—一九七七，冊九八，純宗二年四月初十日庚戌條。

11 國立故宮博物院藏，《欽定辛酉工賑紀事》（清嘉慶七年武英殿刊本），文獻編號：故殿027198，冊一，卷首，〈欽定辛酉工賑紀事序〉。

12 國立故宮博物院藏，《嘉慶朝上諭檔．嘉慶六年六月夏季檔》，文獻編號：601001087，嘉慶六年六月初三日，頁〇〇〇一五—〇〇〇一六。

次大水，實出尋常，勉力籌辦，實無良策。」[13]除了漢文檔案的記載之外，清代滿文起居注中也提供了一些重要紀錄。此處提及的「起居注」，滿文對譯寫作：「tere ilire tere be ejere dangse」，即是清代由「起居注官」詳細記錄皇帝起居言行的檔案簿冊，由隸屬於翰林院的「起居注館」（又稱為「起居注衙門」，滿文寫作：ilire tere be ejere yamūn）進行編纂工作。國立故宮博物院典藏的《嘉慶朝滿文起居注》在嘉慶六年六月初八日的條下，曾以滿文說明宮門前水深多尺，房屋因災傾壞的情況，拼音轉寫如下：「ninggun biyai ice ci sunja innengi sunja dobori ambareme angaha gurung ni duka de muke ududu jušuru šumin boo oilen i ulejeme tuhenangge toloho seme wajirako ere hono ajige kokiran。」這一段滿文紀錄經翻譯後，文句的大致意思是：六月初一日至初五日，五夜大雨，宮門處水深多尺，房屋外表塌落已經點數完成，這處尚有小傷損。[14]

除上述滿文文獻之外，《中央研究院歷史語言研究所藏明清內閣大庫檔案》則詳細記載了嘉慶六年七月，嘉慶帝對於此事所頒布的上諭指示：「京城一帶永定河漫泛溢，被災貧民，口食無資，流離失所，節次特派大臣等查災給賑。官員內有捐貲較多者，加恩甄敘。」[15]同月，嘉慶皇帝另有上諭指示前遣分路勘災各員，應該分別糾核功過。其中寫道：「前遣分路查勘京城因雨被水情形各員，今因各路辦理不同，自當核其功過……。阿隆阿等著交部嚴加議處，乃命即赴天津查勘，不准歸家，亦不准馳馹前往。」[16]同年八月，上諭則指示：「本年京師自六月初旬，大雨連綿，河水漲決，朕即簡派卿員分路查勘，開倉賑濟，著將本年辦理一切工賑事宜，編集匯為辛酉賑災紀事，於冬底繕寫進呈刊布。」[17]同年九月的上諭則特別提及此次水災賑濟之事：「京城康寧門外普濟堂，本年夏間雨水過多，貧民生計更形拮据，著加恩照年例賞給京倉小米三百石外，再加賞二百石。」[18]上述各條即為嘉慶帝對於京城被水成災的多項上諭，包括勘災、賑災、獎勵有功人員與懲處失職官員的情形。若由相關記載的月份上來看，可見農曆七、八月夏季之間，北京常有強降雨的情況，往往造成嚴重災情。另外，《辛酉賑災紀事》的編輯成冊一事，也就是日後《欽定辛酉工賑紀事》成書的淵源。

清代北京城的水患，亦可由官書文獻中，彙整出詳細的善後處理章程。例如《欽定辛酉

13 國立故宮博物院，《宮中檔嘉慶朝奏摺》（複製本），第九輯，文獻編號：404005568，嘉慶六年七月十三日，頁二三五。
14 參見：國立故宮博物院藏，《嘉慶朝滿文起居注》，嘉慶六年六月上冊，文獻編號：嘉慶六年六月初八日條。
15 《中央研究院歷史語言研究所藏明清內閣大庫檔案》，文獻編號：123935-001，嘉慶六年七月初九日，吏部為奉上諭查災給賑事。
16 《中央研究院歷史語言研究所藏明清內閣大庫檔案》，文獻編號：215688-001，嘉慶六年七月，兵部為前遣分路勘災各員分別核其功過由。
17 《中央研究院歷史語言研究所藏明清內閣大庫檔案》，文獻編號：130043-001，嘉慶六年八月，戶部為辦賑事宜奉諭編輯成書由。
18 《中央研究院歷史語言研究所藏明清內閣大庫檔案》，文獻編號：150253-001，嘉慶六年九月，戶部為普濟堂施捨貧民加賞小米事。

工賑紀事》便記載有嘉慶皇帝關於水患賑災的多項辦法，像是分賞貧民棉衣、以工代賑、廣施粥場、周濟被水災民等。嘉慶帝為救濟災民，特有分賞五城、順天府貧民棉衣之舉，而且撰有七言韻詩誌之，另外附有詩注。嘉慶帝在此御製詩的詩注中寫道：「命部院臣工分賞五城順天府貧民棉衣，詩誌予意。」詩云：「潦災普及苦吾民，深愧君臨德未淳。己溺己飢同體切，無衣無褐劇膚親。回春欲共黃棉樂，轉歉虔祈蒼昊仁……。」[19]同書另外收錄多篇御製詩文，分別由不同方面記錄了嘉慶六年京師大水災情。例如〈觀民有感〉詩句有云：「河決心驚全患潦，京西首被十分災。」[20]詩中即見京師大水，受災最重之處，即在京西一帶。

參照檔案記載，我們亦可見到嘉慶皇帝廣施周濟，興辦工賑，強調大處著眼，不計細節的積極態度。像是嘉慶六年六月初九日，嘉慶帝在上諭中即指示辦理工賑，官給傭資賑濟，務必使被水災民們前往幫工，協助堵築永定河東西兩岸決口。[21]平心而論，嘉慶皇帝在辦理賑濟方面，態度多有寬容，廣設粥場濟助災民。[22]嘉慶帝甚至主張：「辦賑之道，總在周施博濟，寧濫無遺，若期不濫，則必有遺。即有一、二冒領之人，皆係窮苦百姓，又何忍斤斤較量耶！」[23]時至今日，城市災情控管、災情勘查、善後安置，甚至是防災救災檔案文獻材料的匯集整理工作，都是防災、救災的重要環節，嘉慶皇帝可以說是具有領導者的卓越識見，高瞻遠矚。

除此之外，嘉慶六年京師大水成災的事件，也引起日本學界的注意，例如堀地明教授便曾經以此為題，進行過專題研究，並且發表了論文，由賑災、救荒的角度來討論清朝政府的政策。可見此一事件的重要影響，不僅是一個單純的城市水災而已，這起災害事件同時也是一扇窗口，讓後世研究者得以由此一窺清代官方處理災害應變的方方面面。[24]

清代官方的祈雨與祈晴儀式

清代祈雨與祈晴儀典，可說是京城水資源管理與相關祭祀活動的一體兩面。清代官方祭祀黑龍潭、白龍潭、玉泉山等處龍神祠，特命專員赴京城關帝廟祈雨，以及遣官祭祀京郊永

19 國立故宮博物院藏，《欽定辛酉工賑紀事》（清嘉慶七年武英殿刊本），文獻編號：故殿027198，冊一，頁一一a—一一b。

20 國立故宮博物院藏，《欽定辛酉工賑紀事》，冊一，頁四b—五a。

21 國立故宮博物院藏，《嘉慶朝上諭檔．嘉慶六年六月夏季檔》，文獻編號：601001087，嘉慶六年六月初九日，頁〇〇〇四九—〇〇〇五〇。

22 《中央研究院歷史語言研究所藏明清內閣大庫檔案》，文獻編號：150225-001，嘉慶六年十二月，戶部為恭謝天恩由。

23 國立故宮博物院藏，《嘉慶朝上諭檔．嘉慶六年六月夏季檔》，文獻編號：601001087，嘉慶六年六月二十三日，頁〇〇二四七—〇〇二五一。

24 關於嘉慶六年京城水災與嘉慶皇帝的救濟政策，日本學者堀地明近年來發表有專題論文，可參見：〔日〕堀地明，〈嘉慶六（1801）年北京の水害と嘉慶帝の救荒政策〉，收於村上衛編，《近現代中国における社会経済制度の再編》，京都：京都大學人文科學研究所，二〇一六，頁二七一—二九七。

定河河神一事，在檔案中也多有記載。清朝皇帝或親往祭祀，或派阿哥、親王大臣等拈香致祭，目的皆在求雨。例如嘉慶五年雨水稀少，有礙農作，嘉慶五年四月十七日即有上諭提及本年春雨稀少，又將立夏，「仍然未得甘霖」，諭命禮部設壇祈禱。四月十六日雖有濃厚雲氣，頗有「釀雨之勢」，但雲氣隨即被風吹散。為祈求雨水，特別派員於四月十九日親詣風神廟致祭。[25]同日，嘉慶帝又在上諭中強調，若是「未得雨澤」，應該遣官向「天神」、「地祇」與「太歲」三壇祈禱。若是七日之後，依然不雨，仍應遣官虔禱於「社稷壇」。除諭令禮部設壇祈禱之外，並另派親王齋戒虔誠致祭。[26]

稍晚，嘉慶五年閏四月間雨水較豐，旱象漸解，太常寺奏請依照「春秋親赴社稷壇致祭儀注」，辦理皇帝親詣社稷壇報謝雨澤的報祀儀節。然而，嘉慶皇帝認為不應該依照太常寺所奏，採行「春秋親祀社稷壇儀注」，乘輿前往致祭。嘉慶帝認為應該要比照乾隆年間的「致祭黑龍潭舊例」，改採步行前往「社稷壇」，方顯誠敬之意。嘉慶皇帝因為此事特別在上諭中指示，此後除了春秋祭祀仍然依照舊定儀注舉行之外，如遇祈禱雨澤，以及親詣報祀各項典禮，均是步行前往致祭。此次儀注各項細節，均著命太常寺遵照改訂相關儀注內容，另行具奏，並且載入會典中，以便永遠遵行。[27]其後，道光十三年三月間，道光帝亦有上諭指示設壇求雨，特派官員於關帝廟中輪班住宿，並且上香行禮，祈求雨水。[28]除了祈雨祭祀儀式外，祈雨之時，清朝皇帝與同赴祭祀的王公官員在衣冠穿戴上也有詳細規定，一律穿著「元青藍袍」，服戴「雨纓帽」。[29]清朝皇帝在祈雨儀式中，屢頒上諭指示，顯示出對於祈雨儀典的高度重視。美國學者Jeffrey Snyder-Reinke曾在討論清朝祈雨儀式與地方政治的專書中，提及這種皇帝私人儀式（private ritual）與國家祈雨禮儀典間的平行性。[30]綜合來看，清朝皇帝祈雨一事，可以說充分展現了清代政治文化中的天人感應思想傳統，以及各種延續、流變與轉化。

清朝官方祈雨祭祀活動中，還包括河神祠廟的祭祀儀式。國立故宮博物院所藏《畿輔安瀾志》詳細記載清廷在永定河沿岸進行的各種河神祠廟祭祀，以及修建河神廟的相關建置。例如康熙三十七年敕建「南惠濟河神廟」，乾隆十五年重修，清廷遣員致祭皆在此廟。「北

25 國立故宮博物院藏，《嘉慶朝上諭檔，嘉慶五年夏冊》，文獻編號：601000082，頁〇四四—〇四五。

26 國立故宮博物院藏，《嘉慶朝上諭檔，嘉慶五年夏冊》，文獻編號：601000082，頁〇四五—〇四六。

27 國立故宮博物院藏，《嘉慶朝上諭檔，嘉慶五年夏冊》，文獻編號：601000082，頁〇九九—一〇〇。

28 國立故宮博物院藏，《宮中檔道光朝奏摺》（複製本），第一輯，道光十三年三月十九日，文獻編號：405011443，奉上諭設壇求雨並派載垣等在關帝廟輪班住宿上香行禮，頁六九二。

29 國立故宮博物院藏，《嘉慶朝上諭檔，嘉慶五年夏冊》，文獻編號：601000082，頁〇六二—〇六三。

30 Jeffrey Snyder-Reinke, *Dry Spells: State Rainmaking and Local Governance in Late Imperial China*, Cambridge, Mass.: Harvard University Asia Center, 2009. 該書中文書評參閱：陳韋聿，〈評介Jeffrey Snyder-Reinke, *Dry Spells: State Rainmaking and Local Governance in Late Imperial China*〉，《臺灣師大歷史學報》，四四（臺北，二〇一〇．十二），頁三〇九—三一二。此外，吳十洲曾對相關議題進行研究討論。參見：吳十洲，《帝國之雩：18世紀中國的乾旱與祈雨》，北京：紫禁城出版社，二〇一〇。

惠濟河神廟」係雍正七年敕建，乾隆十五年重修。「長安城龍王廟」係乾隆十六年修建；「南岸龍王廟」、「北岸龍王廟」都於乾隆九年興建。「東惠濟廟」係明代建立，乾隆十一年重修；「西惠濟廟」係萬曆年間興建，雍正十一年重修。「雙營龍王廟」，則於雍正八年重建。[31]另據《永定河志》〈宸章記〉收錄的大量御製詩文與碑記，我們也可以從中看到康熙、雍正、乾隆以來，興修水利，以及重修永定河神廟、石景山惠濟廟等重要河神祠廟的沿革始末。[32]

永定河為京城畿輔一帶重要河川，其防汛水利亦與京城水資源管理有著連貫而不可分割的關係。永定河淹漫，則京師必定淹水成災。因此永定河河工防汛，以及河神祭祀特別為清廷重視。例如雍正八年十二月即有大學士馬爾賽（？—一七三三）奏請由翰林院撰寫致祭禮文，並且遣員至石景山南龐村新建永定河神廟中致讀祭文。[33]嘉慶七年六月，因兵部右侍郎那彥寶（一七六二—一八四三）奏報永定河北岸上下頭工出險搶護平穩，嘉慶帝對此曾有硃批「敬慰之餘，倍殷凜畏，發香虔謝神佑，汝二人代朕拈香」，指示那彥寶等人代為拈香致祭。[34]嘉慶九年七月，上諭中也提及：「顏檢奏報永定河伏汛安瀾一摺，此皆仰賴河神默佑。著發去藏香二枝，小藏香三枝，派侍郎那彥寶恭齎前往詣祠叩謝，並著該侍郎察看沿河工段情形。」[35]由上諭中，我們可以見到清廷派員致祭河神不僅是宗教信仰的一環，其實也帶有朝廷指派專員巡視沿河河工的實務作用。相關事例在檔案文獻中有頗多記載，例如嘉慶十七年十一月，禮部尚書福慶（一七四三—一八一九）曾就河神加封，並頒賜御書匾額，特有題請。[36]道光三年九月，對於永定河北、中汛大壩合龍，道光帝亦有上諭指示派員致祭河神各廟，並派發「大藏香十炷」，虔誠祀謝，以答神庥。[37]

除祈雨祭祀之外，學界較沒有注意到的一個側面，便是清代亦有「祈晴」祭祀儀文。嘉慶皇帝曾經賦詩誌記其於社稷壇祈晴之舉，〈社稷壇祈晴紀〉詩云：「祈雨祈晴總一誠，典章創始特躬行。」此詩詩注中寫道：「雨暘同屬庶徵，祈報總關民瘼，而向來求晴儀注罕見舉行。茲特申殷薦，齋祓躬親，先期幸示光霽。是晨昇陽昭朗，尤嚴惕畏也。」[38]祈晴儀典

31〔清〕王履泰，《畿輔安瀾志》，〈永定河〉，卷十，〈祠廟〉，頁一a—六a。

32〔清〕陳琮，《永定河志》，首卷，〈宸章記〉，頁一a—四五b。

33《中央研究院歷史語言研究所藏明清內閣大庫檔案》，文獻編號：295947-001，雍正八年十二月二十八日，大學士馬爾賽奏為新建永定河神廟事。

34國立故宮博物院藏，《宮中檔嘉慶朝奏摺》（複製本），第十四輯，文獻編號：404008374，嘉慶七年六月二十七日，奏為永定河北岸上下頭工出險搶護平穩恭摺奏聞事，頁五七六。

35《中央研究院歷史語言研究所藏明清內閣大庫檔案》，文獻編號：147293-001，嘉慶九年七月，工部為奉諭派侍郎那彥寶謝河神事。

36《中央研究院歷史語言研究所藏明清內閣大庫檔案》，文獻編號：287664-001，嘉慶十七年十一月十四日，禮部題為恭請敕加封號事。

37《中央研究院歷史語言研究所藏明清內閣大庫檔案》，文獻編號：211587-001，道光三年九月二十七日，奉上諭張文浩等奏永定河北中汛大壩合龍著發大藏香十炷敬詣河神各廟虔誠祀謝以答神庥事。

38國立故宮博物院藏，《欽定辛酉工賑紀事》，編號：故殿027198，冊一，〈社稷壇祈晴紀〉，頁四a—四b。

的溯源上，據清代內閣大庫檔案記載，嘉慶帝於嘉慶六年七月自圓明園進宮齋戒祈晴之後，「謝晴儀文典禮」方才形成正式的祈晴儀典，相關儀注一併載入會典。[39]

上述的「祈晴」、「祈雨」儀式，雖然事涉迷信，卻也相對反映北京城水資源在先天水文與氣候條件的限制。事實上不只官方如此，北京民間信仰亦與治水大有關係，可見水資源管理之不易。[40]相較之下，西方水資源的研究中，前近代社會關於精神信仰與水資源之間的互動關係也有許多研究討論，甚至精神信仰也被視為一種管理水資源的具體範式。[41]若由宏觀角度來看，清代北京城或是乾旱不雨，或是大雨成災，皆是水資源管理上的難題。然而，天災預防不易，清朝官方在災後處理善後方面，特別加強行政管理，或重視勘災，強調周濟災民，以為救助補濟。

綜合上述討論，我們可以發現相較於清代北京管理水資源的歷史，西方歐美各國管理水資源的歷史進程不僅反映西方文明與水資源的密切關聯，在比較研究上也具有重要參考意義。事實上，漫長的中古時期，歐洲各主要都市都是利用街道上的運水夫（street carriers），以及井水提供日常生活供水。[42]這與明清時期北京城用水情形大致類同，供水不僅有限，並容易有水源污染的情況。[43]隨著十九世紀工業化的到來，歐洲地區傳統上依賴井水等水源供應，逐漸為集中化的供水體系所取代。片斷化、區域性的供水方式被放棄，取而代之的是高度集中整合的供水系統。

這一種供水系統的變化，一八〇二年發生在巴黎，一八〇八年發生在倫敦，一八五六年發生在柏林，一八八三年發生在慕尼黑。[44]其中，紐約建置供水設施的歷史，恰可作為研究上的比較，反映出水井與民間供水業者在歷史中扮演的重要角色。當時紐約因使用公共水井，導致一連串衛生問題，一群「茶水夫」（tea water men）開始供水給擔負得起價錢的富

39《中央研究院歷史語言研究所藏明清內閣大庫檔案》，文獻編號：125929-001，嘉慶六年七月，上諭謝晴儀文典禮相關預備事宜與儀注載入會典事。

40 相關研究成果中，北京師範大學董曉萍編撰有《北京民間水治》，書中對於北京民間信仰與水治管理的關係有所探討。參見：董曉萍等著，《北京民間水治》，北京：北京師範大學出版社，二〇〇九，第三章〈北京城市水源系統用水民俗志〉；第四章〈北京城市公共水利系統用水民俗志〉，頁一四九—三一〇。

41 聯合國教科文組織二〇一一年出版由埃及考古學者Fekri Hassan編寫的《當代的水資源史》（*Water History for Our Times*），提及水資源管理的諸多模式，其中也包括「精神與宗教的管理範式」（The Spiritual-Religious Paradigm）。參見：Fekri Hassan, *Water History for Our Times* (Paris: UNESCO, 2006), pp.48-49.

42 Naren Prasad, "Privatisation of Water: A Historical Perspective", in *Law, Environment and Development Journal*, 3:2 (2007), pp.220. This article is available download at the website:〈http://www.leac-journal.org/content/07217.pdf.〉. Last date for check:2016/4/15.

43 前近代歐洲社會每當水源污染導致傳染疫疾發生時，猶太人與痲瘋病患常成為代罪羔羊。義大利史家金斯伯格（Carlo Ginzburg）討論過前近代歐洲社會中，井水被猶太人與痲瘋病人下毒的大規模謠言事件，曾發生在十四世紀的法國、西班牙與瑞士一帶。參見：Ginzburg, Carlo; Gundersen,Trygve Riiser., Translation by J. Basil Cowlishaw, "Carlo Ginzburg talks to Trygve Riiser Gundersen, "On the dark side of history" ", *Samtiden*(Oslo), 11 July 2003, from Website:〈http://www.eurozine.com/articles/2003-07-11-ginzburg-en.html〉.

44 Naren Prasad, "Privatisation of Water: A Historical Perspective", pp.222.

人。由於並非人人可以負擔買水開銷，加上火災等危機風險，紐約在一七七四年開始建立引水道。美國獨立戰爭爆發，以及其後發生於一七九五年的黃熱病疫情，導致紐約居民更加抱怨茶水夫供應飲用水的水質不佳與水井水質不良。紐約市政府才迫於壓力，轉而傾向由私人供應清潔飲水，才有設立曼哈頓水公司（Manhattan Company）之議。[45]十九世紀以來，歐美各地重要城市的水資源管理，經營策略上可以說經歷了十分曲折的演進過程。

相較之下，清代北京城水資源管理的演進，我們也可以看到這一種曲折的發展歷程。清朝皇帝與治水官員們形塑了城市水災與水資源管理的上層結構，其中涉及消防救火、治水防洪，以及環境衛生等各種城市管理的實務運作。另一方面，民間供水業者則在日常生活層面建立一整套有效分配的供水系統。兩者由不同的層面，共同組成清代北京城的水資源管理體系。綜合來看，清朝檔案文書中，提供了我們有關於清代北京的城市水害防治、水資源管理，以及清代祈晴儀典與河神祭祀的豐富史料。雖然這些記載散見於各種檔案類型，需要多方面的統整匯輯，有待研究者們進一步發掘與探索。但是對於讀者大眾來說，這一些史料提供的豐富訊息並非只是過往的歷史事件紀錄而已。鑑往可知來，無論時代如何變遷，但是防患於未然，熟知相關歷史經驗，並且轉化為防災方面的實踐參考，可以說是千古不易的處世應變之道。

＊延伸閱讀：

1. 吳十洲，《帝國之雩：18世紀中國的乾旱與祈雨》，北京：紫禁城出版社，二〇一〇。
2. 邱仲麟，〈明代北京的溝渠疏濬及其相關問題〉，《政治大學歷史學報》，四一（臺北，二〇一四．五），頁四三—一〇四。
3. 董曉萍等著，《北京民間水治》，北京：北京師範大學出版社，二〇〇九。
4. Jeffrey Snyder-Reinke, *Dry Spells: State Rainmaking and Local Governance in Late Imperial China*, Cambridge, Mass.: Harvard University Asia Center, 2009.
5. 〔日〕堀地明，〈嘉慶六（1801）年北京の水害と嘉慶帝の救荒政策〉，收於村上衛編，《近現代中国における社会経済制度の再編》，京都：京都大學人文科學研究所，二〇一六，頁二七一—二九七。

---

45 Naren Prasad, "Privatisation of Water: A Historical Perspective", pp.221.

第七章

鹿尾兒的故事

源自清代紫禁城的皇家御賞之物

白山黑水之間，鹿隻在林野靈活飛躍，滿洲勇士彎弓射箭，眾人齊心奔向獵物，氣氛好不熱烈。清代皇家木蘭秋獮，行圍打獵的場景，總是在電視、電影劇作中出現。只是身處現代工商社會中要想品嘗山林野味，總讓人覺得這是在接近歐洲中世紀以來的皇家狩獵活動中，才有可能出現的場景，不然就是在黑市交易中，才會出現的怪奇事件。但是源自於「馬上得天下」的政治文化傳統，國家政策上特別講究「國語騎射」的清朝，其實在官方檔案文獻中不乏各種皇帝賞賜狩獵野味的記載。

例如清代宮廷檔案中就可見到清朝皇帝們時常會有賞賜有功大臣們各種肉類食品的詳細紀錄，相關的賞賜肉品種類繁多，具體來說，包括有鹿肉、鹿尾、糟鹿尾、鹿舌、鹿肉乾、風乾鹿肉、鹿肉脯、關東鹿、鹿條、鹿肋、鹿豋肉、麞肉、野豬、野雞、糟野雞、山雞、雉脯、風鵝、湯羊、羊肉、風羊、狍肉、獐肉、哈爾漢羊、折魯魚、細鱗魚、秦鰉魚、呑秦魚、黃魚乾、薰豬肉、薰豬、山麅、麅肉與麅肉腿等等品項。若是利用線上清代檔案資料庫，只要略加檢索，那麼僅僅在國立故宮博物院典藏的《宮中檔》、《軍機處檔案》等清朝檔案文獻之中，就有超過五百九十多筆的各類肉類食品賞賜紀錄。[1]另外，若是再配合中國第一歷史檔案館所提供的線上清代檔案資料庫目錄，例如《內務府全宗》、《軍機處全宗》、《內閣全宗》、《宮中全宗》等等，我們還能檢索到九十多筆清朝皇帝賞賜眾臣各類肉品的記載，這一些清朝宮廷檔案可以說詳細記錄著許多由紫禁城中所發出的皇家御賜物品項目，提供了我們御賞食品的具體情況。[2]

適口之物，賞賜廷臣：清朝皇帝的御賜食品

除了賞賜食品，清朝皇帝們還時常會在賞賜奏摺上，另外寫上硃批文字，以一些體己話語，來略表對臣子們的寬慰之意。例如雍正皇帝便曾在川陝總督岳鍾琪（一六八六—一七五四）奏謝御賜湯羊一隻、鹿尾一簍，以及折魯魚、細鱗魚與藕粉等食品的謝恩奏摺上，特別寫道：「舉凡人間食品，莫非上天恩賜，不與卿如此大臣分甘共肥，更與何人共之。朕逐日飲食，惟以未能時時頒賜為歉耳，然每遇適口之物分賞廷臣，未嘗不念及卿暨鄂爾泰、田文鏡等諸大臣也。」[3]正所謂好東西，要與好朋友分享，人間美味自然是要與好臣子們一起同享。這一段文字的內容正好充分表達了雍正皇帝與親近大臣們分享人間美食的歡喜心情，而且雍正皇帝筆下「分甘共肥」的體己話語，也在分享飲食的當下，用生動的文字，表達了一種分外關懷的言外之意。事實上，許多清宮電視劇裡描繪的「冷面無情」的雍正皇帝，其實

1 相關清代官方檔案文獻，可參見：國立故宮博物院藏「清代宮中檔奏摺及軍機處檔摺件全文影像資料庫」，網址：http://npmhost.npm.gov.tw/tts/npmmeta/GC/indexcg.html

2 相關清代官方檔案文獻，可參見：中國第一歷史檔案館線上目錄查詢網站，線上目錄查詢網址：http://www.lsdag.com/nets/lsdag/page/topic/Topic_1697_1.shtml?hv=

3 參見：國立故宮博物院藏，《宮中檔雍正朝奏摺》，文獻編號：402021623，雍正六年十二月七日，奏為恭謝恩賜湯羊一隻鹿尾一簍等物事。國立故宮博物院藏，《宮中檔雍正朝奏摺》，文獻編號：402000386，雍正六年十二月七日，奏謝欽賜湯羊鹿尾折魯魚細鱗魚藕粉等食品摺。

也有他溫和關懷的一面，甚至就連在吃飯用膳的時候，雍正皇帝也會時時記掛著遠方勞苦的臣子們。至於，這其中是不是有那麼多的心機運作，以及政治權謀，又或者宮廷之中是不是真的「步步驚心」。也許透過清人的筆記小說，我們可以看到清朝君臣相處之間的另一種不同的政治文化氣氛。[4]

除了檔案文獻，若是說到清朝皇帝們賞賜飲食的掌故，其實在清代筆記小說中也並不罕見。例如清代撰述宮廷掌故的重要筆記小說《嘯亭雜錄》，便曾在〈食魚羹〉條下記載了乾隆皇帝與鮮魚羹間的一段軼事佳話。《嘯亭雜錄》中寫道當時清廷正派阿桂（一七一七—一七九七）將軍出征大小金川，由於當地地勢險要，清軍連年累月難以攻克叛軍據點。後來在全軍將士用命下，奮力殺敵，整個戰事的困難局面才有所突破，轉敗為勝。當時奏報勝利的捷報消息終於送達乾隆皇帝御前時，正好是用膳時分。乾隆皇帝聽聞勝利捷報的當下，感念前線將士辛勞，不覺潸然淚下。據《嘯亭雜錄》記載，這一滴淚水正巧滴落在乾隆帝面前的魚羹中，乾隆於是將這一道魚羹交人封存，並派人賞賜給仍在前線作戰的阿桂將軍。據說收到御賜魚羹的阿桂將軍，感念聖眷恩賞，一邊流著眼淚，一邊激動著說道：「臣子一定用生命來回報皇上的眷顧恩德。」這一品混入了乾隆皇帝淚水的魚羹雖然在封存後，專程急送前線，最後在啟封的當下，阿桂將軍是否真的是留著眼淚食用皇帝御賜魚羹，我們已經無從考證。[5]這類描寫多半類似章回演義，話題聳動，引人注意，所以這一段掌故也是虛實難明。因此，這則故事是否只是後人們的穿鑿附會，其實並不重要，但是或多或少讓我們看到了清朝皇帝賞賜臣子飲食的一些吉光片羽。皇帝的眼淚與御賜魚羹，其實傳達的是一種君臣之間，透過飲食來維繫人際關係的禮物儀式。

總的來說，清朝官方檔案中保存了不少這一類皇帝賞賜飲食的紀錄，其中包括許多特殊的食品種類，既有肉品野味，也有糖纏點心，甚至還包括藕粉與各類果品，不過還是以各種肉品為大宗。許多研究認為清朝皇帝的飲食以各種肉類為主，主要是由於滿族源自關外的飲食習慣，形塑了這一種以雞、鴨、豬、羊肉作為主食的宮廷飲食文化。若據檔案文獻的記載，我們便能看到清代宮廷採辦各類肉品的具體情形，例如《中央研究院歷史語言研究所藏明清內閣大庫檔案》中保存的有關「御膳房」、「光祿寺」、「內膳房」等各處官署衙門支付民間買賣人，用於採買食料的呈報支付價銀的奏摺中，便可以看到清朝宮廷採辦的各種肉類食材，就是以雞肉、鴨肉、豬肉、羊肉，以及羊肝腸等等作為主要品項。[6]另外，清朝宮廷肉品食材的來源，主要是由北京城中的肉行店家們負責供應，並由順天府照例招募充

4 關於雍正皇帝性格的相關討論，可參見：陳捷先，《青出於藍：一窺雍正帝王術》，臺北：三民書局，二〇一七。

5 參見：〔清〕昭槤，《嘯亭雜錄》，臺北：新興書局，一九七九。

6 參見：《中央研究院歷史語言研究所藏明清內閣大庫檔案》，文獻編號：184976-001，乾隆十六年十二月十三日，光祿寺為內庭用豬雞羊等項給過買賣人銀數。《中央研究院歷史語言研究所藏明清內閣大庫檔案》，文獻編號：011866-001，雍正十三年十月六日，光祿寺卿為奏報內庭用過豬鴨等項事。《中央研究院歷史語言研究所藏明清內閣大庫檔案》，文獻編號：194607-001，乾隆四年一月二十九日，光祿寺卿為內庭用過豬雞鴨羊等項事。

當，依例每三年會進行一次輪換更替。如果肉行不願再有更替，仍然如其所願，繼續供應肉品。[7]這一些北京城中專業經營皇家食材供應的小買賣人們，正是圍繞著宮廷文化而產生的特殊謀生事業。他們負責支援著清代皇室日常生活的食材所需，但歷史文獻上卻很少提及他們的存在。

清朝檔案文獻中比較詳細的紀錄，還是集中在皇家的飲食好尚方面。若從清朝檔案的記載，再配合清人筆記小說的側面描寫，我們可以看到清朝皇帝飲食的另一個面向。飲食之間，不只是對美好滋味的追求與分享，其實也包括了清朝君臣間的情感維繫，果真是治大國如烹小鮮。君臣分甘共肥的背後脈絡，說來簡單，各種御賜恩賞之物，其實就是君主與臣子彼此信賴的重要基礎之一。西方人類學家認為「禮物」是一種重要的媒介，往往經由寄遞禮物的漫長旅行路途，以及相關的複雜儀式，提供了社會成員維繫信賴感的重要憑證，進而讓許多人際關係、物質交流有了一個轉換的平臺與媒介。甚至就連團體之中的領袖威望，以及尊貴無比的榮耀身分，也都由此而生，透過這一些禮物與儀式，得到整體成員的認同與肯定。[8]近年來西方歷史學者也有專門研究「禮物」的專門著作，探討其社會文化意義。或許透過不同的研究視角與取徑，我們可以看到清朝皇帝的眾多賞賜物品不僅僅是一份來自天子的禮物，甚至還在清朝政治文化中，扮演了重要角色。[9]實際上來看，除了儀式功能之外，這一類來自清朝皇帝的恩賞之物，某方面其實還帶著一種草原民族的特色風情。

鹿尾兒：一道京城旗民的鄉愁療癒料理

飲食調理之中，甜鹹酸辣各有所好，但是箇中道理，其實並不複雜。飲食之道，其實無他，就是口味習慣而已。具體來說，就是一種個人生活習慣與食物風味的偏好。清代各種御賜食品亦是如此，皇帝賞賜之物，往往也是投臣民所好，作為恩眷臣子們的禮遇之舉，其中可以說是具體而微的反映了滿族飲食文化。而在這一些品類繁多，又充滿清朝皇帝關愛眼神的御賜食品裡，滿族朋友最為看重的卻是「鹿尾」一項。「鹿尾」在滿語中寫作「buhū uncehen」，若是詳細分析說明，則「buhū」即為滿語中「鹿」的對譯，而「uncehen」則是滿語中「尾巴」之意。[10] 若透過中國第一歷史檔案館所藏《軍機處全宗》的記載，我們可以看到乾隆皇帝對於「鹿尾」一詞的滿語繕寫非常講究。像是乾隆二十五年十一月十五日，乾

---

7 參見：《中央研究院歷史語言研究所藏明清內閣大庫檔案》，文獻編號：020605-001，乾隆十九年十二月十五日，光祿寺為定限更替承辦豬雞差務行戶事。

8 相關討論可參考西方人類學者馬凌諾斯基（Bronislaw Kasper Malinowski, 1884-1942）的研究，參見：馬凌諾斯基著；梁永佳、李紹明譯，《西太平洋的航海者》（譯自：*Argonauts of the Western Pacific*），北京：華夏出版社，二〇〇二。

9 相關討論可參考：Natalie Zemon Davis, *The Gift in Sixteenth-Century France*, Madison: University of Wisconsin Press, 2000.

10 參見：安雙成主編，《漢滿大辭典》，瀋陽：遼寧民族出版社，二〇〇七，頁六五一、一〇八四—一〇八五。

隆皇帝在批閱吉林將軍的貢物清單時，特別指出「鹿尾」一詞繕寫錯誤，並交軍機大臣中飭此事。雖然滿文繕寫之際，在圈點筆劃上，略有一些手民之誤，若是置於數量龐大的清朝檔案文獻中，僅是小事一件，卻可以見到清朝皇帝對於「鹿尾」一物的重視程度。[11]所謂事不孤起，必有其鄰，乾隆皇帝之所以對「鹿尾」一詞的滿語繕寫錯誤，特別敏感與忌諱，其實背後也另有故事，並非只是單純事件，我們將在本章的最後一節，詳述箇中的原由。正所謂一砂一世界，每一種語言都像是一扇門，藉由滿語文獻的記載，我們看到了清朝政治文化的另一種不同的風貌。

實際上，「鹿尾」之所以被滿族文化所重視，或許是一隻鹿的身上，只有那一小截尾巴，所以顯得非常珍貴。當然，也有從傳統中醫的看法來立論，覺得「鹿尾」作為食物，特別有助壯實陽氣，對於身體大有補益效果，因此特別受到眾人的喜愛。但是隨著漸漸入關安定，滿族不再過著整日馬上騎射的狩獵生活。野生鹿隻的來源，也就逐漸成為問題，慢慢供應不上。但進補食用者眾多，產鹿地方的野生肉源供應卻有其限度，單單依靠皇家每次木蘭秋獮圍獵所捕得的鹿隻，即便再加上各處進貢的野鹿，整體數量也相當有限。若是套一句現代新聞媒體的行話來說，這其中便形成了一種肉品供應緊張的嚴峻情況。

另一方面，清朝檔案中也記載著自嘉慶年間以來，嘉慶皇帝屢有指示地方不必再進貢鹿隻、鹿肉。清朝皇帝往往體恤民間供應獵戶犯險捕捉的辛勞，所以不再由盛京、奉天、伊犁、烏魯木齊等地特貢。但是想當然爾，來自各地的進貢鹿隻一旦停止，新鮮鹿尾的來源也就更少了。物以稀為貴，越是少見的東西，越是珍貴，這是人世間千古不變的道理；新鮮鹿尾若沒有來自清朝皇家的賞賜，一般人怎可能有品嘗到的機會？離開了關外家鄉的京城滿族，在北京安家落戶之後，人丁家口逐年漸增，甚至到最後，就連日常飲食都不容易張羅，哪有多餘的銀錢，浪費花消在這一種高檔的天然野味上。

但是北京滿族人卻依然惦記著這個特殊的民族風味，而這種記憶裡的滋味，後來只能依靠京城巧手肉廚的創意發想，才有一飽口腹之欲與思鄉之情的機會。在京旗民所聚居內城中，幾家肉食鋪子想出了用昔日灌注肉腸的方式，雜混豬肉和辛香料，略加朱紅調色，便加工製成了「鹿尾兒」。最後，鋪子商家們再把「鹿尾兒」煮食處理之後，色、香、味俱全，而且就連造型也都像極了真鹿尾，但是所費不多，很是經濟實惠。雖然「鹿尾兒」和真鹿尾在價錢上天差地遠，卻是實實在在的庶民美食，可以讓京城旗人們藉此一解鄉愁。簡單來說，這也是為了適應北京城市生活的一種飲食轉變。所謂「假作真來，真亦假」，沒有真鹿尾的當下，卻有了這一道特殊菜式的發明。根據北京耆老的回憶，旗人在吃這一道加工肉品的時候，還有特別的講究。一家老老少少的，必定要一起來到什剎海等四野蒼茫的景致之中，方才開動食用，據說這樣才有在深山野林中品嘗鹿尾的特殊趣味。所以一些北京城中的

11 中國第一歷史檔案館，《軍機處全宗》，文獻編號：03-18-009-000028-0003-0094，乾隆二十五年十一月十五日，軍機大臣為申飭伊之貢單內清語鹿尾一詞繕寫錯誤事寄信吉林將軍。

老肉食鋪子，例如「天福號」、「福雲樓」等便曾在什剎海等處開設臨時攤子，讓定居在京城的滿族子弟可以在飲食之際，身處林野綠地之中，一邊飽食美味，一邊還可以回憶祖輩們在關外白山黑水間的馬上歲月，這或許也算是一種極為特別的飲食文化記憶。[12]

時至今日，例如河北省的易縣，以及東北一些滿族自治縣中，當地人則是把「蒸鹿尾兒」，略加一些藝術擺盤裝飾，改換形式，提升品質，進而成為地方特色與民族美食的代表。各地尋覓往日的飲食文化，作為一種活絡地方經濟的創收項目。「蒸鹿尾兒」成為滿族特色風味菜的一項，代表了老一輩人的口味與記憶。其實，若是換一個方式來想，這一道料理由鄉愁而來，爾後又回到了故鄉，最終成為一道充滿了滿族歷史文化的民族風情食品特產。

鹿尾氄毛繡荷包：乾隆帝與孝賢皇后的愛情故事

除了「鹿尾」入菜的民族飲食記憶，鹿尾上特有的「金黃氄毛」也是一項滿族文化情懷的寄託之物。身處白山黑水之間的昔日生活情景，讓進入關內的滿族視為其肇始起源的國之根本，不僅記載在史冊典籍，平時更會隨身佩戴紀念之物，寄託於鹿尾氄毛，時時懷念。孝賢皇后與乾隆皇帝之間的小故事，也與這鹿尾氄毛有關。正所謂睹物思人，念念不忘，人世之間必有迴響，鹿尾氄毛的故事要從一件題名為「清孝賢純皇后繡花卉火鐮荷包」的清宮舊藏文物談起。這一件清代皇后繡藝珍品，現藏於國立故宮博物院，並且不時展出。該件繡品在形式上係以靛藍緞縫成的荷包，色澤典雅，邊緣配飾為淺藍色布邊作襯，表面再簡單縫固，並使用類似平金繡，或是釘針繡的簡單針法，略以短線跨過銀黃色的鹿尾氄毛細線，繡成簡單花卉圖樣。[13]

此件手工刺繡荷包，長度為十三點二公分，寬為五點三公分，適合隨身佩用。繡品其上的銀鍍金扣飾，亦作花卉形，更顯雅致，出脫匠氣樣式，別具風情。繡工上針線距離均勻，針腳整齊。荷包裡盛放一個橢圓環形鋄鐵火鐮和二顆打火燧石。荷包上的繡線是孝賢皇后特別刻意用「鹿尾氄毛」取代金線，讓夫妻之間的家常談天，透過親手繡工，變成了一件既雅致又貼身的禮物。這一件精巧禮物中包含的第一層意思，是表示不忘關外祖先創業艱難，正所謂「吃果子，也要拜樹頭」，時時刻刻都需要「憶苦思甜」一下，做人做事才不會驕奢忘本。但是另一層的深刻涵義，則是夫妻情深，日常生活中一些貼心入微的觀察與體貼，便讓一份素雅的手作禮物，裡面寄託著妻子內心最溫柔的關懷。試問已經富有天下的清朝皇帝，什麼樣的奇珍異寶沒有見過，什麼樣的名貴禮物沒有收過？但就是這一件小小的荷包，讓功

12 相關記載可參見：王永斌著，《北京的商業街和老字號》，北京：北京燕山出版社，一九九九。尹慶民等編著，《北京的老字商號》，北京：光明日報出版社，二〇〇四。

13 「清孝賢純皇后繡花卉火鐮荷包」的藏品簡介，可參見「數位典藏與數位學習國家型科技計畫」的「數位典藏與學習聯合目錄」網站：https://catalog.digitalarchives.tw/item/00/33/0d/90.html。

清孝賢純皇后繡花卉火鐮荷包
（國立故宮博物院藏品）

業偉大的乾隆皇帝題詩詠嘆，睹物思人。

一件好的作品，必定也要有一份精美的文字說明，才能訴說完整的故事，走入人心，這一只荷包也不例外。這件孝賢皇后手工親繡的繡花荷包便與一紙乾隆御筆墨書的滿、漢文題記並列陳放在一只蒔繪金漆盒內。御筆漢文題記的內容如下：「朕讀皇祖《御製清文鑑》知我國初舊俗，有取鹿尾氄毛緣袖，以代金縲者，蓋彼時居關外，金線殊艱致也。去秋塞外較獵，偶憶此事，告之先皇后，皇后即製此燧囊以獻。今覽其物，曷勝悼愴，因成長句，以志遺徽。練裙繒服曾聞古，土壁葛燈莫忘前。共我同心思示儉，即茲知要允稱賢。鉤縚尚憶椒闈獻，縝緻空餘綵線連。何事頓悲成舊物，音塵滿眼淚潸然。乾隆戊辰清和既望。」除了漢文題記外，御筆滿文題記亦可用於對照漢文題記，兩種文字相互印證之下，可以提供更多有關此件精美繡品的細節與背景。像是漢文題記中提到的「鹿尾」一詞，滿語即譯作「buhū uncehen」，至於「鹿尾氄毛」則對譯為「buhū uncehen i uniyele」，「氄毛」的滿語寫為「uniyele」。[14]根據日本學者羽田亨《滿和辭典》收錄的「uniyele」條下所載，可以得知「氄毛」所指為鹿尾根部生長的五、六吋長黃毛。[15]至於滿文題記中寫到的「金縲」在此處對譯

14「清孝賢純皇后繡花卉火鐮荷包」的藏品簡介，參見「數位典藏與數位學習國家型科技計畫」的「數位典藏與學習聯合目錄」網站：https://catalog.digitalarchives.tw/item/00/33/0d/90.html。

15〔日〕羽田亨編，《滿和辭典》，臺北：學海出版社，一九七四，頁四五一。

為「aisin i tonggo」，也就是金線。[16]透過乾隆皇帝御筆滿漢文題記內容的比勘研究，我們得以對這一件精美的荷包繡品背後的歷史文化脈絡，有更深入的認識與理解。

若就御筆滿漢文題記內容敘述來看，這一件荷包即是皇后深深情意，又寄託了皇帝不忘根本，追念國初艱難，關外滿洲先民生活辛苦，金線得來不易，而用「鹿尾氄毛」取代金線作為衣服袖邊的先祖生活掌故。此外更是皇后身故之後，皇帝睹物思念的一份珍貴禮物。荷包表面的銘黃色線為鹿尾氄毛，用以替代荷包袖邊的金線，因此所用的繡法與一般釘壓金線的繡法相似，繡法簡易，應可確定出自孝賢皇后之手，而且針腳齊整，設色靈動，巧手慧心，可以說是一件針法嚴謹的繡品佳作。

雖然僅是一件小荷包，但其實背後卻有著極為動人的故事。經由多方綜合滿漢文記載與相關研究成果，我們便可以細究其詳細緣由。孝賢皇后親自手工繡製此件荷包，就是因為在乾隆十二年（一七四七）的時候，孝賢皇后聽聞乾隆皇帝轉述其秋獮後的內心感想，於是在心中便特別感念先輩在關外物力艱難的昔日掌故。因此，孝賢皇后親手為乾隆皇帝縫製，專門為儲放乾隆皇帝隨身火鐮用具所繡。若是大略推算一下製作時間，也就大約是孝賢皇后崩逝前一年完成的手工繡藝作品，可以說相當具有紀念意義。時至今日，即便人們對於愛情的觀念已經和古人大不相同，但是透過乾隆皇帝為此件荷包繡品御筆題記的文字，我們還是能夠感受到其內心的深厚情感。

事實上，「鹿尾氄毛」雖非黃金揉製的金線，但也並非平凡之物。畢竟野生鹿隻的數量有限，鹿尾根部的黃色氄毛也就更顯珍貴。因為，即便是一只荷包繡品，上面所用的鹿尾氄毛，應該也要積累多隻鹿尾才能備齊，而且黃色又是皇家天子服色，別有特殊的政治文化意義。或許，我們可以說這一份禮物珍貴華麗，配色高雅，而且又不落於奢華俗套，送禮送到了人的心裡，這才是宮廷文化之中最讓人感動，而又最讓人難忘的愛情信物吧。至於這一件精美繡品的創作者孝賢皇后富察氏（一七一二—一七四八），她的人生際遇，也與這一件精美藏品相互般配。雍正五年（一七二七）孝賢皇后與當時仍為皇子的乾隆皇帝成婚，並且被冊封為福晉。乾隆二年十二月初五日，正式將「嫡妃富察氏」冊立為皇后。[17]其後的乾隆十三年，孝賢皇后隨同乾隆皇帝東巡。同年三月初十一日，皇后逝於山東德州，享年三十七歲。

孝賢皇后突然辭世，對於乾隆皇帝可以說是相當沉重的打擊，據《清高宗實錄》的記載，乾隆皇帝在孝賢皇后身故之後，曾經賦作皇后輓詩，詩句中有「聖慈深憶孝，宮壺盡稱賢」。乾隆皇帝更在乾隆十三年三月二十二日的上諭中，提及孝、賢二字嘉名，實為皇后一生之淑德的寫照，諭命封諡為「孝賢皇后」，可見思念甚深。[18]乾隆皇帝心中悲痛至極，言行舉止甚至略有失態，像是同日的上諭中提及大阿哥永璜（一七二八—一七五〇）遇到孝賢

16〔日〕羽田亨編，《滿和辭典》，臺北：學海出版社，一九七四，頁四二八。
17 參見：《清高宗純皇帝實錄》，卷五八，頁九四一 a，乾隆二年十二月初五日戊子條。
18 參見：《清高宗純皇帝實錄》，卷三一一，頁八八 b，乾隆十三年三月二十二日丙午條。

皇后崩逝大事，竟然茫然無措。而且指出永璜在迎喪之時在禮儀孝道上頗有未能克盡之處，因此切責訓飭。除此之外，乾隆皇帝還因此事究責皇子阿哥們的師傅諳達們，各有罰食俸三年，或罰俸一年的處罰。[19]甚至在皇后辭世的十多年後，我們還能看到吉林將軍在貢單中不小心將「鹿尾」一詞的滿語繕寫錯誤，乾隆皇帝在閱看貢單之時，依然敏感忌諱，特別申飭其行。[20]平心而論，乾隆皇帝各種反常的言行舉止，雖在情理之外，卻是他與孝賢皇后兩人之間，夫妻情深的最佳印證。

大致上來說，清代時人對於孝賢皇后的評價甚佳，認為孝賢皇后個性節儉，生活簡約，服飾不尚華麗：「性節儉，平居冠通草線絨花，不御珠翠。」此一件荷包又是皇后仿造滿族先世關外之制，寓有不忘本的良德美意，配色高雅，而且充滿創意。孝賢皇后勤勞恭儉的美德，而且體貼入微的人格特質，可以說充分展現在這件精美繡品之中。此外，我們在清郎世寧〈親蠶圖〉中，也可以見到孝賢皇后的肖像。整體來說，清高宗與皇后的情感深切。乾隆皇帝的御製詩集中經常有懷想追憶孝賢皇后的詩句文字。[21]

除此之外，上述御筆漢文題記落款的時間，屬為「乾隆戊辰清和既望」，既望之日，雖是指農曆小月十六日，但在古人用詞之中，也可指十四、十五日，或是二十三、二十四日。這一部分則可以利用御筆滿文題記中寫明的確切數字，以滿文日期來進一步釐訂清楚。此處的「既望」之日，即為乾隆十三年四月十六日，此時距離孝賢皇后逝世已經有一個多月。乾隆皇帝在內心依然極為悲傷的時刻，特別為這一件手繡荷包御題文字，以為誌記。詳細比勘之下，若據御題滿漢題記的文字描述，並且配合儲放此件荷包的木質匣盒上所刻清朝臣工所書恭賦文字的內容，我們可以確知這一篇滿漢文題記應該是乾隆皇帝在覽物思人的當下所書，並且還撰有詩文長句以為紀念。若是細細讀來，漢滿並列的御撰詩文字句可以說是情意真切，悲痛萬分，而且思念甚深。乾隆皇帝御撰長句詩文的最後一句，「音塵滿眼淚潸然」的滿語對譯轉寫如下：

arbun	mudan	be	sabure	gese	yasa i muke	sar seme	tuhebuhe
容貌	聲音	把	看了	相似	眼淚	兩眼淚流	掉下淚

乾隆皇帝御撰滿文詩句的具體意思，即是「看到了相似的容貌聲音，兩眼淚流，掉下淚來」，滿文用語樸素，但卻情感真誠，直訴內心的深刻思念。乾隆皇帝懷念孝賢皇后的滿文詩句，字裡行間，情真意切，讀來讓人感動萬分。

---

19 參見：《清高宗純皇帝實錄》，卷三一一，頁八八b，乾隆十三年三月二十二日丙午條。

20 中國第一歷史檔案館，《軍機處全宗》，文獻編號：03-18-009-000028-0003-0094，乾隆二十五年十一月十五日，軍機大臣為申飭伊之貢單內清語鹿尾一詞繕寫錯誤事寄信吉林將軍。

21 相關討論可參見：嵇若昕，〈清代的荷包與火鐮荷包——兼談「清史稿」中有關孝賢純皇后的記載〉，《故宮文物月刊》（臺北，一九九〇），第八卷，第九期，頁四。

＊延伸閱讀：

1. 定宜莊，《老北京人的口述歷史》，北京：中國社會科學出版社，二〇〇九。
2. 定宜莊，《滿漢文化交流史話》，北京：社會科學文獻出版社，二〇一一。
3. 〔清〕昭槤，《嘯亭雜錄》，臺北：新興書局，一九七九。
4. 嵇若昕，〈清代的荷包與火鐮荷包——兼談「清史稿」中有關孝賢純皇后的記載〉，《故宮文物月刊》（臺北，一九九〇），第八卷，第九期，頁四。
5. 張勉治（Michael G. Chang）著；董建中譯，《馬背上的朝廷：巡幸與清朝統治的建構（一六八〇—一七八五）》（譯自：*A Court on Horseback: Imperial Touring and the Construction of Qing Rule, 1680-1785*），南京：江蘇人民出版社，二〇一九。
6. 劉小萌，《清代北京旗人社會》，北京：中國社會科學出版社，二〇〇八。

第八章

西域遠人來獻獅

外國使臣進呈皇帝的特殊禮物

獅子不僅是一種尊貴的動物，萬獸之王，威儀萬千的神采姿態，讓人印象深刻，因此獅子也是明清宮廷文化中常見的王權象徵。回顧歷史長河，獅子作為西域貢物被引入中國，最早是在漢章帝章和元年（西元八七年），這件事在《後漢書》中有留下紀錄。時間稍晚，唐代也有文獻紀錄，我們可據《冊府元龜》〈外臣部朝貢〉的記載，略窺一二。略加整理一下，可以看到由唐玄宗開元十五年，以及開元十七年，兩次接受九姓胡（也就是粟特人為主的胡人社群，以善於商業買賣在唐代聞名）的貢獅開始，此後在長達十六個世紀之久的時光歲月裡，西域貢獅主要是以陸路運輸為主，行走的是西域絲路的路線。相較而言，透過海運路線來進貢獅子，則較為罕見，可以說是貢獅活動的主要特色。[1]

近年來有關西域貢獅的研究頗有突破，像是結合圖像史料進行綜合分析的相關研究成果。例如英國倫敦大學藝術史學者韋陀教授（Prof. Roderick Whitfield）曾在二〇一二年，以「明代宮廷的畫馬與畫獅」（Paintings of Horses and Lions at the Ming Court）為題發表過研究成果。韋陀教授主要聚焦於明代貢物中的「獅子」及畫作形象，進行分析討論。[2]其後，中研院近代史研究所賴毓芝副研究員在二〇一三年發表的〈明人畫狻猊圖考〉，對於現存各種明人所畫「狻猊圖」進行考證，並初步介紹與討論明代貢獅史事。[3]這些研究各有不同取徑，呈現出豐富多元的歷史意象。以下，我們將聚焦在西域貢獅一事上，先由古代中西交流中的異國想像出發，進而接觸近代學人研究中對他者文化的若干議論。並再由明清時期對於西域貢獅入手，接著進一步討論圍繞著獅子而產生的諸多議論，以及由此而衍生的中西文化交流現象。[4]首先，我們將先由清代文人筆記中的獅子形象展開探索，由文學的抽象角度，漸漸回溯至明代政治史、明廷與帖木兒汗國、吐魯蕃，以及西域諸國的互動關係，進而擴及中西交流史的介紹與討論。

「獅子」：一個字詞在歷史語言的文化追索

如果從語言上來分析「獅子」一詞，本身就是一個極為有趣的故事。根據加拿大歷史語言學者蒲立本（E. G. Pulleyblank, 1922-2013）的研究，他認為其中的「子」不可能是現代漢語名詞的詞尾，因此在早期的文字中「師子」總是作為一個不可分的詞，而「獅」則是很晚才單獨使用。蒲氏此處談的是歷史語言學中的語音變化問題，但這一位歷史語言學專家卻指

1 參見：蔡鴻生，《唐代九姓胡與突厥文化》，北京：中華書局，一九九八，頁一九七。

2 韋陀教授（Prof. Roderick Whitfield），「明代宮廷的畫馬與畫獅」（Paintings of Horses and Lions at the Ming Court），臺北：國立臺灣大學藝術史研究所主辦，演講舉辦日期：二〇一二年十二月二十一日。演講影片網址：http://speech.ntu.edu.tw/sng/ci/index.php?c=User&m=vod_search&srh_PID=8&film_sn=1901&show=1&s_key=Y，檢索日期：二〇一九年八月十三日。

3 賴毓芝，〈明人畫狻猊圖考〉，《故宮文物月刊》第三五九期（臺北，二〇一三），頁四六—五九。

4 參見：蔡鴻生，《唐代九姓胡與突厥文化》，北京：中華書局，一九九八，頁一九七。

出了一個極有趣的想法。「師子」（獅子）作為一個外來詞，不僅其來有自，並且還與西域文明大有關係。[5]回顧歷代文獻，「貢獅」的傳統歷時久遠，最早可追溯至漢唐，至清康熙十七年葡萄牙最後一次貢獅為止，時間跨距歷經十六個世紀之久。

另一方面，獅子的形象在中西文化交流的過程中，也曾經出現過藝術表演上的特殊轉化，進而成為唐代舞蹈藝術創作的重要元素之一。據《新唐書》、《通典》可知，唐代時曾有「五方獅子舞」的表演藝術，時人又稱之為「太平舞」。據《通典》所載：「太平樂，亦謂之五方師子舞。師子摯獸，出於西南夷天竺、師子等國。綴毛為衣，象其俛仰馴狎之容，二人持繩拂，為習弄之狀。五師子各依其方色，百四十人歌太平樂，舞抃以從之，服飾皆作崑崙象。」[6]就其表演形式而言，可以說是日後民間舞獅表演的原始雛形。

但自西元十五世紀以來的西域貢獅之事，往往受限於文獻材料，以及當時記載的錯誤與後人誤解，導致相關史事隱晦難顯，曲折不明，讓人覺得有如陷入五里迷霧之中。例如美國哈佛大學傅禮初教授（Joseph F. Fletcher, 1934-1984）雖然曾在討論明朝與中亞諸國往來關係時，就西域諸國貢獅一事，對法國耶穌會傳教士錢德明（Joseph Marie Amiot, 1718-1793）的若干記載，提出考證商榷。傅禮初教授引用《明史》所記載貢獅事例，認為錢德明在書中所論成化二十三年的西域貢獅，西元應作一四八七年，而非錢德明文中所述的一四八二年。傅禮初於文中腳注曾經提及錢德明所譯史事之底本，形式仍為手稿，傅禮初文中所指，應該是《明實錄》、《殊域周咨錄》等文獻。

然而，若是利用《明實錄》的相關史料，那麼所謂的西域貢獅事件，仍然在時間上有所出入，應當在成化十九年。當時撒馬兒罕使臣怕六灣已經在成化二十二年由海道返國，所以使臣怕六灣欲赴痲六甲買貢獅事，應在成化二十一年五月前後，才符合中文史料文獻的記載。另外，透過《明實錄》、明人文集等中文史料來進行更進一步的推理，那麼傅禮初與錢德明兩人所本，其實皆有疑誤之處。這一些文獻上的誤解，正好讓讀者們得以知曉考證中外交流歷史事實的難度所在。但是無論如何，來自千里之外的西域貢獅，的確隨著域外使臣們來到了北京城，而且這一段旅程之中有著極為曲折的故事，尚待世人細細品味。

清代筆記與檔案中的獅子形象

清代著名文人紀曉嵐曾在《閱微草堂筆記》裡詳細描述了一段有關「獅子」的掌故舊聞，文字內容相當生動活潑，引人入勝。他寫道康熙十四年的時候，西洋國家進貢獻獅，

---

5 根據加拿大學者蒲立本（E.G. Pulleyblank）的研究，「師子」的中古語音構擬為：「ʂii-tsiə」，可能代表吐火羅語A的 ṣecake 和吐火羅語B的 śiśäk……「子」不可能是現代漢語名詞的詞尾。參見：〔加〕蒲立本（E.G. Pulleyblank）著，潘悟雲、徐文堪譯，《上古漢語的輔音系統》（譯自：*The Consonantal System of Old Chinese*），北京：中華書局，一九九九，頁六六、九四、一四二。

6 〔唐〕杜佑撰，王文錦等點校，《通典》，北京：中華書局，一九八八，〈坐立部伎〉，頁三七一八。

朝廷中的前輩們多有賦詩題詠，但是這隻獅子不久就逃逸了。特別是這一隻獅子奔跑的速度非常驚人，巳時才脫開鎖鏈，午時就已經逃出嘉峪關了。據說聖祖南巡的時候，經由衛河回鑾，當時還用御船載運過這隻獅子。據紀曉嵐的外祖母曹太夫人的回憶，她說自己曾經在「度帆樓」的窗隙裡看過獅子，身形類似黃犬，尾巴如同老虎一般而稍長；臉型渾圓如人面，沒有像其他野獸一般的尖削狹小。這隻獅子被繫在船頭的將軍柱上，旁邊還另外綁縛了一隻豬作為飼料。當在岸邊的時候，猶自發出號叫之聲。當解開繩纜的時候，獅子忽然發出一聲震吼，就好像是無數的銅鉦突然合擊一般。外祖父家中的十多匹馬，全都害怕戰慄，趴伏於馬房裡面。就連御船離去了，這些受驚的馬兒仍然不敢移動半分，自此相信獅子果然為萬獸之王。據說貢獅剛到之時，吏部侍郎阿公禮曾經繪有圖畫，特別誌紀此事，筆意精妙。後來此圖又輾轉售給了紀曉嵐，紀氏因為聽聞元代曾有獻獅事，遂將此畫題作〈元人獅子真形圖〉。[7]

這一段文字中，紀氏筆下所描寫的「獅子」已經帶有相當程度的文學想像，可以說是對於康熙朝的西洋獻貢獅子，出現了一種傳說故事性的描寫，混合著對於域外風俗的誌異筆調。若進一步分析清人對於「獅子」的概念，類似的說法並不少見。清人筆下有時的確是用「黃犬」來形容「獅子」，例如說「獅子」面圓如人，讓人多少覺得有一點漫畫隨筆作品般的抽象與概念性的形容。[8]

相較之下，清朝檔案則是從物質文化的層面，提供了一個有趣的案例，讓我們可以觀察到清人對於「獅子」的看法與感受。《中央研究院歷史語言研究所藏明清內閣大庫檔案》裡，也有一條與北京石獅子有關的史料。該檔冊為順治十三年一月二十六日，刑部尚書圖海（？—一六八一）在所奏題本中提及了一件在京城天安門發生的重點文物破壞案。內閣大庫檔案文獻中記載，刑部尚書圖海題報審得管四被挾詐一案，管四並不告官，反而用斧頭將天安門前的石獅子打壞。圖海為救民命，但是經查律例之中並無正條，可以依律處刑。最後，管四只能依照「在長安左右門等處自刎自縊撒潑喧呼者，拏送法司，從重問擬之例」的法條，擬以「絞監候」的處罰，並於秋後處決。[9]

由此可見，這起發生在京城的特殊案件並不只是一件小老百姓打壞皇家物事的單純事件而已。我們在事件之中也可以看到石獅子象徵著帝王的權威，不可任由小民肆意破壞。即便是「律無正條」，但是清廷對於這類事件卻是從重處理，天安門前的石獅子畢竟是皇家威儀

7〔清〕紀曉嵐，《閱微草堂筆記》，臺北：新興書局，一九七九，卷十，〈如是我聞四〉，頁三〇a—b。

8 紀氏此處所記應為澳門葡萄牙當局於康熙十七年，專門派遣特使遠赴北京貢獅之舉。此行為葡萄牙精心策劃的行動，以投合康熙皇帝雅好狩獵與擁有獅子的願望。參見：韋慶遠，《澳門史論稿》，廣州：廣東人民出版社，二〇〇五，頁六〇—六一。

9 參見：《中央研究院歷史語言研究所藏明清內閣大庫檔案》，文獻編號：088752，順治十三年一月二十六日，題報審得管四被挾詐一案不告官反將天安門前獅子打壞查律無正條惟依在長安左右門等處自刎自縊撒潑喧呼者從重問擬之例擬絞監候秋決。

清人〈狻猊圖〉
（國立故宮博物院藏品）

的象徵之物，豈能容人任意打壞。這一個案例呼應了各種關於獅子形象的記載，是否歷代文士們真的沒有對「獅子」建立一個具體的了解，因而往往只是用自己的想像建築著中國式的吉祥圖樣呢？這個問題不單只是有關「獅子」的文化想像，其實也呈現了一個明清政治文化史的問題。

獅子的形象與西域貢獅的故事

一件事總是有許多面向，豐富而多元的文化意象，交錯在虛實之間。具體實物可以說是其中一個方面，符號化、象徵化的文化符號，則是一種不同的面向。事實上，明朝官方對於「獅子」這一類來自域外的祥瑞與政治圖騰，究竟有什麼樣的想法，而政治文化之中是不是真的認識到什麼是「獅子」，這比較接近抽象概念如何發生轉化的宏觀層次分析。此外，明代官員們在面對西域各國貢獻「獅子」一事，究竟有什麼樣的議論、反應與表現，則是屬於政治實務的實踐層面。由於這是來自域外貢獅所引發的文化衝突，因此事件之中便反映出一些最內在、最本質的明代政治文化內涵。畢竟，對於明代朝廷而言，「獅子」並非只是自然世界中的珍奇動物而已，同時也是政治權力的威儀象徵。甚至連器物服飾之中，明朝官方對於「獅子」的圖像紋飾，也做出了許多規定。

明太祖朱元璋（一三二八－一三九八）最初詔命中書省，必須申禁民間不得使用有「獅子」圖樣的器物服飾，舊有者也必須在百日之間銷毀。稍後，明廷更詳細規定「獅子」為一品、二品武官專用的紋繡圖樣，至此「獅子」象徵了明朝的紋飾圖騰之一，而有了特定的政治文化涵義。除了圖像之外，明代各種朝貢活動中，滿剌加、撒馬兒罕、魯米番等國進貢獅子，可以說塑造了外邦進貢的祥瑞吉獸與明朝官員之間進一步連結的特殊機會。透過明代士人對於西域的詩文記載，我們更能發現有關西域諸國的記述與獅子形象的描寫，往往相互關聯。[10]但隨著彼此的接觸互動，明朝官員們原本由於對獅子的誤解所產生的美感與神祕，也就在一次接著一次的西域貢獅活動中，隨著認識加深，而漸漸有了讓人意想不到的變化。

透過德國波昂大學廉亞明教授（Prof. Dr. Ralph Kauz）的研究，以及明代中西交流的歷史文獻，我們得以由「忽魯謨斯」（Hormuz），以及中亞國家的眼光，詳細看到了遠方使者們如何經過漫長旅途，經由絲路來到明代中國的北京。這一些使節團帶著遠方君主的禮物來到北京安定門附近的「會同北館」，以及崇文門附近的「會同南館」。根據紀昀《歷代職官表》卷十一〈禮部會同四譯館〉的記載：「前代客館，典客、諸令丞皆以接待人使為重。」因此，文獻裡所謂的「會同館」，簡單來說也就是明朝官方提供給外國使節們在北京暫時居住的驛站客館。[11]明朝會同館的負責官員會向這些中亞使臣提供酒、肉、蔬菜等食物，並且安排供應其日常所需的各種需求。由於對波斯灣一帶，中亞以及西域各國而言，明朝的北京不僅是政治中樞，同時也是國際性的重要商貿大城，行旅客商，南來北往，因此各國使團與隨行商人們便可在北京進行各種貿易活動。

隨著交流日益頻繁，各國使節與商人們開始逐漸習慣北京的食衣住行，還有一些人喜歡上了北京的生活，甚至還在明朝謀得錦衣衛官職，想辦法定居下來。透過學者們的研究，我們可以看到這些來自波斯灣一帶，以及中亞諸國的使節商團不只帶來了遠方異國君王的訊息，同時也帶來了來自當地的特產與禮物，「獅子」正是其中的一種珍貴物事，既是帝王尊貴的象徵，同時也是一份試圖結交朋友，互惠通商的珍寶貢禮。[12]

明代西域諸國獻獅的相關史料，散見各處，但是略加整理，我們還是可以觀察到當時朝廷內外處理態度的各種面向。例如《明太宗實錄》便詳細記載了西域哈烈城（即今日阿富汗同名省會赫拉特市〔Herat〕一帶）的領袖沙哈魯氏（一四〇四－一四四七在位）進貢獻獅的事蹟。沙哈魯氏於永樂十三年（一四一五），第一次向明朝朝貢獅子。[13] 明朝官方在應對這件涉外事件上，採取的是接納遠人來獻的正面態度。永樂朝的大臣們向皇帝稱賀祝慶，而且朝臣多半認為西域貢獅代表了「聖德遠及」的盛世氣象。[14] 明代士人對此一事件的記載頗

---

10 明人沈德符曾在描寫西域諸國時，特別提到的獅子習性，參見：〔明〕沈德符，《萬曆野獲編》，卷三十，〈西域記〉。

11〔清〕紀昀等撰，《歷代職官表》，上海：上海古籍出版社，一九八九，卷十一，〈禮部會同四譯館〉。

12 廉亞明教授（Prof. Dr. Ralph Kauz）的研究，可參見：〔德〕廉亞明教授（Prof. Dr. Ralph Kauz）、〔德〕葡萄鬼（Rodrich Ptak）著，姚繼德翻譯，《元明文獻中的忽魯謨斯》，銀川：寧夏人民出版社，二〇〇七。

13〔明〕楊士奇等撰，《明太宗實錄》，臺北：中央研究院歷史語言研究所校印本，一九六六，卷一六八，頁一八七一，永樂十三年九月十四日戊申條。

多，像是金善（一三六八—一四三一）便在《金文靖公集》卷六〈師子賦〉中寫道：「永樂十有三年九月丙申，西域遣使以師子來貢。乃自月窟逾昆侖，越大漠，歷數十萬里，隨使者以達于闕下。」[15]另外，梁潛（一三六六—一四一八）也曾經在《泊庵集》卷一〈西域獻獅子賦〉對於獻獅一事有所記載，他寫道：「永樂十三年秋九月，西域以獅子來獻」[16]；「爾乃道西極，騰瑤池，踰蔥嶺，涉月氏，東望扶桑，獻之京畿。」[17]兩者都概略記述了西域貢獅一事。

但是永樂皇帝朱棣（一三六〇—一四二四）卻有不同的想法，他的主張明顯與大臣們的意見相左。永樂帝認為上古三代賢君帝王們並不看重這些吉兆之事。反是一些敗身喪邦的亡國之君，例如隋煬帝、元順帝等人，往往大書特書祥瑞四出，但這卻恰恰是亡國之兆，這一些事情都是史有明鑑。透過史料，我們可以看到明朝皇帝與朝臣的詳細對話，可以說作為「獅子」一物在明代政治場域中的登場序言，而且頗有一種弔詭的預言效果。自此之後，獅子到底是「祥瑞」之物，還是一種「禍端」的爭議，在明朝宮廷中不斷的發酵。而其中正面、反面的諸多意見，恰恰為十五至十六世紀以來的明朝與中亞諸國的動物外交，寫下一頁頁讓人回味再三的史事記錄。

西域各國對於明朝的貢獅活動，可以說一再引發了朝臣的議論。由永樂十三年開始，其後永樂十七年[18]、正統四年、成化十九年、弘治二年、嘉靖三年[19]、嘉靖五年[20]、嘉靖六年[21]、嘉靖四十三年[22]，都有滿剌加（麻六甲）、撒馬兒罕、魯米番進貢獅子的記載。然而，獅子究竟如何由「祥瑞」演變成為「禍端」，則要從憲宗朝發生的使臣獻獅事件開始談起。

從「吉兆祥瑞」到「包藏禍端」的微妙轉變

《明憲宗實錄》詳細記載了「獅子」由祥瑞吉獸，轉變成為明朝政府沉重負擔的一連串

---

14 （明）陳誠，《陳竹山先生文集》，收於《四庫全書存目叢書》，臺南縣：莊嚴文化事業，據江西省圖書館藏清雍正七年（一七二九）刻本景印，一九九七，冊二六，卷一，〈獅子賦〉，頁二三四a—二三四b。

15 （明）金善，《金文靖公集》，臺北：文海出版社，景印國立中央圖書館藏成化四年新淦金氏家刊本，一九七〇，頁三七四a—b。

16 （明）梁潛，《泊庵集》，收於《景印文淵閣四庫全書》，臺北：臺灣商務印書館，據國立故宮博物院藏本影印，一九八三，冊一二三七，卷一，頁一九b—二〇a。

17 （明）梁潛，《泊庵集》，卷一，頁一九b—二〇a。

18 （清）張廷玉等撰，《明史》，臺北：臺灣中華書局，一九七一，〈列傳〉，卷三三二，〈亦思弗罕傳〉，頁八六一六。

19 （明）談遷，《國榷》，北京：中華書局，一九五八，世宗嘉靖三年四月戊午條，頁三三〇〇。

20 （明）袁袠，《胥臺集》，收於《北京圖書館古籍珍本叢刊》，北京：書目文獻出版社（影印萬曆刊本），卷五，〈觀魯迷所貢獅子歌〉，頁五七〇a—五七〇b。

21 《明世宗實錄》，臺北：中央研究院歷史語言研究所校印本，一九六一，卷七二，頁一六四一，嘉靖六年正月二十九日丁未條。

22 參見：向達校注本，《中外交通史籍叢刊》，北京：中華書局，一九八一，頁八六一六、頁八六二六、八六二七。

微妙變化。成化十九年四月初十一日，撒馬兒罕使臣特來獻獅。[23]這原是遠人來獻的美事一件，但是撒馬兒罕（即是今日的Samarkand）的國君，也就是「鎖魯檀阿黑麻汗」（Sultan Ahmad ibn Abu Sa'id Timurid, 1469-1494）派往明朝的使臣「怕六灣」（亦寫作「怕六灣・馬哈麻」）卻是別有要求。怕六灣提出明朝官方賞賜必須如同永樂年間一般，提高此次貢獅的恩賞。後來，禮部官員對於使臣怕六灣的要求，做出了依照正統四年的標準給賞的決定。這次撒馬兒罕貢獅事件在明憲宗、禮部，以及使臣怕六灣的三方角力下，禮部最後決定以「正賞之外，加賜表裡」的方案來處理。[24]經由使臣怕六灣的努力之下，明廷對於西域貢獅的賞例略有更改，在正統年間的賞例之外，另外加賞彩緞五表裡，總計增加至十三表裡。《明憲宗實錄》記載了各方爭執的詳細經過，而此次貢獅賞例的數目也因此詳載於《明會典》之中。[25]

使臣怕六灣雖然得到額外賞賜，但是明廷朝臣卻漸漸對貢獅之事有了反感。例如職方郎中陸容就曾經進言朝廷不宜再接受貢獅，他主張：「此無用之物，在郊廟不可為犧牲，在乘輿不可被驂服，宜勿受。」[26]另外，《咸賓錄》卷三〈撒馬兒罕〉條下也有記載，特別提及陸容與禮部官員周洪謨的建言，兩人都認為朝廷不應接受貢獅，周洪謨更主張不宜由官員出迎撒馬兒罕來使。[27]此外，若據明人吳寬（一四三五—一五〇四）《匏翁家藏集》中所收錄的〈陸容墓碑銘〉，我們還可以從墓誌銘中看到陸容奏疏的具體內容，他認為朝廷若是往迎獻獅，從此將會貽笑天下後世。[28]

但是外邦貢獅之舉，其實並沒有從此作罷。此後，撒馬兒罕的鎖魯檀阿黑麻汗漸漸明白朝貢貿易的利益所在。阿黑麻汗在孝宗朝時進一步與「滿剌加」合作，藉由水路，以海運進貢，試圖從廣東上岸進貢獅子等奇獸。《明孝宗實錄》記載，弘治二年（一四八九年）十一月，撒馬兒罕阿黑麻汗派遣使節從滿剌加國出發，經由海路進貢獅子、鸚鵡等物至廣州，兩廣總鎮等官具奏以聞。[29]撒馬兒罕使臣罕紮呼遜（生卒年不詳）經由滿剌加國前來進貢，使

23《明憲宗實錄》，臺北：中央研究院歷史語言研究所一九六二年影印本，卷二三九，頁三，成化十九年四月十一日癸酉條。

24《明憲宗實錄》，臺北：中央研究院歷史語言研究所一九六二年影印本，卷二四五，頁四，成化十九年十月十九日戊寅條。

25 參見：〔明〕徐溥等奉敕撰、李東陽等重修，《明會典》，收於《景印文淵閣四庫全書》，臺北：臺灣商務印書館，一九八三，冊六一七，卷一二〇，頁九二七。

26《明史．西域傳》對此事有詳細記載，參見：〔清〕張廷玉等，《明史》，北京：中華書局，一九七四，頁八六〇〇。

27 參見：〔明〕羅日褧著，余思黎點校本，《咸賓錄》，北京：中華書局，一九八三，收於《中外交通史籍叢刊》，卷三，〈撒馬兒罕〉，頁七三。

28〔明〕吳寬，《匏翁家藏集》，《四部叢刊初編》，上海：上海書店，據上海涵芬樓景印明正德刊本景印，一九八九，卷七六，〈陸容墓碑銘〉，頁四b—五a。

29 參見：《明孝宗實錄》，臺北：中央研究院歷史語言研究所一九六二年影印本，卷三二，頁四，弘治二年十一月十八日壬申條。《明史》，卷三二九，〈土魯番傳〉，頁八六一五、八六〇〇、八五三二。《明史》，卷一八三，〈周經傳〉，頁四八五八。

臣到廣州後，太監韋眷（成化弘治年間人士，生卒年不詳）等人將獅子、鸚鵡等貢物支給官錢，專門買辦餵養飼料，並且特別差人報送至京城。貢物至京後，明孝宗指示禮部研究如何處理。[30]稍晚，明孝宗雖然以「不由舊路而來」為由，回絕撒馬兒罕此次的進貢，但是獅子還是不斷的透過外國使節，一隻隻被送進北京的皇城廟堂之上。

但是明朝眾臣在處理態度上有了重大的轉變，孝宗朝的大臣們也不再稱賀祝慶，朝臣們開始對獅子有了反感的負面看法。貢獅未達京城，是以往未曾有過的大事。當時侍講學士李東陽（？－一五一六）曾寫有〈卻貢獅詩〉誌紀此事：「萬里狻猊初卻貢，一時台省共騰歡。」[31]李東陽可以說是運用詩句，表達其反對貢獅的態度。除此之外，廣東布政使陳選（一四二九－一四八六）也對撒馬兒罕經由海道進貢獅子之事有所進言，他認為「不可貴異物」，若是因此而為撒馬兒罕胡商開通海上道路，將會「貽笑安南諸夷」，有損國家顏面。[32]禮部左侍郎倪岳（？－一五〇一）也持反對立場，他寫道「伏望皇上念生民財力之艱難，察夷人詭冒之奸計」，「阻其使臣，盡卻所貢」。[33]倪岳在〈止夷貢〉疏文中詳述反對的理由，倪氏認為南海非西域貢道，奏請朝廷拒絕所貢。倪氏列舉的理由是：其一，獅子乃是無用之物，於內既非「殿庭之美觀」，對外則非「軍伍之可用」，並且花費甚多。其二，若是收下此物，說不定會引起夷人窺伺之心，若是各方使臣仿效，而且又無勘合、印信的情況下，朝廷必定無法辨其真偽。另外，使臣們既從陸路，又從海道，糜費財幣，終無窮已，而有違「聖德恭儉」之名。其三，前次使臣怕六灣貢獅一事，雖然多給厚賞，卻是撒馬兒罕心無厭足，而且「夷使奸黠」，貪得無厭之下，沿途騷擾太多，造成官民困擾。[34]雖然明廷諸臣中不乏持反對意見者，但自此之後，撒馬兒罕、吐魯番等國仍然接連進貢獅子。明朝官員們對此極為反對，接連提出相關見解。監察御史陳瑤認為不該讓所有的進貢使節入京朝賀，「獅子」更不該運送至京，應和其餘隨從人員一體飭回。禮科左給事中韓科則認為獅子等物，花費甚多，並無益處。幾經考慮，明孝宗還是諭令將獅子送到北京，但也自此惹出了更多的風波。「貢獅」開始成了無用之物，明朝官員們嚴厲批評這一種「動物外交」在朝貢貿易中所呈現的可笑與無益。[35]

相較於官員們，孝宗皇帝對於獅子則有許多好感。弘治三年（一四九〇），迤西速壇阿

30 參見：《明孝宗實錄》卷三二，頁四，弘治二年十一月十八日壬申條。〔明〕倪岳，《青谿漫稿》，收於《四庫明人文集叢刊》，上海：上海古籍出版社，一九九一，卷十三，〈止夷貢〉，頁一四五—一四八。

31 〔明〕李東陽，《懷麓堂集》，收於《景印文淵閣四庫全書》，第一二五〇冊，卷十七，頁一七八a—一七八b。

32 參見：林遠輝，張應龍，《中文古籍中的馬來西亞資料匯編》，吉隆坡：馬來西亞中華大會堂總會，一九九八，《西夷志》，卷三，〈撒馬兒罕〉，頁一四四。

33 〔明〕倪岳，《青谿漫稿》，收於《四庫明人文集叢刊》，上海：上海古籍出版社，一九九一，卷十三，〈止夷貢〉，頁一四五—一四八。

34 〔明〕倪岳，《青谿漫稿》，收於《四庫明人文集叢刊》，上海：上海古籍出版社，一九九一，卷十三，〈止夷貢〉，頁一四五—一四八。

35 《明孝宗實錄》，卷三七，頁七九八，弘治三年四月二十五日丁未條。

黑麻汗（Ahmad Alaq, ?-1503）[36]派遣使臣至京師貢獅子方物，並具奏稱願獻還哈密城池以及金印，試圖以此來贖回前次被明朝拘留的使者。阿黑麻汗並向明廷乞遣使者，以便兩國通好。[37]該年秋季，明孝宗即召各番使，進入大內一起觀看「戲獅子」，同時更提出要興建皇家動物園「獅子房」的想法。就在此時，歷任成化、弘治兩朝大學士的內閣首輔劉吉（一四二七－一四九三，正統十三年〔一四四八〕進士）對此頗為不滿，他主張：「戎狄豺狼非我族類，其心必異。」[38]劉吉更認為迤西速壇阿黑麻汗進貢「獅子」一事並不單純，雖然名義是朝貢，但是在心態上卻可能是黃鼠狼給雞拜年，沒安好心眼。劉吉更詳細說明阿黑麻汗諸多不臣之舉，而該國使臣來到京城，「誇耀而出」，各種舉止可以說讓京城有識之士，無不感到寒心。貢獅並不合於明朝祖宗成法，劉氏主張不應該為了「奇獸之玩」，而使各方「異類之人」得以面見皇帝天顏。[39]

最後，劉吉更提及明朝在西域等處軍政外交上的政治祕辛。原來迤西速壇阿黑麻哄騙誘殺了明廷苦心扶植的重要領袖哈密忠順王罕慎（？－一四八八）之後，又再出兵攻占哈密。除此之外，已在吐魯番建立都城的迤西速壇阿黑麻尚有不臣之心，想要出兵肅州，而所謂的進貢獅子只是阿黑麻的緩兵之計。但是劉吉在這段奏議的結尾提出的論述，卻讓人感到意外。劉吉精細的計算了朝廷飼養「獅子」的每日花費，需要多少羊隻作為飼料，以及需要五十名校尉看管獅子房等等，可以說詳細統計了「獅子房」的各種開銷數目，試圖證明設立「獅子房」，都是「無益之費」，應當節省下來。不過，這樣的行為有點反常，特別是對於素來以身段柔軟、奉承上意，而被評為「紙糊三閣老」，甚至還有「劉棉花」外號的劉吉而言，如此拂逆君上的政治作為，顯然有重要的用意，絕非僅是一時意氣之爭。[40]此外，據王鏊《震澤集》中收錄的〈林元甫墓誌〉，以及《明史》〈耿裕傳〉、〈周經傳〉的記載，也可看到林元甫、耿裕（？—一四九六）與周經（？—一五一〇）等人也持有類似的反對意見。[41]

仔細比較《明實錄》前後文中的記載，我們可以清楚看到，一方面阿黑麻汗並沒有實力，可以大規模進軍哈密，另一方面明朝對於西域邊防也是有心無力，但是「獅子」卻成了一場朝貢外交中的代罪羔羊。明廷官員們其實真正在意的關鍵，反而是孝宗皇帝請來的馴獸師，他們不但領了封號，又有了官銜。這兩名使臣，「納麻」與其兄「伍喇馬力」，被孝宗留下馴養獅子。最後在武宗朝時，兩人都獲封賞錦衣衛百戶的官銜。[42]

---

36 參見：莫里斯・羅沙比，〈明朝與吐魯番〉（Ming China and Turfan），《中亞雜誌》（一九七二），第十六卷，第三號。田衛疆，〈關於明代吐魯番史若干問題的探討〉，《中國邊疆史地研究》（二〇〇五），第三期。

37 《明孝宗實錄》，卷三七，頁七九八，弘治三年四月二十五日丁未條。

38 《明孝宗實錄》，卷四四，頁八九六—八九七，弘治三年十月十二日庚申條。

39 《明孝宗實錄》，卷四四，頁八九六—八九七，弘治三年十月十二日庚申條。

40 參見：《明史》，〈列傳・第五十六〉。《明孝宗實錄》，卷四四，頁八九六—八九七，弘治三年十月十二日庚申條。

41 （明）王鏊，《震澤集》，收於《四部叢刊初編》影印正德刊本，卷二九，〈林元甫墓誌〉，頁四b—五a。

42 參見：《明武宗實錄》，臺北：中央研究院歷史語言研究所一九六二年影印本，卷三十，頁七，正德二年九月庚午條。

纂修《明實錄》的史官對於孝宗封賞馴獸師，表達了某種春秋筆法式的針砭。在同一條下，史官寫下了其時何地發生地震多起，在字裡行間，表達士大夫的不滿。明代官員對「獅子」從祥瑞吉兆，到深覺為無益禍害的過程曲折，透過他們的各種議論，我們才得以觀察到十六世紀動物外交史中的諸多祕辛。事實上，明孝宗深知動物外交的高明，懂得在外事活動中適當安排動物表演，既是娛興節目，又可以維繫情誼，不可不謂是聖明遠慮，讓人佩服其外交手腕的高明與智慧。

其後，嘉靖初年，吐魯番又多次興兵攻擾肅州等地。明廷內部則因「大禮議」之爭，就收復哈密事掀起「封疆之獄」，在處置了甘肅巡撫陳九疇（生卒年不詳，弘治至嘉靖年間人士）等四十餘人後，明朝最終失去對哈密的直接控制。哈密服屬吐魯番，但每年仍然向明朝入貢。獅子進貢與否，最終並沒有成為是否能控制哈密的關鍵因素，但透過獅子，我們仍然可以看到中西文化交流的一個縮影。西域的文化因素，與中原的因素，透過了獅子而有了匯聚與對話的可能。雙方都在獅子上，寄託了彼此對於陌生他者的一種想像。

＊延伸閱讀：

1. 王天有、高壽仙著，《明史：一個多重性格的時代》，臺北：三民書局，二〇〇八。

2. 張文德，《明與帖木兒王朝關係史研究》，北京：中華書局，二〇〇六。
3. 張廣達，《張廣達文集：文本、圖像與文化流傳》，桂林：廣西師範大學出版社，二〇〇八。
4. 張廣達，《張廣達文集：文書、典籍與西域史地》，桂林：廣西師範大學出版社，二〇〇八。
5. 賴毓芝，〈明人畫狻猊圖考〉，《故宮文物月刊》第三五九期（臺北，二〇一三），頁四六—五九。

第九章

念念不忘的隨身之物

清代宮廷御用念珠的小故事

人生如戲，戲如人生，我們往往容易被戲劇引導，產生了很多美麗的誤會，但有時候這一些誤會並非完全是虛構的藝術創作，其實也有史料與檔案文獻上的根據。例如許多清宮劇集裡，我們都會看到清朝皇帝手持著念珠，隨身攜帶，不時頌念佛號，這一類的身影總是讓人念念不忘，成為了一種深刻的印象。事實上，清代宮廷的典藏文物之中確實有不少的念珠品項，或是造型樸素，或是材質特殊，成為一種佛教文化與宮廷文化匯聚而成的藝術珍品。整體來說，清代宮廷之中，皇家府庫內收藏的各種珍寶數以萬千，但是皇帝隨身佩戴之物，雖是念珠一串，看似極為平凡無奇，反而最是珍貴無比。世間之事，總是如此，往往看似普通的日常生活起居隨身之物，卻最能見到內心真情的深刻，以及信仰力量的宏大無比。

佛教信仰中常見的持咒念珠，雖然是再平常不過的持念之物，但是在清宮文物中卻有為數不少的典藏品項。這一種隨身攜帶的佛教持念小物，透過國立故宮博物院的文物典藏資料與清朝官方史書，以及各類清代檔案文獻，可以看到它在清代宮廷中的具體作用。例如檔案文獻與典藏機構的若干記載中，我們便可見到清代皇家御用的菩提子念珠主要是由共一百零八顆菩提子所組成，另外加上三掛青金石、白玉、瑪瑙等珍寶記數珠串，便於念誦經文的時候，可以幫助修行誦經，持咒記數之用。此外，清代宮廷中的各類御用念珠多半會配上專屬的罩蓋匣盒，款式材質多樣，而且匣蓋上有時也會奉皇上旨意刻寫滿、漢、蒙古等文字題記，以便恭謹存放收儲。[1]

官方史書與檔案文獻之外，清朝皇帝隨身佩戴的「玉念珠」也在雍正皇帝繼位的軼聞傳說中，扮演了一個父子傳承天子之位的關鍵象徵信物。若據民國初年北京大學著名清史學者陳懷（一八七七—一九二二）在《清史要略》一書中的描述，康熙皇帝（一六五四—一七二二）在暢春園中日益病重，有時陷入昏迷狀況，有時略微甦醒。康熙帝自知時日不多，於是傳諭召眾臣入宮，囑咐身後之事，但久候多時，竟然無一人前來。康熙眼見身旁只有雍親王一人，忽然驚覺被人出賣，一怒之下，便將隨身的「玉念珠」擲向陪侍在一旁的雍親王。[2]

類似的說法在清史研究著作中，可謂汗牛充棟。即便在清代文獻中亦是如此，當時有關雍正皇帝（一六七八—一七三五）繼位的清代宮廷傳聞，可以說是言人人殊，各方說法不一，而且在內容上的確有許多出入。各種記載提到的說法，並不一致，難以判斷真偽。[3]像是康熙六十一年十二月十七日，朝鮮遠接使金演（康熙雍正年間人士，生卒年不詳）迎接敕

1 中國第一歷史檔案館藏《內務府造辦處活計檔》，以及《清宮內務府造辦處檔案總匯》等文獻中便收錄有多筆相關記載，提及清代內務府造辦處辦理造作的各種不同形式的御用數珠、念珠，以及收儲念珠的專屬匣盒等等。可參見：中國第一歷史檔案館藏，《內務府造辦處活計檔》，乾隆年間無年月日檔案，二十一日員外郎五德催長大達色金江來說太監鄂魯里交銅如來佛一尊隨正珠念珠一盤計珠子一百八顆等事。中國第一歷史檔案館，《清宮內務府造辦處檔案總匯》，冊四七，乾隆四十九年五月七日，初七日催長金江將蘇州送到紅雕漆圭璧盒一件係侍念珠之盒交太監鄂魯里呈覽奉旨留用欽此，頁六五九。中國第一歷史檔案館，《清宮內務府造辦處檔案總匯》，冊四十，乾隆四十二年六月二十八日，於二十八日將藏石念珠一盤隨匣蓋上于敏中另寫漢字說語其滿洲蒙古字亦按漢字另改寫改交太監常寧呈覽奉旨照本文刻四樣字欽此，頁五六〇—五六一。

2 陳懷，《清史要略》，北京：知識產權出版社，二〇一二。

諭返國後，在向戶曹判書李台佐的報告中特別提及在北京曾經聽聞翻譯人等談及相關傳言，並在奏報中進一步指出「玉念珠」一物，實際上正是清朝皇帝父子之間的傳位信物。這份奏報可以說在域外漢文文獻中，留下了對雍正皇帝有利的證言。[4]

遠接使金演在返回朝鮮後的奏報中，曾經說明經由清朝譯官所獲知的清朝宮廷傳聞，金氏提及康熙皇帝當時在「暢春苑」（即「暢春園」）中病況嚴重，自知時日不多，於是召見朝廷重臣武英殿大學士馬齊（一六五二—一七三九），並對其說道：「第四皇子雍親王胤禛最是賢德，在我身後，當繼位皇帝。雍親王胤禛的第二子，頗有英雄氣象，必封為太子。」稍後，康熙皇帝便以「為君不易之道，平治天下之要」訓勉雍親王。最後，康熙皇帝更解下頸項所掛念珠一串，賜予雍親王，並同時向雍親王說道：「這一串念珠是順治皇帝臨終之時，贈朕之物，今日我轉贈給你，有重要的意義，你要明白知道。」康熙皇帝接著又特別囑咐雍親王必須善待廢太子、皇長子等人，並且使其終身衣食豐足等等，隨即言訖而逝。[5]

透過《朝鮮王朝實錄》的詳細記載，我們看到了朝鮮使節奏報中提及康熙皇帝臨終前的遺言話語：「贈朕之物，今我贈爾，有意存焉，爾其知之。」這簡短話語之中，卻具體而微的呈現出了在清朝宮廷文化之中，御用隨身念珠的重要象徵意義。皇上的御用念珠不僅僅只是隨身持念之物，同時也是清朝皇帝父子之間授受君王權位的重要信物，一方面代表了託付天下重責大任，同時也象徵了慈悲為懷，善待臣民的深深叮囑。綜合前引各種史料文獻，我們可以了解清朝皇帝的隨身念珠間接代表了皇權，成為權力交接之時的象徵之物。例如清代藏書家李盛鐸所藏鈔本《永憲錄》中，也有談及康熙皇帝在病危之時，「以所帶念珠授雍親王」。即便有關雍正皇帝是否密謀奪嫡，以及清代皇位傳承之事，言人人殊，但是皇帝隨身念珠所蘊涵的深厚意義，卻成為了清代政治文化中的重要象徵符號。[6]

今我贈爾，有意存焉：念念不忘的御賜之物

除了《朝鮮王朝實錄》曾提及御用隨身念珠，即是清朝皇帝授受君位之信物，深具政治文化意義之外，清朝官方史書文獻之中，《清德宗景皇帝實錄》也有一段御用隨身念珠的記載。清光緒二十年（一八九四）十一月初五日丁丑條的項下，曾經提及光緒皇帝（一八七一—一九〇八）對於訪得章嘉活佛轉世靈童一事，甚為喜悅。關於這一件讓光緒皇帝龍心大

3 相關討論可參見：莊吉發，〈勤求治理——雍正皇帝其人其事〉，收於氏著《清史論集（二十二）》，臺北：文史哲出版社，二〇一二，頁二一八—二三八。陳捷先，《青出於藍：一窺雍正帝王術》，臺北：三民書局，二〇一七。

4 韓國國史編纂委員會編，《朝鮮王朝實錄》，首爾：國史編纂委員會；東國文化社，一九五五—一九五八，卷十，朝鮮景宗二年十二月十七日戊辰條，頁三七b—三八a。

5 韓國國史編纂委員會編，《朝鮮王朝實錄》，首爾：國史編纂委員會；東國文化社，一九五五—一九五八，卷十，朝鮮景宗二年十二月十七日戊辰條，頁三七b—三八a。

6 參見：李世愉，〈李盛鐸藏清鈔本《永憲錄》讀後〉，《清史研究通訊》第一期（北京，一九八六），頁三七—三八。

悅的重要歷史事件，《清德宗景皇帝實錄》的記載中是如此描寫道：「朕心甚屬快悅，章嘉呼圖克圖善通經卷，今祥靈呼畢勒罕出世，其性未歿也……」[7] 對於力圖振興清朝國勢的光緒皇帝而言，身旁能夠增加一位藏傳佛教的領袖人物與邊疆民族事務上的重要助力，可以說是一件福至心靈的大好事。因此，光緒皇帝對於章嘉活佛轉世靈童善於通曉佛經，認為由於呼圖克圖靈童的佛性未歿，佛法智慧依然如昔，確實是朝廷的「大喜事」一件，必能因此得到章嘉活佛的護祐扶持。光緒皇帝一時歡喜之下，便將隨身常用念珠一串賞賜給章嘉活佛，作為紀念之物。

宏觀而言，皇帝賞賜禮物，事實上大有學問，自有其特殊的政治文化脈絡。例如西方歷史學者和人類學家在研究方法上，就相當重視「禮物」在人類歷史長河中所具有的特殊位置。不同的人類社會文明中，我們都能夠看到「禮物」在人際關係紐帶中，時常扮演著一種重要的交流媒介，讓人與人之間得以建立情感的連結。隨身念珠自然成為了清朝皇帝所能給出最尊貴莊嚴的禮物，畢竟這是帝王修持佛法的法器，時時持念誦記，可以說是片刻也不離帝王身畔左右。如同前述所言，念珠之物，贈賜之中，即有深意，試問還有什麼比念珠之類的隨身之物，更能具體而微的象徵皇權威信？

至於，清朝宮廷裡使用的御用念珠，究竟是什麼樣的形制樣式，在官書典籍文獻中並沒有詳細的文字說明，僅能從文物典藏圖錄中理解，頗有遺憾之處。多年來整理明清檔案文獻的過程中，我在心裡一直有著疑問，無法得到一個完整的解答。直到近年在佛光山「佛陀紀念館」所舉辦的展覽中，恰巧看到了宮廷念珠一串，才有機會在典藏實物上得到進一步理解。佛陀紀念館展出的清代宮廷念珠其實並不是材質特殊、珠玉金銀，反而是常見的菩提子製成的念珠。數珠之中再配飾青金石等供養用的珍寶，並配合小巧的「金鋼杵」作為點綴裝飾。配色上與其說是華麗貴氣，不如說有一種寧靜典雅的感受。皇家御用的隨身之物，或許在工藝方面所看重的不只是材料貴重而已，匠心精巧之餘，卻是處處樸實，別有一種雅致素靜之美。實際上，御用念珠不僅是清朝皇帝隨身持念之物，甚至也布置收儲於宮廷中各處殿宇，既是生活日常的一部分，同時也可以說是皇帝禮敬佛法，祈求如意平安、吉祥圓滿的重要象徵。[8]此外，清朝歷朝皇帝也時常派遣專人呈送宮廷奉敕造辦的各種念珠，持赴賞賜給各處活佛、喇嘛，以及佛寺名剎，以示崇敬佛法之意。[9]

近年來隨著網際網路上數位內容的日益開放多元，加上視聽媒體的進步發達，我們更習

7 參見：《清德宗景皇帝實錄》，卷三五三，光緒二十年十一月初五日丁丑條，頁五七三b—五七四a。

8 相關清朝檔案文獻可參見：中國第一歷史檔案館，《清宮內務府造辦處檔案總匯》，冊七，乾隆二年六月，傳旨琣將簪子添配收拾見新念佛數珠配做喇嘛裝嚴青綠豆鼎配座欽此，頁六九九—七〇〇。中國第一歷史檔案館，《清宮內務府造辦處檔案總匯》，冊四十，乾隆四十二年十一月，拉扯數珠一盤配鞔皮畫金匣交慧曜樓靜室收供，頁八三三—八四三。

9 相關清朝檔案文獻可參見：中國第一歷史檔案館藏，《內務府造辦處活計檔》，文獻編號：微捲第一二八盒，乾隆三十九年十二月，於正月將數珠交催長常住持赴嵩祝寺賞訖，頁五九〇。中國第一歷史檔案館，《清宮內務府造辦處檔案總匯》，冊十六，乾隆十四年十二月二十八日，員外郎白世秀來說太監胡世傑交賞喇嘛事，頁六六〇—六六二。

慣於接受螢光幕前的歷史人物形象，而不是歷史檔案文獻裡面呈現的真實面向。舉例來說，各部火紅一時的清宮劇作裡面，雍正皇帝總是隨身帶著一串念珠，光澤動人，雅致中帶著皇家氣派。但是究竟皇帝隨身持念佛教經咒的數珠，是什麼樣的材質形式等等？大多數的劇集情節中其實都沒有交代清楚。但是清朝皇家奢華品味，珍寶華貴的形象仍然透過相關影視作品，進而在閱聽大眾們的心中留下了許多深刻印象，也增加了許多虛實之際的想像空間。不過，若是就清朝《內務府造辦處活計檔》、《宮中檔》、《內務府造辦處檔案總匯》等檔案文獻的詳細記載來看，清代宮廷中用來製作念珠的材質眾多，使用的物料品類豐富，在選料上可謂是各式各樣、琳瑯滿目，充滿了工藝創作之美。

清代檔案文獻中所記載的「噶布拉念珠」

清代宮廷造辦念珠選料上的具體細節，若就《清宮內務府造辦處檔案總匯》，以及《內務府造辦處活計檔》等文獻所見，清朝皇家所用念珠就有珊瑚、白玉、碧玉、琥珀、藏石、松石、金鋼子、紅瑪瑙、黃瑪瑙、藍寶石、蜜蠟，以及珍珠等不同的珍貴寶石珠玉來製作。當然，除了玉石、珠寶之外，自然也有使用木質類材質製作的御用念珠，例如紫檀木，菩提子，甚至還有以棗核製成的念珠，呈現出內務府造辦處在選材上的多樣性。[10]但是除了寶石、瑪瑙、珊瑚、碧玉、奇木等珍貴稀有的物料所呈現的清代宮廷物質文化，事實上還有另外一種特殊材質，時常用於宮廷念珠的製作之中，也就是藏傳佛教高僧圓寂後的法骨。這一些佛教高僧的法骨遺骸不僅是製作持咒念珠的重要材料，甚至可說是最為珍貴無比的素材。一般所稱的「噶布拉念珠」，其實就是使用高僧法骨製作的持咒誦念數珠。

佛法利益眾生，追求智慧，可謂因緣殊聖。清朝皇室崇信藏傳佛教，禮敬虔誠，甚至乾隆皇帝亦曾接受相關宗教儀軌，成為文殊菩薩的化身之人。由於信仰使然，連帶使得藏傳佛教中的各種法器也成為清代宮廷中常見的日常生活器物。例如清朝檔案記載中時常提及所謂的「噶布拉法器」，有時候在檔案記載中又稱作「嘎布拉」法器，又或寫作「噶拉布」法器等等，其實都是指這一類使用高僧法骨所製作的藏傳佛教法器。西藏地區民間百姓中自然也有通俗的說法，一般習稱為：「嘎巴拉」法器。細究起來，這一些不同的漢譯名稱，其實都是源自於印度古代梵語中「kapāla」一詞對於「骷髏」的譯音對譯。另外，「噶布拉」還有一層在歷史語言詞彙上的具體專指意義，也就是專指「頭蓋骨」的字彙語意。佛教高僧法骨莊嚴，但實質上就是人身骷髏一物。白骨骷髏看似驚駭恐怖，每每讓人心生恐懼，但是對於藏傳佛教而言，高僧的骷髏法骨不僅是大悲與空性的象徵，而且更代表了佛法裡強調的「覺悟」，以及對於生命無常與有限性的超然態度。[11]

10 參見：中國第一歷史檔案館；香港中文大學文物館編，《清宮內務府造辦處檔案總匯》，北京：人民出版社，二〇〇五。

事實上，法骨念珠可以說只有在藏傳佛教中被使用，作為重要的法器之一。藏傳佛教流傳於西藏、青海、蒙古等地，其宗教信仰中具有各種經文、咒語、儀規、教儀、唐卡，以及特殊法器等作為信仰的重要特徵，所以一直具有宗教神祕主義傾向。其中，藏傳佛教的許多法器皆是使用高僧圓寂後留下的遺骸人骨製成，例如「噶布拉碗」等等，皆可見於故宮典藏文物之中。至於，藏傳佛教法器中的人骨念珠在製作上所使用的人骨必須是喇嘛高僧的遺骨。我們知道西藏喇嘛死後施行天葬，因此藏傳佛教的僧侶們圓寂之後，皮囊肉身已然回歸到天地之間。喇嘛僧侶們僅存於世的身後骸骨，也供獻於宣揚佛法事業，甚至在其身故之後，布施出來作為宣教傳法的重要法器，這可以說是一種捨身證道的靈性生命之旅。

若是再詳細考究，究竟所謂的「嘎巴拉」人骨念珠，製作時是採用人體哪個部位的骨頭呢？研究者們指出最多的是「手指骨」和「眉骨」，因為藏傳佛教特別講究因緣，強調聽聞佛法的智慧法喜。而僧人們在各種宗教儀式之中，手指自然使用得最多，指點之間，佛法自現。另外，眼睛目眉之間的眉骨則是僧侶們閱讀佛經，明曉佛理的靈魂窗口。因此人身上的這兩個部位，可謂最有聞法因緣的所在，也就是最具有佛理與悟性的骨骼位置。因此人身的眉骨，以及手指骨，自然而然成為開啟後人智慧法喜的藏傳佛教法器首選。一般來說，使用手指骨製作念珠較為容易，例如一副念珠大約使用十隻手指的骨骼，便可以製作完成。相較之下，僧侶眉骨在質地上比較堅硬、不易磨製，同時數量也特別稀少，所以一串「嘎巴拉念珠」若是採用眉骨，可能就要用上數十位高僧的眉骨，才能製作完成。

試想，小小的一串念珠，竟然有幾十位高僧聞法的智慧因緣匯聚其中，這對於一個佛教徒來說是多麼珍貴難得。而且法骨念珠的製作十分複雜，因為全是手工完成，所以對於藏傳佛教僧侶們的製作技藝特別有所要求，務求將念珠琢磨出一定光澤，手工精細。仔細加以推算，一串念珠可能就要用十幾年的時間才能完成，而若是使用高僧的眉心骨所製作成的念珠，通常需要二十八到三十六位高僧的眉心骨，才能製成一串「嘎巴拉念珠」，如此一來，可能一串「嘎巴拉念珠」就需要花去五、六十年，甚至百年以上的光陰歲月，因緣才能全部圓滿，可以說是異常珍貴難得的佛教持念之物。

乾隆五十四年噶布拉念珠驛遞遺失案

清朝宮廷之中既然珍視藏傳佛教文化象徵意義的「噶布拉念珠」，所以圍繞著御賜念珠，以及藏傳佛教高僧活佛，也就發生了許許多多的重要事件。無論是尋訪轉世靈童，還是維繫朝廷和藏區、蒙區佛教領袖的友好關係，御賜念珠可以說在其中扮演了相當重要的

11 清代宮廷中各種藏傳佛教嘎巴拉法器相關圖錄，可參見：蔡玫芬著；國立故宮博物院編輯委員會編輯，《皇權與佛法：藏傳佛教法器特展圖錄》（*Monarchy and its Buddhist way: Tibetan-Buddhist ritual implements in the National Palace Museum*），臺北：國立故宮博物院，一九九九。

嘎巴拉骨念珠
（國立故宮博物院藏品）

角色，讓人隨時掛念，甚至千山萬水的驛遞過程中，承辦的大小官員和差役們也不敢粗心大意，或是有片刻遺忘。然而，或許是清代宮廷中要處理的瑣事細務實在太多，人多事雜，宮中人等往往就鬧出不少笑話和糊塗事來。

例如乾隆年間就曾發生過朝廷上上下下全體動員，四處尋找皇家御賜念珠的離奇失物案件。乾隆五十四年六月前後，清廷就曾在驛遞噶布拉念珠給沙嘛爾巴胡圖克圖活佛的過程中，發生了皇帝御賜念珠遺失的重大失序案件。若是詳細查找，便能在《乾隆朝宮中檔》、《軍機處檔．月折包》、《中央研究院歷史語言研究所藏明清內閣大庫檔案》等清朝官方檔案中，尋覓到乾隆皇帝嚴令查核驛遞遺失御賜噶布拉念珠事件的詳細記載。乾隆皇帝當時為了頂禮崇敬沙嘛爾巴胡圖克圖活佛，因此賞賜噶布拉念珠，但是在驛遞寄運的過程中，卻發生了木匣跌損，以及外層氈包破漏，途中改換成驛遞皮包裝運的意外事件。後來，更因為途中更換驛遞木匣一事，致使御賜噶布拉念珠半途遺失的嚴重過失。

我們不難想像事情的嚴重性，畢竟清朝皇家御賜給沙嘛爾巴胡圖克圖活佛的重要禮物，半途失蹤，這一件事實在是有損國家體面。乾隆皇帝為了尋回噶布拉念珠，特別下旨嚴查此事，他在硃批中要求務必尋得犯人，而且一定要詳細究明箇中原因。乾隆皇帝在尋覓查找失物的奏摺硃批中寫道：「今得正犯否？」文字之間表現出一查到底的威嚴氣勢。乾隆皇帝甚至還在地方負責官員奏報的失物調查報告上，頒有硃批指示，要求嚴加查辦。乾隆皇帝明白指出問題的源頭所在，批示「弊在直隸，不在汝境也」，認為問題的重要關鍵還是在直隸的負責官員們漫不經心，才出了這樣大的疏漏錯誤。直隸官員們平日處事就常有馬虎心態，虛應故事之外，往往因循苟且，長久以來就有著辦事能力低下的老毛病。直隸弊端多多，積習難改，這一下可以說被萬歲爺一語點破了其中的緊要之處。[12]

整起事件隨著乾隆皇帝的天顏震怒，事情發展便漸有轉折，朝廷開始嚴加究查具體的驛遞細節。於是寄送路途中相關負責官員、地方長官，以及各驛站的人員都受到了究責與處罰。不過，半途遺失的噶布拉念珠仍然下落不明，不知是否被人偷竊，因此特別嚴查各方面的經手人員。事件牽連多人，但最後卻是烏龍一場。其實，驛遞失誤的起因就在發運大大小小各項賞賜物件的時候，正好賞賜品項種類繁雜，所以噶布拉念珠雖然開列在御賜禮品的清單上，實際上卻沒有按照清單發運寄出，這樣便鬧出了笑話。雖然最後尋回了御賜念珠，但是卻急壞了清朝負責此事的大小官員們。

因此，據當時奏報文書的記載，便可知此次半途遺失的噶布拉念珠其實仍然在宮裡妥善存儲著，並沒有在驛遞的半途中被盜失竊。即便皇命難違，必須一查到底，但最後仍然是無法究責嚴辦。事實上，這一切皆是因為相關辦事人員的作業失誤，所以才陰錯陽差的沒有將御賜念珠寄遞給沙噶爾巴胡圖克圖活佛，整件事完全可以說是一起烏龍案件。事件的尾聲，乾隆五十四年八月，乾隆皇帝在查明事情原委後，於是派人專程至沙噶爾巴胡圖克圖活佛駐錫處，另外再次補賞噶布拉念珠。事件的本身雖然起因於驛遞過程中，負責辦差的人員做事不上心、辦事不靠譜，方才釀成了這一起烏龍案件。但若是仔細分析起來，其實清朝皇家賞賜禮物從來就不是一件容易的事，或許賞賜贈禮的本身就是一件很費心力，也不討好的差事。禮物品項既要合於情理，依照禮儀章程，備妥數量，而且又不能發生意料之外的事故。可見世間之事，無論巨細，一切都有因緣，不能強求為之；政事之道如此，皇家賞賜也是如此。[13]

總合而論，「嘎巴拉」念珠一物，便是藏傳佛教中的隨身法喜之物。清朝皇帝日常起居坐臥，時時放於手心，早晚修持的御用念珠，不單單是皇帝的隨身之物，同時也是清朝皇帝時常賞賜藏區宗教領袖的珍貴禮物之一。關於御用念珠一事，不僅具體而微的呈現了藏傳佛教的文化特色，以及清朝宮廷宗教文化的若干面向，另一方面也和清朝皇家和藏傳佛教領袖之間的互動有著極為深遠的文化淵源。清朝宮廷之中的小小物事，帝王日常生活中的隨身物品，雖然甚為微小毫末，但裡面的故事卻有著萬千風貌，等待世人們逐一去細細品味。

12　國立故宮博物院，《軍機處檔》，文獻編號：040848，乾隆五十四年六月二日，覆奏查辦噶布拉數珠木匣入山西道站氈包已破等由。國立故宮博物院藏，《軍機處檔》，文獻編號：040910，乾隆五十四年六月五日，遵旨查明覆奏遺失噶拉布念珠之木匣改換皮包及跌損緣由。

13　參見：國立故宮博物院藏，《乾隆朝宮中檔奏摺》，文獻編號：403058049，乾隆五十四年八月十六日，奏聞奴才自藏起身於墨竹工途次遇見巴忠傳述欽遵諭旨補賞沙嘛爾巴念珠並令宣布聖恩嘉獎該喇嘛等事。

*延伸閱讀：

1. 莊吉發，《清朝奏摺制度》，北京：故宮出版社，二〇一六。
2. 陳捷先，《青出於藍：一窺雍正帝王術》，臺北：三民書局，二〇一七。
3. 劉錚雲，《檔案中的歷史：清代政治與社會》，北京：北京師範大學出版社，二〇一七。
4. 歐立德著，青石譯，《皇帝亦凡人：乾隆．世界史中的滿洲皇帝》（譯自：*Emperor Qian Long: Son of Heaven, Man of the World*），臺北：八旗文化，二〇一五。
5. 羅友枝（Evelyn S. Rawski）著，周衛平譯，《最後的皇族：滿洲統治者視角下的清宮廷》（譯自：*The Last Emperors: A Social History of Qing Imperial Institutions*），臺北：八旗文化，二〇一七。
6. Patricia Berger, *Empire of Emptiness: Buddhist Art and Political Authority in Qing China*, Honolulu: University of Hawaii Press, 2003。

第十章

域外之眼，善觀中國

朝鮮使臣眼中的清朝政治文化

西方著名史家韋伯（Max Weber, 1864-1920）認為「世界圖像」（Weltbild）有如火車軌道的轉轍器一般，引領著精神與物質行為的前進方向。[1]世界歷史潮流之中，人們有如身處於這一條軌道的首尾兩端，每每藉由詢問「何者為我？」作為出發起點，緩步向著「該往何處去？」的方向前進，並且試圖在人類歷史的漫長過程中尋覓「世界精神」的終極方向。若是借用這一種韋伯思想上的思維與意象，並且在宏觀層面上加以擴充延伸，當我們在閱讀明清時期朝鮮使臣們撰寫的各種《燕行錄》文獻時，或許可以有更多不同層次的理解方式。我們一方面可以透過字裡行間的詳細敘述來理解明清宮廷文化與相關的歷史敘事，另一方面，同時也能觀察到這一種「世界圖像」的微妙轉轍。無論是由「大中華」與「小中華」的文化觀點，逐步轉換至「思戀勝朝前明」的尊王攘夷心態，甚至是最後緩慢演變至朝鮮士人開始產生「北學中國」的政治立場轉移等等。這一些思想與心態的細微轉變是如此的細緻動人，可以說帶給後世史家與讀者們一種既熟悉卻又陌生的異域感受。事實上，這一個世界圖像的產生背景，恰恰源自於紫禁城裡的宮廷世界，各方的文化、思想與願景，在宮殿之中相遇交會，並留下了眾多的歷史記憶與使節身影。

域外之人與紫禁城裡的宮廷文化

明清兩代的「燕行使節」正如同乘坐著這一輛「尋覓世界圖像」的列車一般，精細且綿密的記述著他們眼中所看到的東亞世界。這一路上的沿途景色時有變化，目的地所在的風土人情也時有變遷，充滿了各種豐富多元的思想資源。另一方面，大量存世的朝鮮《燕行錄》文獻所代表的可以說是一種定期的田野調查採樣，使臣們的相關文字記載就如同「時空膠囊」，保存著一段又一段明清時期的政治文化與思想資源切片取樣。這一些燕行文獻所記錄採樣的內容廣泛，甚至包括了清朝宮廷文化，以及當時北京城內各種有關宮廷的傳言軼聞等等。因此燕行文獻就某方面而言，其實也是對於清代紫禁城的駐點觀察日誌。朝鮮使臣們的見聞所及，就連清朝百姓的生活日常，也都點點滴滴的被燕行使節們記載下來，成為重要的域外史料文獻，可以說是一種特殊形式的人類學田野調查筆記。

若就實例來說，像是清代滿語在日常生活中的使用情況，我們便可以參考朝鮮漢文文獻，例如《燕行錄》文獻中便保存了這些來自域外使節們的實地觀察紀錄，特別有助於我們了解滿語在清代宮廷中的具體情況。例如一八三二年出使清朝的朝鮮使節金景善（一七八八—？）曾經在《燕轅直指》卷六〈留館別錄〉中提到滿語的使用情形，以及皇帝對於「滿人後生多不解清語」的擔憂，他曾經寫道「清人皆能漢語，漢書，而漢人不能滿語、滿

---

1 Max Weber, "The social psychology of world religion", in *From Max Weber: essays in sociology,* translated, edited, and with an introduction by H. H. Gerth and C. Wright Mills, New York: Oxford university press, 1946, pp.280。相關討論可參見：Wolfgang Schluchter 著，顧忠華譯，《理性化與官僚化：對韋伯之研究與詮釋》，臺北：聯經出版，一九八六。

書，故凡闕中衙門機密事，皆用清語」，說明京城各處官署衙門機密文書中都有使用滿文書寫。[2]另一條記載則是由一八四八年出使清朝的朝鮮使節李遇駿（道光年間人士，生卒年不詳）在《夢遊燕行錄》中寫下的紀錄，內容大致上類似金景善，文字上則略有更動。李氏文中提及「蓋滿、漢言語亦自不同，闕中及衙門皆用清語，奏御文字皆以清語」；「繙繹（譯）故不能者，有妨於仕路云」，可見在宮廷之中，以及士人仕宦公務方面，滿語的使用能力具有相當的重要性。[3]此外，關於日常生活中滿語的使用情況，李氏則寫道：「閭巷則無論清、漢，皆用漢語，以此清人後生能清語者絕少。」相較之下，滿語學習一事，不僅只是朝鮮使節對於清朝的一項重要觀察，而且也是來華傳教的耶穌會士們熟悉清朝宮廷文化，以及文化交流互動的重要溝通工具。

除了朝鮮燕行文獻之外，近年來還有學者開始注意到清代耶穌會士們的書簡集，希望透過這一些書簡來研究清代的政治文化。然而相較於朝鮮燕行文獻，這一些西方耶穌會士的書簡文獻有一個常見的缺陷，就是我們在閱讀的過程中往往會無法辨認敘事者們所談到的人物究竟是誰？甚至，我們在閱讀與研究的過程中，其實也多半無法逐一確認這些筆談交流的紀錄究竟由何而來？相關史料文獻的來源，究竟該如何核實確認，可以說成為一個關鍵問題。又或是耶穌會士們當時在筆談中交流的各種對象，究竟是哪些明清時期人物等等？也是時常在研究分析上比較難以克服的困難問題。換句話說，耶穌會士當時在清朝的宣教過程中，雖然曾經接觸到很多的滿人和漢人大臣，甚至是清朝皇帝，但是他們在筆談，或是各種交流活動中所記錄下的官銜、名字與各類稱號等等，對於今日讀者們，甚至是研究者們而言，其實並不能輕易的辨識出來。然而，耶穌會士的書簡集中仍然有很多有意思的記載，讓我們可以透過西方世界的眼光，進一步重新審視清代，以及觀察清朝紫禁城裡的各種大小事件。[4]

舉例來說，像是清代來華的耶穌會傳教士白晉（Joachim Bouvet, 1656-1730）神父、南懷仁（Ferdinand Verbiest, 1623-1688）神父等人都曾經努力學習過滿文，而且耶穌會教士多有使用滿文來翻譯西方知識的作品，例如介紹解剖學知識的《解體新書》，以及介紹解毒藥品「吸毒石」的《吸毒石原由用法》等等。傳教士們也使用滿文與清朝皇帝，以及宮廷裡的達官貴人們進行對話與溝通，希望可以透過滿語，進行更廣泛的文化交流。[5]另一方面，耶穌會教士也發現中國古老的歷史文獻，甚至和《聖經》的記載年代不相上下，所以對於中國三皇五帝的傳說很感興趣，便也著手翻譯相關的史料，並向西方世界介紹了中國上古的傳說世界，開啟了西方知識界對於中國古代文明的認識。耶穌會教士可以說不僅開啟了明清宮廷

2〔韓〕金景善，《燕轅直指》收於《燕行錄選輯》，上冊，卷六，〈留館別錄〉，頁一一七六。

3〔韓〕李遇駿，《夢遊燕行錄．下》，收於《燕行錄全集》，冊七七，頁四一。

4 參見：莊吉發，〈互動與對話——從康熙年間的滿文史料探討中西文化交流〉，收於氏著，《清史論集（二十二）》，臺北：文史哲出版社，二〇一二，頁五—九九。

5 參見：莊吉發，〈互動與對話——從康熙年間的滿文史料探討中西文化交流〉，收於氏著，《清史論集（二十二）》，臺北：文史哲出版社，二〇一二，頁五—九九。

接觸西方知識的契機，同時也開啟了中西方文明相互交流的大門。

綜合來看，這些來自域外文獻中的記載，不僅是時空的切片採樣，也是一種來自往昔的實地田野調查；可以說是在異地保存典藏，而被隔絕在明清時期王朝權力作用之外的歷史紀錄。因此，它們並沒有被刪改禁燬，行文用字之間，也沒有那麼強烈的政治忌諱，正可以讓身為後世研究者的我們，得以從中觀察到當下的政治氛圍、權力作用，以及古老中國在朝代交替之中，那一些難以用文字言傳來形容描寫的細微轉化。

透過域外之人的眼光，我們可以觀察到清朝宮廷之中，除了繁多的禮制儀規之外，其實充滿了各種多元多樣的文化交流，各國的使臣來往不斷，不僅只是表面上萬邦來朝的天朝盛事，使臣們在往來旅程之中，也為後世留下許多生動有趣的歷史文獻紀錄。例如康熙年間便有數起事例，康熙十七年秋季八月，康熙皇帝召見義大利使臣於太和殿。[6] 另外，葡萄牙國使節團更有向康熙皇帝進獻獅子的外交活動。此後，乾隆年間則有英國馬戛爾尼使節團來華，向乾隆皇帝請求通商。乾隆六十年也有荷蘭訪華使節團到訪。相較而言，這一些來訪的使節團中最為特殊的便是朝鮮「燕行使」，由於朝鮮常年依例朝貢進獻，派員出使清朝，使節們依照規定隨行記錄，為後世留下了大量的文獻資料。這一些稱之為「燕行錄」的使行文書中，留下了不少朝鮮使臣們的第一手紀錄，而且記錄時間具體明確，甚至連許多筆談交流的地點與內容也都詳實被記載在其中。這一些豐富的朝鮮燕行使節紀錄讓後世讀者得以用不同的眼光，來重新觀察與審視清朝皇帝的真實面貌與歷史群像。

正因如此，我們可以觀察到近年來亞洲各國研究者們對於朝鮮《燕行錄》的研究，可謂形成學術潮流，許多學者都曾經就相關議題發表過研究成果。但是在研究取徑方面卻仍有相當大的空間，值得進一步的討論與分析。例如：夫馬進、林基中、王汎森、葛兆光等學者近年來所發表的多項重要研究成果，揭示了由《燕行錄》研究出發，進而延伸出來東亞跨文化研究上的多種可能性。[7]像是夫馬進教授發表的《朝鮮燕行使與朝鮮通信使：使節視野中的中國・日本》，即由比較燕行使與通信使的視角，將其多年來的研究成果集結成書，並指出相關領域研究中的錯誤，以及許多未來研究上的可能方向。[8]事實上，透過對於朝鮮燕行文獻的詳細閱讀，我們可以發現其中的許多字句，往往都讓人們感受到朝鮮使臣們在其「善觀中國」的漫長紀錄中，一直試圖憑藉華夏的眼光與視角作為一種對外窗口來理解世界的圖像，並且嘗試經由明清時期的中國來接觸到各種不同的重要知識訊息。[9]

6〔清〕魏源，《海國圖志》（光緒二年魏光燾平慶涇固道署刻本），收於《續修四庫全書》，上海：上海古籍出版社，一九九七，史部・地理類，冊七四三—七四四，卷四十，〈大西洋・皇清四裔考〉，頁一五。

7 關於中國、韓國與日本學界有關《燕行錄》之研究成果，可參考國立臺灣大學博士生吳政緯與臺灣大學碩士裴英姬所進行的研究回顧，參見：裴英姬，〈《燕行錄》的研究史回顧（一九三三—二〇〇八）〉，《臺大歷史學報》，四三（臺北，二〇〇九），頁二一九—二五五。吳政緯，〈從中朝關係史看明清史研究的新面向——以《燕行錄》為中心〉，《臺灣師大歷史學報》，五一（臺北，二〇一四），頁二〇九—二四二。

8〔日〕夫馬進著，伍躍譯，《朝鮮燕行使與朝鮮通信使：使節視野中的中國・日本》，上海：上海古籍出版社，二〇一〇。

朝鮮燕行使節們在筆下的文字，反映的正是其心中的關懷議題，例如北方的俄羅斯情況，來自西方的歐洲人等等。唯有透過朝鮮燕行使節的使行紀錄，他們才能接觸到世界上的不同面向。換句話說，即是透過這一種長期固定的使節往來，進而促使朝鮮能夠與東亞的各種外來知識接軌，並且進一步獲得對於外在世界的廣泛理解。即便在後世看來，這一些透過燕行使節活動所能獲得的訊息，僅僅只是零零散散的知識斷片，但是東亞跨文化之間的知識流動，仍然具有相當重要的參照意義，構成了朝鮮理解清朝宮廷，甚至是清代政治文化的重要思想資源，很值得感興趣的讀者們多加關切與深入研究。[10]

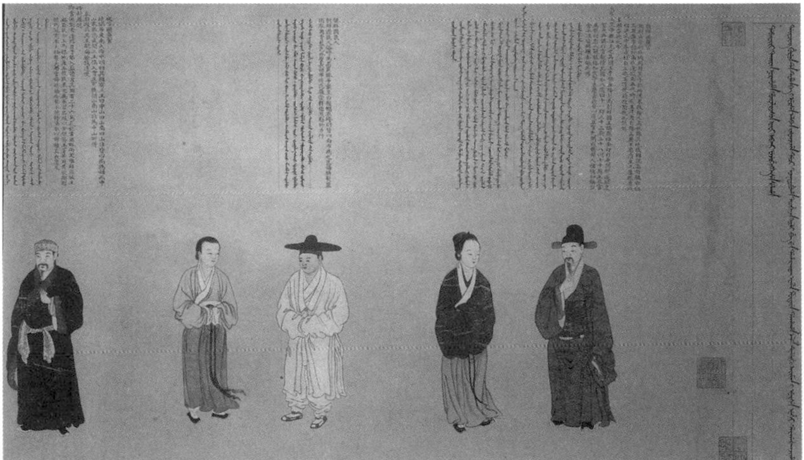

〔清〕謝遂，《職貢圖．朝鮮國夷官．朝鮮國民人》
（國立故宮博物院藏品）

燕行使的清朝認識：嘉道咸以來世事人情的域外側寫

朝鮮燕行使節對於朝鮮內部思想資源的形塑，以及增進對明清中國的認識，乃至對外部世界的廣泛理解，可以說扮演著相當重要的角色。明清易代後，有相當長的一段時間，朝鮮對於清朝一直抱持極為敵視的態度，這一種敵對的態度，甚至還影響了學術思想的取向。然而，透過燕行使節多次出訪清朝，親身接觸清朝皇帝與宮廷成員，雙方在進行交流與親自見聞的過程中，朝鮮使臣逐漸認識清朝的政治文化，許多不同的看法與觀感也就隨之產生，並對朝鮮上下造成了深刻的影響。這一種交流的過程，可說是試著由「善觀中國」，理解到清朝制度、社會、經濟的各種不同面向，並且重新估計自身該如何應對的重要外交策略。綜合來說，燕行使節活動是當時朝鮮獲得外來訊息的重要渠道，燕行使們的紀錄，以及他們所攜回的圖書文獻，無論是漢籍，或者是漢譯西書等等，都成為了當時朝鮮知識階層理解，以及孕育「中國認識」，乃至於「世界認識」的重要思想資源與知識框架基礎。

9　例如王汎森院士曾在〈從東亞交涉史料看中國〉文中提及了詮釋《燕行錄》文獻的視角取徑，提示研究者們應該嘗試將朝鮮燕行使節的觀察視為一種長期的人類學田野文獻，從中發掘其政治文化的歷史意義。參見：王汎森，〈從東亞交涉史料看中國〉，收於氏著《權力的毛細管作用：清代的思想、學術與心態》，臺北：聯經出版，二〇一三，頁六四五—六五一。

10　〔韓〕林基中，《燕行錄研究層位》，首爾：학고방，二〇一四。

透過燕行使節出訪所獲得的清朝國家政事與民生經濟等各方面訊息，不僅保存在《燕行錄》文獻中，事實上也往往在朝鮮王朝的其他官方文獻中留有許多相當寶貴的第一手史料。例如關於嘉慶六年六月京城大水成災，京畿一帶災情慘重的情況，朝鮮使節們便留了下親身經歷的觀察。當時朝鮮派往北京的謝恩正使曹允大（嘉慶六年出使北京，生卒年不詳）便在《承政院日記》中留下此次大水成災的敘述。朝鮮純宗二年（清嘉慶七年，一八〇二）四月初十日，曹允大在奏對中提及此次水災的災情，並詳細描述自己在使行旅途中的所見所聞。他在奏報中指出前年六月大雨連注山海關內，洪水經過之處，流民阻塞道路，不知有多少生命消逝其中。清朝民間傳講中批評嘉慶皇帝徒擁寶座虛位，實際上國家的財政已然是「銀貨匱竭」，老百姓在言談之間，都戲稱其為「無銀皇帝」。[11]朝鮮使臣在奏報中，可以說提供了一種旁觀者的角度，記錄下了清廷處理災情的混亂與災民流離的慘況。這次水災的善後處理甚為重要，不僅提供了清代水資源管理與環境史的第一手史料，同時也反映出清朝皇帝與朝廷官員們在處理重大災情善後上的具體政策與辦法。

像是在上述事件的燕行使節觀察報告中，我們還可以看到朝鮮使臣們記錄下了乾嘉之際，京城百姓之間的論斷評語與俗諺。當時京城正在流傳著「乾隆之福，窮於乾隆；西山之金，高於西山」的民間謠諺，暗指嘉慶之世，遠遠不如乾隆之時。而且乾隆皇帝在西山設置健銳營，號稱十全武功的常年軍事征戰之下，軍費開支龐大，花費銀兩金錢無數。所謂「西山之金，高於西山」的寓意，或許就是指在清朝百姓的眼中，若是把這一些軍費開支所消耗的難以數計的錢財銀兩積累起來，甚至要比拱衛京師，古人稱之為「神京右臂」的北京西山，還要宏偉高大。此外，朝鮮使臣還在筆談之際，順手記錄下了席間各種清朝見聞，以及漢人們對於嘉慶帝的嚴厲批評，例如清朝漢人多半認為嘉慶皇帝執政嚴苛，「性多疑忌」，政事方面則是「躬攬權綱，專任苛察」。另外，嘉慶帝任用的大臣在這種政治氛圍之下，「皆憂懼不能自保」。至於，操持法律的相關官員在執法上，則可以說是「無所闊狹」，執法寬嚴標準不一。在嘉慶皇帝的治理下，老百姓深受其苦，可以說是「民皆搖手觸禁」。[12]

在這一些記載中，我們可以看到朝鮮使臣透過出使清朝過程裡各種私人之間的對話筆談，從側面描寫了他們所察覺到的政治文化氛圍，以及當時皇權與官方思想的嚴峻形勢。甚至還記錄下了當時清代文士對於清朝立國的評論，以及內心的觀感與看法。凡此種種，可以說是在字裡行間，具體而微的呈現出清代政治文化中的各種不安與恐慌氛圍。事實上，清朝士人與老百姓的議論，可以說反映了一種「儒家文化的不安定層」的心態狀況，眾人們在無可奈何之餘，卻往往有口難言。[13]

---

11 韓國國史編纂委員會編纂，《承政院日記》，首爾：國史編纂委員會，一九六一—一九七七，第九八冊，純宗二年四月初十日庚戌條。

12 〔日〕夫馬進，〔韓〕林基中編，《燕行錄全集．日本所藏編》，首爾：東國大學韓國文學研究所，冊一，頁三九二。

13 相關討論參見：王汎森，〈儒家文化的不安定層——對「地方的近代史」的若干思考〉，收於氏著，《權力的毛細管作用：清代的思想、學術與心態》，臺北：聯經出版，二〇一三，頁三一七—三五二。

除此之外，清代士人在言談之中不經意提及的一些宮廷掌故軼聞，與若干涉及政治敏感話題的諷刺笑話，以及許多清朝日常生活中的細節，也都透過朝鮮使臣的燕行紀錄而得以保存，成為觀察清代政治文化的第一手史料。像是一七六五年出使清朝的燕行使臣洪大容便在《乾淨衕筆談》中提及一件有趣的事：清朝文士某次在談話中提及清朝國初在宮廷之中曾經懸掛一幅書法作品，上面寫道「謹具萬里山河」，其下則另外題寫有「文八股拜呈」的字句。洪大容聽聞之後，表示並不理解其中文字的涵義。清朝文士於是向洪大容解釋說，這一幅書法中的文字其實是在諷刺明朝因為「重文輕武」的國策，最後致使國家覆亡，懸掛在清朝宮廷之中，正是為了提醒後人。[14]這一類有關清代宮廷文化的軼聞掌故，甚至涉及到明清易代的敏感之事，雖然極其細微，但可以說散見在朝鮮燕行文獻之中，呈現了宮廷生活的多元面向。

善觀中國：朝鮮使臣燕行經驗所形塑的思想資源

明清易代後，有相當長的一段時間，朝鮮全國上下對於清朝一直抱持著極為敵視的態度，甚至影響了學術思想的取徑。然而，朝鮮方面透過多次的燕行使節交流互動，許多新的看法與觀感也就隨之產生。這一種交流的過程中，朝鮮君臣們試著由「善觀中國」，理解到清朝制度、社會、經濟的各種面向，並且重新估計自身該如何應對的策略。另一方面，透過朝鮮思想史的研究成果，我們可以發現朝鮮「北學派」士人中的重要骨幹成員，大多數具有燕行出使的外交見聞與經驗，他們強調「北學中國」的重要性，並且認為必須用開放接納的態度，向國勢強盛的清朝進行學習，一改先前排斥輕視的負面態度。[15]

事實上，朝鮮「北學派」一詞，出典於《孟子．滕文公章句》，原文如此寫道：「陳良乃楚國人，閱周公仲尼指導，北學于中國。」朝鮮學者援引儒家經典文句，以此著書立論，用來支持其「北學中國」的主張想法。[16]當時朝鮮「北學派」的領袖人物中，例如：洪大容、朴趾源（一七三七—一八〇五）、朴齊家（一七五〇—一八〇五）、柳得恭（一七四九—？）等人，大多數直接與朝鮮燕行活動有所關聯。正是透過燕行出使的旅程見聞，才使得北學派士人們深切體認到清朝文化的豐富內涵，進而試圖從中發掘出改革朝鮮現實狀況的具體策略。北學派士人們不僅重視工商業，以及技術的發展，並且展開了對於不事勞動生產的兩班貴族學者們的嚴肅批判。[17]這一些「北學派」的讀書人特別強調「實學」的重要性，

14〔韓〕洪大容，《湛軒書》，《外集．杭傳尺牘》，卷二，《乾淨衕筆談》，收於《韓國學基本叢書》，第五輯，頁二六—二七，上冊，總頁五二四—五二五。

15 楊雨蕾，《燕行與中朝文化關係》，上海：上海辭書出版社，二〇一一，第四節，〈北學派思想的華夷觀內涵〉，頁二三一—二三二。

16 楊雨蕾，《燕行與中朝文化關係》，上海：上海辭書出版社，二〇一一，第四節，〈北學派思想的華夷觀內涵〉，頁二三一—二三二。

建議採取務實的態度來看待東亞世界的各種改變。這一種政事方面的務實態度，若是套用當時北學派的話語，即是「力學中國二十年」的企圖心，也就是企圖讓朝鮮由弱轉強的政治願景。此一思維態度，從各個方面深刻影響了朝鮮領導階層的世界觀，或者我們也可以說這是一種全然不同的「東亞觀」，甚至是一種如何重新認識外在世界的「知識框架」。[18]

朝鮮北學派的主要代表學者朴齊家，曾經在參與燕行出使清朝之後，詳細寫下他內心的深刻感受：「我國既事事不及中國……衣食之豐足，最不可當……凡盡我國之長技，不過中國之一物。」朴氏認為朝鮮何以積弱如此，各種技術盡不如人，實在是因為「不學中國之過也」。朴齊家甚至在其《北學議．尊周論》中提出了一整套用來討論「華（以朝鮮為代表）夷（即指清朝為『胡夷』）論」的不同論述框架。朴氏在相關論述中特別強調要學習中國之法，結交中國之士，廣泛理解清朝政治文化的特殊主張。朴齊家等人面對乾嘉時期的中國現況，同時思索著朝鮮的未來展望。朴齊家曾在《北學議．尊周論》中引用趙武靈王變易胡服的典故，指出古代的英雄人物，若有「必報之志」，即便要身穿胡服，也不會加以排斥。朴氏還提到當時在朝鮮若說要學習清朝的制度與文化，人們往往「群起而笑之」。朴氏指出若要以當時朝鮮的國力，試圖為明朝申明大義，舉兵起事，攘夷復仇，但卻不知道學習清朝之法，也不與中國之士交往，不過是「使吾民勞苦而無功，窮餓而自廢，棄百倍之利而莫之行」。朝鮮若是採取冒進的軍事行動，可以說是有百害而無一利。朴齊家主張朝鮮若想要尊王攘夷，「莫如先知夷之為誰」，甚至還要「盡行其法」。若是主張朝鮮應為明朝「復仇雪恥」，遠遠不如「力學中國二十年」後，再來商議此事，也不算太遲。[19]

平心而論，朴齊家的主張並不是一種「投降示弱」的消極行為，而是極其務實的去面對與處理朝鮮與清朝之間的交流與互動。並且不再只是用情緒化的「尊周」與「思明」方針來作為朝鮮國政外交上的主要權衡標準。朝鮮上下如何援引吸收清朝各種學說與技術，廣納各方知識，進而改變朝鮮當下的困難處境，才是朴齊家所熱切關心的實學之事。類似看法在燕行使節回國後的報告中，也可略見一二。例如一七一五年出使清朝的領議政李光佐（一六七四—一七四〇）便向朝鮮國王奏呈：「清人雖是胡種，凡事極為文明。典章文翰，皆如皇明時，但國俗之簡易稍異矣……」[20]清代宮廷典章制度，沿襲明代，而略有變化，可以說有其文明之處，並非全然是負面印象。另外，曾在一七七七年以貢副使的身分出使清朝的李坤也有類似看法。李坤曾在《燕行紀事》中主張，對於清朝應當有正確的態度，也就是「其所統攝九州，治成制定者，不可以夷狄而忽之」，亦即必須正視清朝典章制度，不可任意輕忽，

17〔韓〕金德珍著，〔日〕藤井正昭譯，《韓國の歴史》，東京：明石書店，二〇〇五，第二部〈中世社會〉，第八章，〈朝鮮後期の経済発展と社會〉，頁二二五—二二七。

18〔韓〕河宇鳳著，金兩基監譯，小幡倫裕譯，《朝鮮王朝時代の世界観と日本認識》，東京：明石書店，二〇〇八。

19〔韓〕朴齊家，《貞蕤集》，首爾：韓國國史編纂委員會，一九六一，頁四三七。

20 韓國國史編纂委員會編，《李朝英祖實錄》，首爾：國史編纂委員會；東國文化社，一九五五—一九五八，卷四七，英祖十四年二月丙申條。

僅以夷狄視之。[21]宏觀來看，清朝與朝鮮之間的文化交流，其實經歷過相當曲折的變化歷程。

而各種西學知識傳入朝鮮的過程，也並非是一蹴可幾，中間同樣經過許多波折與瓶頸。舉例來說，韓國學者李萬珪在《朝鮮教育史》中曾將天主教傳入朝鮮的第一階段，稱之為「書籍輸入時期」，時間上由李氏朝鮮的宣祖三十三年至憲宗元年（一六〇〇—一八三五），這一段時期曾有大量的漢譯西學著作隨著燕行使節活動進入到朝鮮，這一些著作對當時的思想、文化、宗教，以及科學視野有著深遠的影響。而所謂的「漢譯西學書」即是指明末清初以來耶穌會傳教士或用漢字著述，或是再經編譯，或是由中國文人記錄與筆潤文字所編纂而成的西學書籍。這一些漢譯西學書的內容，大體上包括了宗教與科學兩類。中國大陸學者楊雨蕾曾綜合各方面的研究，整理出一份書目，有關天主教教理類約為六十四種、科學技術類的圖書約為五十餘種。楊氏的研究指出燕行使節們攜回天文、曆學的相關圖書，主要是受到朝鮮官方的特別指示。

相較之下，對於中外地圖、數理與天主教教義文獻的多方搜集，以及設法輾轉攜入朝鮮，則基本是朝鮮使臣自身的主動行為。[22]韓國學者裴賢淑進一步指出，大多數的漢譯西學書均是透過燕行使臣傳入朝鮮，而使臣們獲得這些書籍的途徑主要可以分成三種：其一，是在燕行使節與傳教士交往的過程當中，得到了傳教士們的贈書；其二，燕行使臣們在北京外城慈仁寺外的琉璃廠書肆購入的圖書；其三，則是使臣們在北京城內的柵門等處，進行祕密貿易所獲得的各類圖書。[23]無論是何種途徑，燕行使節都在其中扮演著重要角色，使得關於西方的知識得以傳入朝鮮。雖然自「辛酉邪獄事件」（一八〇一）之後，朝鮮官方採取鎮壓天主教的政策，隨後亦禁止由北京輸入西學圖書，進而使得這一個知識輸入的過程被迫中斷，但這些西方知識卻仍在朝鮮留下了長遠的影響。

綜合而言，燕行使節活動可說是朝鮮王朝獲得外來訊息的重要渠道，燕行使們的紀錄，以及他們所攜回的圖書文獻，無論是漢籍圖書，或者是漢譯西書，多半都成為當時朝鮮知識階層理解與孕育「中國認識」，乃至於「世界認識」的重要思想資源。透過這長期又持續性的使節活動，緩慢卻深刻的形塑出一個交纏著多重譯介詮釋所組合而成的世界觀。一種經由燕行活動獲得各方面訊息，進而在朝鮮本地進行重組的創造性轉化，形成了獨特的世界認識。時至今日，燕行文獻於我們而言，卻有了另外一重的歷史文化意義，也就是朝鮮燕行文獻更可以說是一整套對於清朝宮廷文化的長期田野觀察日誌，提供了後世有關紫禁城內大小事件與軼聞掌故的第一手報導史料。這一些朝鮮使行紀錄既是歷史的記憶，同時也是無價的文化寶藏。

21〔韓〕李押，《燕行紀事》，《燕行錄全集》，首爾：韓國東國大學出版社，二〇〇一，第五十三卷，頁一五四—一六〇。

22 楊雨蕾，《燕行與中朝文化關係》，頁一六六—一六八。

23〔韓〕裴賢淑著，楊雨蕾譯，〈十七、十八世紀傳來的天主教書籍〉，收於黃時鑒主編，《東西交流論壇》，上海：上海文藝出版社，二〇〇一，第二集。

＊延伸閱讀：

1.〔日〕夫馬進著，伍躍譯，《朝鮮燕行使與朝鮮通信使：使節視野中的中國‧日本》，上海：上海古籍出版社，二〇一〇。
2.〔韓〕河宇鳳著，金兩基監譯，小幡倫裕譯，《朝鮮王朝時代の世界観と日本認識》，東京：明石書店，二〇〇八。
3.〔韓〕金德珍著，〔日〕藤井正昭譯，《韓國の歷史》，東京：明石書店，二〇〇五。
4.王汎森，〈從東亞交涉史料看中國〉，收於氏著《權力的毛細管作用：清代的思想、學術與心態》，臺北：聯經出版，二〇一三，頁六四五—六五一。
5.楊雨蕾，《燕行與中朝文化關係》，上海：上海辭書出版社，二〇一一。

第十一章

私人生活中的政治氛圍

燕行使節與清朝文士的筆談對話

朝鮮各種《燕行錄》文獻中，不僅只是旅行見聞而已，另外還記載有明清時期許多書商、書販與出版目錄的相關資料，若是細加摘錄整理，或許可以對我們理解清代的出版文化以及政治氛圍，提供來自域外的特殊觀察視角。《燕行錄》記載中，即有當時朝鮮使臣與清人討論學術的對話，談話的主題，其實也涉及清朝與朝鮮在出版文化上的若干交流現象。例如：朝鮮使臣時常向清朝文人問及浙江李霈霖（生卒年不詳，乾隆嘉慶年間人士），他們多半認為李氏是當世大學者，聲名卓著，在朝鮮士林學子之間為人共所周知。但朝鮮使臣與不同讀書士人求證的結果，則與此大不相同。對清朝文士而言，李霈霖只是一名富有商人，雖然他廣延各方學者刊書，但徒為謀利而刊行圖書，並非是研究學問的儒者文士。朝鮮使臣們在多方查證後，方才相信李霈霖此人雖然在朝鮮文壇頗有盛名，但是在清朝卻不過是一位以印刷為業的富人而已。[1]相較之下，各種類似的傳聞掌故，甚至是明清宮廷軼聞，可以說散見於燕行文獻之中，讓人讀起來別有特殊的文化趣味。

筆談世界裡的交流互動與清朝政治文化的觀察

東亞使節的外交活動中，普遍出現彼此以紙筆對談溝通的特殊情況，可以說當時存在著筆談文化。而東亞筆談文化，其實就是一種「無聲的歷史」，也是私人日常生活領域中的一個特殊場域。這一類朝鮮使臣與清朝文士之間的筆談紀錄，可以說散見於明清以來的燕行文獻中，提供人們有關明清宮廷文化、政局變化，甚至是庶民社會各方面的詳細紀錄。事實上，朝鮮使節的筆談對象並不僅僅局限於明清兩朝有功名的士人們，燕行文獻實際上可以說是廣泛觸及朝鮮使臣在使行旅途中所遇到的各個能進行文字筆談的識字階層人士。近年來已有研究者注意到相關問題，並且進行討論，也已有不少的研究成果發表。[2]

綜合各方面研究成果，我們可以看到朝鮮使節們的任務雖是為了國家而進行的外交，以及重要情報訊息的搜集工作；這些燕行文獻並依照朝鮮官方的典章制度，而被保管收藏於「承文院」之中。[3]但若換個視角來觀察，則朝鮮使臣留下的許多與當時清朝官員與士人

1〔日〕夫馬進、〔韓〕林基中編，《燕行錄全集・日本所藏編》，冊一，首爾：東國大學校韓國文學研究所，二〇〇一，頁一六八—一七〇。

2 例如吳政緯在〈從中朝關係史看明清史研究的新面向——以《燕行錄》為中心〉文中表示：「藉由域外漢文文獻探索古籍在明清中國的流傳，擴充史料作為明清史研究之資進行個案研究，仍是未來不可忽視的發展方面。」該文並指出醫療與醫籍，或者可作為東亞間的文化交流，《燕行錄》與書籍傳播之間的一個重要的結合樞紐。參見：吳政緯，〈從中朝關係史看明清史研究的新面向——以《燕行錄》為中心〉，頁二〇九—二四二。

3 關於燕行使節帶有情報訊息搜集性質的討論，可以參考日本大阪大學伍躍的研究中，曾經引用一四八五年纂修完成的朝鮮王朝法典《經國大典》的相關條文，指出當時朝鮮規定使節團「書狀官」在返國後必須將出使過程中的每日經歷詳細記錄下來，而這一些文書紀錄最後會交由「承文院」保管。參見：伍躍，〈朝貢關係と情報收集——朝鮮王朝対中国外交を考えるに際して〉，收於夫馬進編，《中国東アジア外交交流史の研究》，京都：京都大學學術出版會，二〇〇七，第七章，頁一九〇—一九一。

們的筆談紀錄，提供了一種呈現清代日常生活面向的獨特史料。朝鮮燕行使節們可以說是透過「筆談」的交流形式，以極其私人的媒介載體，逐日詳細記錄下了各種清朝見聞經歷的重要域外史料文獻。經由這些域外史料，我們得以一窺其時私人領域中的各項政治議論，以及私人空間中所呈現的歷史敘事，甚至還能觀察到清代國家權力在其中所發揮的巨大影響力。另外，這一些保存在朝鮮燕行文獻中的私人筆談紀錄，往往含括許多清朝宮廷祕聞與街談巷議，例如乾隆六年前後，洪昌漢（乾隆年間人士，生卒年不詳）曾在《燕行日記》中記載了朝鮮使節與通事官之間的議論，隱隱約約中，記錄下了一些有關乾隆皇帝的私生活軼聞。像是當時通事官金普柱（乾隆年間人士）等人就曾在言談中提及乾隆帝的宮廷軼聞，他說「胡帝昨歲得十九歲美女，色可傾國，極寵溺」，皇太后並因此責備乾隆皇帝沉迷於女色之中。乾隆皇帝後來更因此緣故，不再入見皇太后，並時常帶著這一位年輕的女子同到圓明園內遊樂，以此來逃避皇太后的責備。[4]類似的宮廷傳說其實並不少見，乾隆年間朝鮮使節們可以說為清代的宮廷祕聞留下了一個來自域外的側面紀錄。

這些紀錄甚至包括了有關乾隆朝後宮后妃的各種傳言，並且提及乾隆皇帝的廢后，也就是皇后那拉氏（一七一八—一七六六）被幽廢一事，甚至記錄下了當時在北京城中傳講的各種街談巷議的具體細節。例如朝鮮使臣洪大容就曾經在《湛軒書》中寫道：「近日以皇后幽廢，宗親皆憂怖不寧……」[5]這一類有關乾隆朝後宮的傳聞，繪聲繪影，甚至還描述當時清朝皇室眾多宗親都相當憂慮恐懼。洪大容在另一段紀錄中進一步描寫他曾與某位清朝文士談及此事，他向清人詢問皇后幽廢之事，清朝文士則回答說，皇后仍然在冷宮之中。洪氏接著又詢問，皇后被囚廢，朝廷眾臣們為何無人諫言？清朝文士回答說乾隆帝的皇命威嚴，「人皆畏死」，所以又有誰能為了皇后之事，敢於諫言呢？洪大容聽聞之後，內心深覺為人臣慮立身事君，怎能只顧念身家性命的保全，於是頗為感慨的說：「朝廷可謂無人矣。」[6]

實際上，我們透過相關文獻記載，可以看到洪大容為了探問宮中祕聞，用盡了各種手段，多次嘗試向清朝士人詢問乾隆皇帝廢后的傳聞。他甚至用許多小紙片與清朝士人筆談，試圖以此來取信於清朝士人。而且在筆談過程中，清朝文士往往將小紙片「隨書隨裂」，絕不留下任何證據。洪大容在《乾淨衕筆談》中便描寫到筆談中每當提及清朝宮廷祕聞時，清朝文士便頗為驚動，舉措慌張忙亂，急忙將小紙片隨書隨裂的緊張情況。最後，清朝文士似乎不願多言宮廷禁聞，便在筆談中向洪氏直言國法森嚴，擔心恐有性命之憂，所以才會有這些無法自覺的慌張舉動。清人在筆談的最後還提及滿洲侍郎阿永阿力諫不可廢后，幾近於死。相較之下，朝中漢臣們卻無一人敢於諫言。[7]類似洪大容的筆談內容在朝鮮燕行文獻中相當常見，這些筆談可以說是一種極為特殊的紀錄，為後世保存下其時私人議論中的政治文

4〔韓〕洪昌漢，《燕行日記》，收於弘華文主編，《燕行錄全編》，第二輯，冊九，頁三九九。

5〔韓〕洪大容，《湛軒書》，卷七，〈外集．燕記〉，收於《韓國學基本叢書》第五輯，下冊，總頁三〇八，頁二八。

6〔韓〕洪大容，《湛軒書》，卷七，〈外集．燕記〉，收於《韓國學基本叢書》，第五輯，下冊，總頁二二六，「張石存」條，頁三七。

化氛圍，也提供了我們有關清代士人們對於時局世事的第一手觀察。

朝鮮使臣對於清朝政局的評論與使行旅途見聞

除了上述的東亞筆談文化之外，朝鮮王朝的燕行文獻紀錄中，還包括朝鮮君臣朝議奏對的對話，並且記錄下了朝鮮使臣與朝鮮國王對於清朝政治局勢，以及清朝宮廷重要成員身體狀況的評論與實地觀察。例如：朝鮮使臣任應準（一八一六－一八八三）在光緒六年出使清朝，在其返回朝鮮後，曾在「熙政堂」的奏對中向朝鮮高宗（一八五二－一九一九）報告，提及清朝正在進行軍事備戰，而且已經陳兵部署在各處海口關要的重要位置，試圖以此預防俄羅斯出兵要

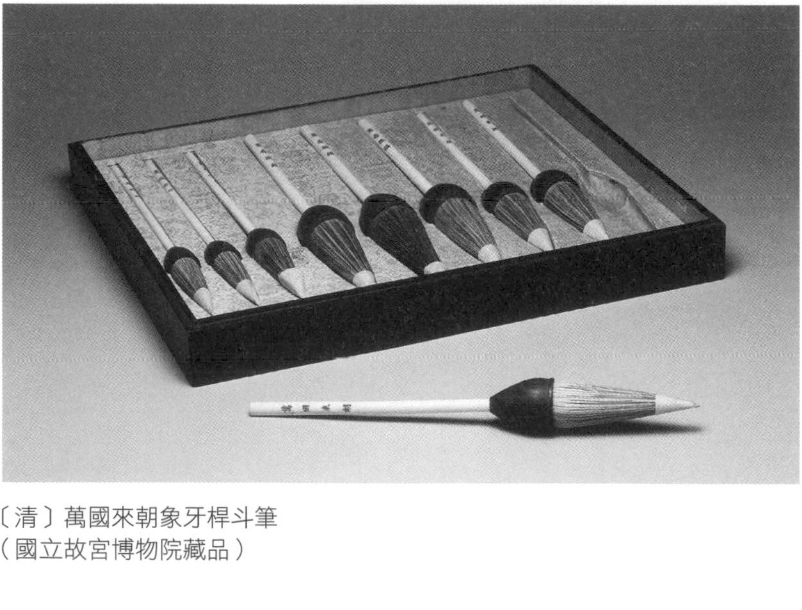

〔清〕萬國來朝象牙桿斗筆
（國立故宮博物院藏品）

脅。但是相關軍費支出開支龐大，致使國家出現「銀貨窘絀」的困境。此外，任氏還在報告中提及光緒皇帝年幼繼位後的概要，[8]並說明這次出使日程較長，比以往更費時日，主要是因為清朝「事務浩繁，虞憂多端」、「凋弊莫甚」，朝廷上下正值多事之際。[9]

朝鮮高宗更在此次奏對中，特別詢問清朝兩宮太后的健康情況，並提及慈禧皇太后（一八三五－一九〇八）平日即有患病，加上剛又獲聞慈安皇太后（一八三七－一八八一）因病逝世的訃報，朝鮮高宗因此更加關切慈禧皇太后近日的身體情況。任應準便回答說在出使北京的時候只有聽聞到慈禧皇太后患病之事，等返國途中進入朝鮮境內，方才聽到清朝皇太后病逝的傳聞，但未能確認，一直要到回到朝廷述職後，方才知道慈安皇太后已經病逝之事。朝鮮高宗認為清朝正當「意外之喪」，財政上必定多有窘迫，另外又進一步詢問任氏有關清朝乾旱災情的具體情況。任氏在回答中提及去年冬天出使前後，正逢大雪，但是山海關內則是「土乾塵漲」，而且北京附近「一直亢旱」，清廷雖然曾舉行過五次祈求雪雨的儀式，但

---

7 朝鮮使臣洪大容曾對這次筆談有詳細的記載，他寫道：「余曰：『妄恃眷愛，輕發此言，兄之驚動如是，請勿復敢言。』蘭公曰：『國朝法令甚嚴，此言一出，必死。弟怕死，故自不覺如此』……。」參見：〔韓〕洪大容，《湛軒書》，《外集．杭傳尺牘》，卷二，《乾淨衕筆談》收於《韓國學基本叢書》，第五輯，上冊，總頁五六四－五六六，頁四六－四七。

8 〔韓〕任應準，《未信錄》，收於《燕行錄續集》，冊一四七，頁一三五－一四一。

9 〔韓〕任應準，《未信錄》，收於《燕行錄續集》，冊一四七，頁一三五－一四一。

是「終無靈應矣」。朝鮮高宗提及近日傳聞離北京不遠之地發生火災，想必也是因為旱災所致。[10]

此次奏對的內容可說相當豐富，特別是朝鮮君臣顯然非常關注清朝與俄羅斯之間的紛爭衝突，以及議和與賠償費用數目的細節。清廷如何應對俄羅斯的軍事行動與防禦方案的相關情資，顯然成為朝鮮君臣關切重點之一。朝鮮高宗相當重視此事，詢問俄國收兵之後，清朝在各處的陳兵部署是否也已經罷還撤去。任應準回答中提及俄方鋪張聲勢，聲稱將要發兵攻擊，以此恐嚇清朝。清廷不得不籌備防禦方案，部署大量兵力，但是軍需方面卻無法持續供給。因此備戰只持續了半年，朝廷便開始有議和的主張，最後尋求與俄國議和，簽訂和約，避免兩國再有衝突。[11]除了上述任應準的燕行報告外，《承政院日記》的記載中也留下了不少類似的君臣朝議奏對，以及對於清朝政局的分析，甚至包括對康熙、雍正、乾隆、嘉慶、道光等多位帝王的評價，可以說為清朝宮廷文化留下了相當珍貴的第一手觀察。

相較於政治中樞的情況，燕行文獻還提供了有關清代日常生活與政治文化特殊氛圍的觀察紀錄。事實上，朝鮮燕行文獻中記錄了許多使臣們與清朝人時常提到一些有關滿漢矛盾的日常生活細節。例如乾隆十四年以書狀官身分出使清朝的俞彥述在《燕京雜識》中，便曾詳細描述了清朝漢人心中的滿漢心結。清朝漢人百姓在面對朝鮮使節的當下，常常會隱諱滿漢之間，彼此已然通婚的事實。[12]俞氏描寫到清朝官署衙門之中，「滿漢便同主客，氣勢懸殊」，漢官職掌文書，滿官則主掌印信，呈現出一種特殊的政治文化氛圍。清朝立國之初，原本滿漢並不彼此婚嫁，但年歲漸久，滿漢之間也開始通婚。但是漢人們並不願意朝鮮使臣知曉此事，猶然以此為羞。俞氏還寫道自己曾在北京遇見一位南京人士，因為家貧而想與滿人通婚，所以育養女兒，卻不為其裹足。後來，這位南京人士的兄長來到北京，聽聞弟弟想與滿人結親，十分氣憤，不僅嚴厲責備，甚至還因此失去兄弟情義，最後憤而離去。俞彥述觀察到隨著清朝習俗逐漸變化，滿漢通婚之後，由於貧富不同，「滿人之家，漢女甚多」。俞氏深有感嘆，認為「誠可憐也」。[13]

另外，燕行文獻還記載了一些清朝日常生活中所發生的文化衝擊現象，清朝百姓與朝鮮使者之間，常有一些政治文化方面的誤解。例如朝鮮使節團官員的衣飾時常被北京鄉人誤認為戲服，因為在當時由於清朝官方對於冠服的禁令，只有在戲曲演出時，才能穿著明代衣冠服飾。雙方在衣冠制度上，產生了一種文化上的衝擊，朝鮮使臣與譯官就此事進行了筆談對話，並記錄了彼此的意見想法。[14]

朝鮮使節團成員之一的李岬（一七三七—一七九五）曾經在《聞見雜記》記載了類似情

10〔韓〕任應準，《未信錄》，收於《燕行錄續集》，冊一四七，頁一三五—一四一。
11〔韓〕任應準，《未信錄》，收於《燕行錄續集》，冊一四七，頁一三五—一四一。
12〔韓〕俞彥述，《燕京雜識》，收於弘華文主編，《燕行錄全編》，第二輯，冊九，頁四六五。
13〔韓〕俞彥述，《燕京雜識》，收於弘華文主編，《燕行錄全編》，第二輯，冊九，頁四六五。
14〔日〕夫馬進，〔韓〕林基中編，《燕行錄全集・日本所藏編》，首爾：東國大學韓國文學研究所，冊一，頁一六四。

況，也可以作為例證。李岬寫道清朝百姓們對於衣冠服制的改變，頗有想法，因而每次在與清人交談的過程中，問到衣服制度之事，漢人都會「赧然有慙色」。而且清朝百姓有時還會自我解嘲一番，解釋說這是依循當下法令，何況剃髮之後，比較方便，不再有「梳櫛之勞」。而且無論貴賤，衣冠均是如此，所以也就沒有什麼名分之別，制度很是簡易，甚至在平日執事服役的工作中，也沒有什麼妨礙。不過，有的清朝老百姓則會向朝鮮使者大發感嘆之言，提及朝鮮使臣所穿服裝正是自家祖先的衣服，並且家裡還藏有明朝的舊時衣裳冠服，甚至還會表達對於中華衣冠文物的欽慕之情。李岬在交談的最後，特別提及在使行途中看到明代衣冠只能見於戲曲表演之中，感覺到四海之內皆是「胡服」，愴然感嘆「中華文物，蕩然無餘」。[15]

衣冠制度的討論之外，筆談紀錄還包括對於清朝禁燬圖書之事的相關議論。例如朝鮮使臣徐浩修（一七三六—一七九九）在一七九〇年出使清朝時，就曾與禮部侍郎鐵保（一七五二—一八二四）交遊往來。徐氏曾詢問鐵保：「《牧齋集》方為禁書，閣下何從得見？」鐵保則回答：「凡禁書之法，至公府所藏而已，天下私藏安能盡去……」[16]錢謙益（一五八二—一六六四）的《牧齋集》雖然是清朝官方禁書，但是禮部侍郎鐵保依然可以閱讀到此書。鐵保可以說是一語道破箇中虛實，清朝官方所謂的禁燬圖書，不過只能禁官家公府所藏；天下之大，各種民間私藏圖書安能盡去？

類似記載並不少見，像是朝鮮使臣朴思浩在一八二八年出使北京，他也曾對清代禁書政策提出嚴厲批評。特別是針對康熙一朝召集文士纂修圖書，提出了他對於清朝政治文化的一種域外觀察與評論。朴思浩認為此事實為「賺得英雄之術」，並非為了倡導文化。康熙皇帝的政治企圖所在只是為了讓清朝豪傑之士，「埋頭蠹魚之間，不知老之將至」。朴氏認為康熙皇帝巧妙利用考校書籍，徵集天下文士的做法，一方面既可讓海內豪傑之士安心於書本學問之中，另一方面又可消除讀書人內心各種不滿，進而使其「憤嘆之心，如雪遇陽」。[17] 事實上，這些滿漢之間的政治忌諱，以及清朝政治文化中的隱約幽微之處，很難在一般史料文獻中得到如此細緻的印證。這類紀錄雖然較為早期，但可以作為來自域外之人的一扇有助於我們觀察清朝政治文化的特殊窗口。

清代日常生活中的政治忌諱與明末史事記憶的自我禁抑行為

從上述討論，我們可以得知朝鮮燕行文獻可說是一扇政治文化的窗口。朝鮮使臣們的記載中多半提及清代的一些特殊文化現象，例如各種政治忌諱，以及清人在日常生活與詩文創

15〔韓〕李岬，《聞見雜記》，收於成均館大學校大東文化研究院編，《燕行錄選集》，下冊，首爾：成均館大學，一九六二，頁六四四。

16〔韓〕徐浩修，《燕行紀》，收於《燕行錄全集》，第五十一卷，頁五九。

17〔韓〕朴思浩，《燕薊紀程》，收於《燕行錄全集》，第八十五卷，頁四九七—四九八。

作中對於明朝末年抗清史事的各類自我禁抑行為等等。像是朝鮮使臣李商鳳就曾在北京與胡少逸（乾隆年間人士，生卒年不詳）舉人進行過筆談對話，兩人對話中談到當時在京城中頗有傳聞的「滕將軍廟」，以及明末名將劉大刀的忠魂在京城中顯靈的軼聞故事。李氏還向胡少逸詢問清朝皇帝每年親詣祭祀的「滕將軍廟」，祭祀主神究竟是誰？為何稱作「滕將軍廟」？而且祭祀因何如此隱諱等等。胡少逸則在回答中提到曾經聽聞京城旗人們傳講「滕將軍廟」所祀主神，即是「征東大將」，也就是劉大刀。而且「滕將軍廟」塑像造型奇特，不僅「口內銜一韃子」，塑像神座之下以及神像手中，也都是此類特殊造型。另外，滿人平時最是忌畏害怕劉將軍，而且劉將軍常有顯靈之事。李商鳳因此感嘆「清人據有中原，忠魂毅魄不勝其憤怨」，因此劉將軍才會在京城顯靈。胡少逸還提到當時清朝宮廷中每日都會舉辦「跳神」儀式，雖說是「旗下祭祀」，但其實正是為了驅趕「滕將軍劉大刀」的忠魂毅魄。除了上述清朝宮廷軼聞之外，李商鳳還在筆談中向胡少逸詢問明末史事，並提及正在訪求明朝末年史料遺獻之事。[18]

或許正是因為筆談之中，許多言語事涉當時的政治禁忌，所以胡舉人曾多次表示要將兩人私下筆談的文書，在談話結束後立即銷毀。但李商鳳則是每遇重要訊息，即欲將筆談文書紀錄，收入衣袖之中，仔細收藏。雙方在筆談中呈現出一種特殊的政治氣氛，一方明明知道事涉禁忌，但又想找人吐露心中隱隱心曲；另一方則是費心搜集，試圖探究清朝漢人心裡深處的真實想法。胡少逸在談話中認為「本朝祕密之事，如此類者不少」，旗人之間時常傳講各種宮廷軼聞，表示自己只是「姑妄聽之而已」。胡少逸原想要撕裂筆談文書，但看到李商鳳將之收入袖中，便急忙舉起手來，模擬割頭的樣子，連說「斬頭，斬頭」，示意不可留下證據，以免惹禍上身。[19]眾人們便另覓話題，接著提到了各處前朝遺民的有關情況，以及清朝讀書人搜集明代遺民逸事的概略情形。[20]

除此之外，李商鳳還在燕行出使的半途中，趁機尋訪明代著名史學家谷應泰的後人親族，並在言談之間，提及谷氏的重要著作《明史紀事本末》，流露出對於明代史事遺獻的興趣。李氏在與谷氏後人的對話中，還談及了衣冠制度上的敏感問題。李商鳳問說：「爾們衣裳之制，較吾們孰勝？」谷氏的後人很機智的回答：「貴國襲前明之服，吾們遵時王之綱……」也就是各自依照成例習慣，並沒有高低優劣的問題。[21]類似的紀錄可以說不僅反映在朝鮮使臣與清朝百姓間的筆談，甚至在使節團成員之間的對話中，也能看到相關記載。例如文獻中便提及嘉慶年間的朝鮮使臣們，曾經圍繞著顧炎武（一六一三－一六八二）的學術思想，以及顧氏《日知錄》的相關問題，進行過議論。這種對於明代遺老故臣，以及明代圖書文獻的特殊關切，可以說是朝鮮使節團成員的共同話題，並且一直反覆出現在朝鮮燕行文

18〔韓〕李商鳳，《北轅錄》，收於復旦大學文史研究院編，《韓國漢文燕行文獻選編》，第十七冊，頁一七六－一八八。
19〔韓〕李商鳳，《北轅錄》，收於復旦大學文史研究院編，《韓國漢文燕行文獻選編》，第十七冊，頁一七六－一八八。
20〔韓〕李商鳳，《北轅錄》，收於復旦大學文史研究院編，《韓國漢文燕行文獻選編》，第十七冊，頁一八五。
21〔韓〕李商鳳，《北轅錄》，收於復旦大學文史研究院編，《韓國漢文燕行文獻選編》，第十六冊，頁三六七－三六九。

獻之中。[22]

除此之外，江南一帶的民情風物，也是朝鮮使節的關注焦點之一。朝鮮使臣曾詢問過清人對於江南一帶民情的看法，例如使臣們曾在筆談之中，請教清人張培庵（乾嘉年間人士，生卒年不詳）、葉景蓀（號清皐，乾嘉年間人士，生卒年不詳）兩人，有關江南人情風物的諸多情況。他們在筆談之間，還曾論及呂留良（一六二九－一六八三）的案件。朝鮮使臣原以為江南一帶是「皇明始終之地」，所以為清廷所深慮，但是江南的實際情況卻非如此。使臣們還因此評論「然釣祿全身之際，今則忘明久矣」，認為江南百姓只圖保全身家性命，貪求祿位，早就已經忘去明朝。清人葉景蓀於此次筆談中，表示當時清朝國勢已然是「外強內乾」。眾人言談之間，朝鮮譯官劉運吉（乾嘉年間人士，生卒年不詳）與清人王金華（乾嘉年間人士，生卒年不詳）在對話中，時常拿明清衣冠制度的變革，改作為戲言笑語，彼此互開玩笑。清朝士人在筆談中，還有一些自我解嘲的話語，像是說到：「若華夏全盛時，運吉輩何敢挾東夷制度，悔南京士大夫乎……」[23]

此外，朝鮮著名文士洪大容在出使燕行的旅途中也曾與清朝文士潘庭筠（乾隆年間人士，生卒年不詳）、嚴誠（乾隆年間人士，生卒年不詳）等人進行筆談，並且提到明清易代之後，清朝官方有關衣冠服制的政治禁諱。席間眾人們甚至還用明代士人們頭戴網巾，清代則是剃頭薙髮之事，彼此相互笑談戲語。洪大容還描寫到清朝文士戲稱「剃頭甚有妙處，無梳髻之煩、爬痒之苦」，用網巾束髮之人，想必不識箇中滋味。洪大容笑稱「網巾」雖是前明舊制，但是實在不好，因為頭戴網巾束髮，其實好似「冠履倒置」——頭戴網巾，將頭髮套包網起，形式上很是類似束套鞋履。清朝文士便問洪大容，如果不甚方便，何不拿去網巾。洪氏卻趁機回答「安于古常，且不忍忘明制耳」，衣冠不改，以此表達心裡不忍忘棄前明故朝，同時卻也是對清朝文士衣冠全改的譏諷之語。[24]席間一位清朝文士提及曾經拿伶優戲服的「網巾」來穿戴，覺得甚為不便。洪大容便靈機一動，脫口說出：「越人無用章甫。」這一句玩笑話巧妙套用了《莊子》的典故。越人斷髮，不盤髮髻，因此用不上「章甫」這一種古代殷商的冠帽。這個文雅的典故，恰恰正是清朝文士當下的無奈境況，網巾對於清人而言，也是無用之物。洪氏特別套用這個典故來開玩笑，眾人聞之大笑，但同時臉顯慚愧神色。洪大容最後在筆談中提起十年前曾有一位關東地方的知縣將朝鮮使臣引入內堂之中，並向使臣商借衣冠帽帶，甚至還和妻子一起拿著明代冠帶，相對而泣，洪氏說這個故事一直在朝鮮境內流傳，聞之讓人悲嘆不已。[25]

22〔日〕夫馬進，〔韓〕林基中編，《燕行錄全集‧日本所藏編》，首爾：東國大學韓國文學研究所，冊一，頁四六二。

23〔日〕夫馬進，〔韓〕林基中編，《燕行錄全集‧日本所藏編》，首爾：東國大學韓國文學研究所，冊一，頁三九四—三九五。

24 關於明代網巾的相關研究可參見：林麗月，〈萬髮俱齊——明代網巾的社會文化史〉，收於氏著，《奢儉‧本末‧出處：明清社會的秩序心態》，臺北，新文豐，二〇一四，下篇，〈鼎革與出處——遺民心態的文化史探索〉，第二章，頁二五三—二八六。

清朝士人懷念明朝衣冠的類似記載，並不少見，像是乾隆十四年以書狀官身分出使清朝的俞彥述也曾經在《燕京雜識》記載下他與漢人間的對談。漢人百姓在與朝鮮使臣們的私下言談中，指著使節們沿襲明代衣冠的圓領衣，不禁感嘆的說：「此圓領衣也，好制度，好制度。」朝鮮使臣後來指著清朝百姓的衣飾，笑說：「此亦好制度。」清朝百姓卻脫口說出「不好，不好，此是韃子打扮」、「我輩獨女人不順」的心裡話。俞氏還因此特別寫道「蓋是漢人，而可見其有思漢之心也」，認為漢人百姓們仍然有思漢之心。[26]

事實上，雙方交談之際，清朝士人往往有所畏懼，常常在閱看之後，隨即將筆談文字，立即用黑墨抹去，不留任何痕跡。[27]例如朝鮮使臣金正中（生卒年代不詳；一七九二年底出使清朝），曾在與清朝文士聚好齋主人程少伯（本名程嘉善，乾嘉年間人士，國子監肆業，生卒年不詳）筆談的過程中，特意尋找四下無人，兩人可以促膝而談的時機。金正中利用機會向程少伯詢問了一些政治忌諱的問題。金氏與程少伯談到黃色本是天子服色，但是他卻看到宮廷享宴席間，蒙古王公人等身著黃衣，可以說是僭用服制。金氏進而詢問程少伯，蒙古人等穿用黃衣，不知背後究竟是何原因？金氏特意使用這一些話題來試探程氏內心的真實意圖，但是程少伯看到事涉敏感的提問後，立即用墨將筆談字句抹去，一笑置之不理。[28]

除此之外，朝鮮使臣李喆輔（一六九一—一七七〇）在《丁巳燕行日記》中，也曾提及他與一位吳三桂昔日幕賓舊部林本裕的對談，他們不僅談及明末史事是否有野史記載之書，林本裕更在問答之中，提出對於清朝制度的評斷。李喆輔詳細記錄下相關的問答，例如李氏曾在談話中詢問清朝科舉試法、禮部官制的建置，以及乾隆皇帝施行新政的具體情況。林本裕在回答中指出乾隆皇帝推行新政的方針，主要是「寬仁盛德，敦宗睦族」。林氏更認為相較於雍正皇帝，乾隆皇帝更加寬慈。林本裕還提及北京書坊有一部《綱鑑直解》，書中便有記載明末之事，至於野史記載，則是「久矣盡絕」，年歲久遠，再也無法覓尋。[29]

除了吳三桂舊部，甚至明朝末年抗清名將的子孫後人們也是李喆輔的交談對象。李喆輔在《丁巳燕行日記》中提及曾利用出使清朝的機會，順道探訪了抗清將領宋奎顯當年對抗清軍的根據地，也就是宋家莊，並且還記載下了他與宋奎顯的四代孫，以及宋家莊內眾人之間的詳細談話。事實上，作為宋奎顯的故里後人，宋家莊的莊眾人等在言談中表達了對於清朝剃髮禁令，僅不過是一種「生今從今」，只能面對當下現實的處境，以及內心的無奈感受。宋家莊的百姓平日在面對先祖們為對抗清朝所建的城築現址，內心也是一種「無可奈何」的感概。[30]雙方還在筆談中提及宋家莊當年對抗清軍的始末，像是如何覓得資金環村築城，以

25〔韓〕洪大容，《湛軒燕記》，收於《燕行錄全集》，第四十三卷，頁七五—七一。
26〔韓〕俞彥述，《燕京雜識》，收於弘華文主編，《燕行錄全編》，第二輯，冊九，頁四六五。
27〔韓〕金正中，《燕行錄》，原書無頁碼，收於《燕行錄選輯》，上冊，總頁五七四。
28〔韓〕金正中，《燕行錄》，原書無頁碼，收於《燕行錄選輯》，上冊，總頁五七四。
29〔韓〕李喆輔，《丁巳燕行日記》，收於《燕行錄全編》，第二輯，冊九，頁三七—三八。
30〔韓〕李喆輔，《丁巳燕行日記》，收於《燕行錄全編》，第二輯，冊九，頁五五—五六。

及宋家莊中負責防守的莊客人數多少等等。[31]這一類尋訪明朝遺民與抗清名將後裔，以及抗清根據地的事例，可以說在朝鮮燕行文獻中屢屢出現，像是朝鮮使臣曾經四處尋訪明朝著名武將李如松（一五四九—一五九八）的畫像。此外，朝鮮使臣還曾與李如松的後人們交流，並且回憶李如松參與朝鮮壬辰抗倭戰爭的相關紀錄。[32]

這一些特別的域外漢文文獻可以說反映出一種共同的關懷面向，也就是朝鮮使臣們試圖從明朝遺民，以及抗清將領們舊部勢力的筆談對話中，得到對於清朝政治文化的第一手觀察，甚至是在私人言談間，自然吐露而出的真心實話。從以上各種文獻，我們可以看到來自域外之人的觀察角度，也因此對於清代政治文化得到另一種不同的詮釋與看法。這一種嘗試可以說是對於朝鮮域外史料文獻的新研究面向，也就是利用域外旁觀者的特殊立場來著手，進而審視清代的政治文化，以及思想世界的各種不同面向。

＊延伸閱讀：

1.〔日〕夫馬進編，《中国東アジア外交交流史の研究》，京都：京都大學學術出版會，二〇〇七。
2. 王汎森，《思想是生活的一種方式：中國近代思想史的再思考》，臺北：聯經出版，二〇一七。
3. 林麗月，〈萬髮俱齊——明代網巾的社會文化史〉，收於氏著《奢儉．本末．出處：明清社會的秩序心態》，臺北，新文豐，二〇一四，下篇，〈鼎革與出處——遺民心態的文化史探索〉，第二章，頁二五三—二八六。

4. 黃時鑒主編，《東西交流論壇》，上海：上海文藝出版社，二〇〇一。

5. 葛兆光，《宅茲中國：重建有關「中國」的歷史論述》，臺北：聯經出版，二〇一一。

31〔韓〕李喆輔，《丁巳燕行日記》，收於《燕行錄全編》，第二輯，冊九，頁五五—五六。

32〔日〕夫馬進，〔韓〕林基中編，《燕行錄全集·日本所藏編》，首爾：東國大學韓國文學研究所，二〇〇一，冊一，頁一六八—一六九。

第十二章

明清政治文化的窗口

朝鮮與越南使臣旅行記聞與文化活動

來自越南的你：清代「北行使」的旅行見聞誌

越南北使的使行見聞多半是以漢文詩作的方式呈現，更有文學性，而且也對清朝的風俗人情帶有一些特別的域外觀察。近年來隨著越南日漸開放，學術交流也開始頻繁起來，我們逐漸可以利用該國漢喃研究院典藏的越南使節漢文燕行文獻，從中一窺清代越南北使們筆下的清代使行見聞。尤其是這一些越南北使的詩文之中，對於清朝自嘉慶、道光以來國勢變化的轉折，可以說是別具隻眼，往往見人所未見，呈現來自域外之人的特殊觀察角度。正是這一種來自域外的視角，提供我們思維意識上的跨越與轉換。有別於清朝士人的寫作立場，這一些越南使行紀錄有如一種由中國南方至華北的使節旅行文學，越南使節們在字裡行間中，寫下了帶有國境之南、域外之眼的特殊文筆風情。

整體來看，當時由越南國內出發至北京的「北使」們，他們留下的各種燕行文獻，若是拿來和從朝鮮漢陽城出發來北京的朝鮮燕行使紀錄做一個「共同性」對比，也會呈現出深具東亞文化意義的比較視野。我們可以看到其中一方是越南北使由南方往華北，最後到達北京；另一方的朝鮮使臣們則是從由漢陽來到北京；但是雙方最終都聚合在同一個窗口，進入紫禁城裡的皇家宮殿之中，各自觀察著泱泱大國的盛世威儀。或許，我們可以說這兩支使節隊伍所看到的清代風物人情很是相近，特別是分享著一種極為類似的內在心態與思維感受。或許，正因為共享類似的思想資源，並且共同體驗儒學文化的豐富內涵，這一些使臣在旅程中所記錄下來的觀察與證據，可以說從各種片段線索中析理出了朝廷紀綱廢弛的種種失序狀況，他們在燕行文獻的記載中，似乎總是表達出深刻的焦慮感受，覺得清朝的天下正在緩慢的衰落，宮廷殿宇日漸朽壞，好像有一個山雨欲來風滿樓的態勢，正在隱隱然的醞釀之中。

飽受失眠苦惱的越南北使與桂林睡草

事實上，有清一代，不僅是越南北行使節出使造訪清朝，連阮朝的一國之君也曾經隨著使節團來到中國。根據《清實錄》的記載，越南阮朝的安南王阮惠（又名阮文惠，其後改名為阮光平，一七五三—一七九二）曾於乾隆五十五年，乾隆皇帝的八十大壽慶典之際，親自率領使節團來到清朝，甚至還遠赴避暑山莊向乾隆皇帝祝壽。為了向乾隆皇帝表達祝壽之意，阮惠甚至在朝賀的儀式中，請求穿著清朝衣冠，並且行三跪九叩之禮。越南使節團的行為，讓在一旁觀察的朝鮮使臣徐浩修（一七三六—一七九九，一七九〇年出使清朝）感到大為吃驚，特別向越南使臣詳細詢問此事。徐浩修還因此事向越南使臣發出質疑，他質問說：「貴國冠服本與滿洲同乎？」[1]這一件改換衣冠的特殊事件，對於朝鮮使節而言，可以說在政治文化方面帶來了很大的衝擊與影響。直到道光九年，出使清朝的進賀謝恩正使，朝鮮使

1〔韓〕徐浩修，《燕行紀》，卷二，收於《燕行錄選輯》，上冊，頁四五九。

臣姜時永（一七八八—？，曾於一八二九年出使清朝）依然無法釋懷，還在文章中再次提到此事。姜時永認為越南與朝鮮同為「區域之外」，並且皆為「海外衣履之國」，改變為「胡服」（也就是清朝衣冠），看來似有不妥之處。姜氏在行文用語中，頗有不以為然的深刻感觸。[2]但是越南使節在衣冠禮儀上的變通，並非只是一時的權宜之計，其實頗有外交上的智慧。透過衣冠上的巧為權變，正是為了在阮朝國王與清朝皇帝之間，建立一個相互理解的外交渠道，也替後續的使節往來，打下了重要的外交基礎。雖然，關於這一位來到清朝的安南國王阮惠是否就是本人，又或者只是一位皇族重臣充任的替身，中越兩方面的史料文獻與相關研究成果仍有一些爭議。但是這一次的越南使節團的外事活動，無疑是相當成功的打開了兩國交

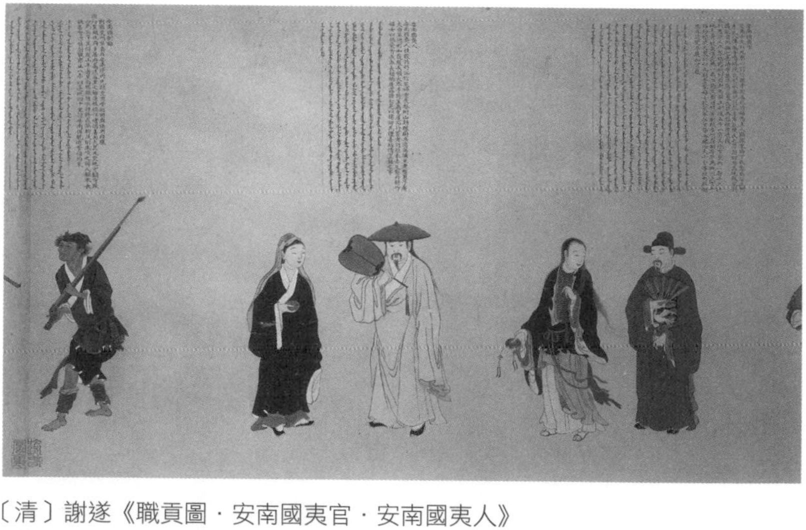

〔清〕謝遂《職貢圖．安南國夷官．安南國夷人》
（國立故宮博物院藏品）

流的大門。[3]

其後，越南阮朝持續向清朝派出使節，維持著雙方的交流與互動。例如嘉慶九年派赴清朝的北使武希蘇（乾隆嘉慶年間人士，生卒年不詳）便曾在他的詩文集中，留下一段有趣的見聞與詩文作品。武希蘇，號滄齋，他曾經在軍隊中服役，奉旨籌劃軍事行動。後來，武希蘇更奉越南阮朝世祖阮福映（一七六二—一八二〇）的命令出使清朝。由於武氏文筆頗佳，因此許多越南與清朝間的官方往來文書皆出自他的手筆。[4]嘉慶九年的使行活動，對於越南阮氏王朝而言，可以說是具有非常重大的政治意義。因為越南使節團銜命赴京，並非只是要朝見清朝皇帝而已，他們還負有重要政治任務，務必要將阮朝世祖阮福映請求清廷賜封「南越國王」的政治意向，進行充分說明，並與清朝進行意見溝通，以便能夠得到嘉慶皇帝的正式冊封。

萬事起頭難，外交工作也是如此。越南使臣武希蘇曾經在《華程學步集》中詳細寫下當時使節團一行的主要目的，正是為了代表越南世祖阮福映，專程向嘉慶皇帝請求封號。但由於事涉邦交，家國體面，為了達成使命，此次出使清朝的外交工作可說是特別的繁重。武希

2〔韓〕姜時永，《輶軒續錄》，收於《燕行錄全集》，冊七三，頁一四一。

3 張明富，〈乾隆末安南國王阮光平入華朝覲假冒說考〉，《歷史研究》，第三期，二〇一〇。

4〔阮朝〕武希蘇，《華程學步集》，收於《越南漢文燕行文獻集成（越南所藏編）》，上海：復旦大學出版社，二〇一〇，第九冊。

蘇在交涉困難之中，內心煩惱，又加上蚊蟲侵擾，所以犯了極為嚴重的「失眠症」。無奈之餘，他寫下了一首詩題「不寐」的小詩，特別提及此事。武氏在〈不寐〉中寫道：

沂流桂渚幾餘天，燈焰蓬窻夜夜燃。
蝶為花忙慵入夢，蚊䖮忱鬧不成眠。
風爐瀹茗常流火，金鴨粘香未斷煙。
醉草不知何處採，辰邀月影照吟邊。

武希蘇為了能治好失眠症，甚至還在使行途經桂林的時候，想要順道尋覓當地的特殊藥材「睡草」。武氏在詩文集中寫道：「桂林府土產有睡草，一名醉草，見之令人睡，握之久睡。」

至於，越南使臣武希蘇當時想要嘗試服用的「睡草」究竟是什麼樣的特殊藥用植物，或許無法逐一考訂清楚。不過，史料文獻上仍有一些線索，可供人們追索。宋代李昉（九二五—九九六）等人編著的《太平廣記》裡曾有相關的記載，提到桂林有「睡草」，常人見之則令人睡，又名「醉草」，亦稱作「懶婦箴」，出典於《南海地記》的記載中，應該就是武希蘇在〈不寐〉一詩中所用的典故來源。[5]透過這一首小詩，我們不僅可以理解到武氏相當熟悉宋人編輯的大型類書與文獻掌故，而且還可以運用自如的使用在漢文詩作之中。我們或許難以考證是否真有桂林睡草，但是可以確定的是，旅途失眠的確是一件惱人的病症，而武希蘇為了出使清朝，達成君王所交付的外交使命，內心想必是充滿了各種困頓、擔憂與焦慮。[6]

越南使節們的旅行詩文創作

事不孤起，必有其鄰。寫作漢詩一事，在燕行使、通信使的時代可以說是一項重要的專業能力，往往能成為極為有效的外交渠道。若是外邦使臣會寫漢詩，而且文筆出色，這在當時是一件相當不得了的大事，並且很受明清時人與文士的重視。特別是處於明清朝貢體制之下，日本通信使、朝鮮燕行使，以及越南的北行使，都要來到北京紫禁城朝晉天子。長久以來，這便形成一種東亞各國相互匯聚，各種不同文化同處一地的特殊契機。透過文獻的記載，我們可以觀察到每當各國使節聚在一起的時候，談話議論之外，時常會彼此比較漢詩的寫作能力，而且盡其所能的展現這一方面的才華。這一種獨特的文化現象對於當時東亞世界

5〔宋〕，李昉等編，《太平廣記》，北京：中華書局，一九六一。

6〔阮朝〕武希蘇，《華程學步集》，收於《越南漢文燕行文獻集成（越南所藏編）》，上海：復旦大學出版社，二〇一〇，冊九。

來說，就如同一個文化上的「共同基盤」與「初始泉源」。來自不同國境的使節們都會在漢詩寫作的文化平臺上，進行互動、溝通與交流。

近年來經由學者們的努力，各種越南的《北使錄》文獻逐漸刊行出版，相較於其他同類型的東亞使節文書，我們可以看到越南使臣們所撰寫的《北使錄》裡，使節之間在詩文方面，彼此競逐文學高下的氣息比較強烈。像是透過《越南漢文燕行文獻集成（越南所藏編）》，以及越南漢喃文獻中所收錄的燕行詩文集，我們可以觀察到這一類極為有趣的文化特點，那就是越南北行使節特別喜歡在漢文詩文上進行競賽，彼此較量高低。甚至在使行旅程中所經歷見聞的事物，往往也會寫入詩文。詩文集各自盡其所能的在文字上爭奇鬥豔，試圖在詩作之中充分展現自身的才華文采。[7]詩作題材則包括了使行旅程的細節，像是越南使臣從正陽關開始的路途中，曾經經過哪一些地方名勝古蹟。甚至是從哪裡出發，後來又經過哪些山川關隘等等。此外，也時常會在詩文中描寫曾經在使行旅程的半途中，或是驛站裡遇見了什麼樣的小事件等等。[8]

總而言之，越南使節團在到北京的旅途之中，由於一路上總是想要在詩作上爭奇鬥豔，所到之處，每一個風景名勝所在，越南北行使們幾乎都要寫幾首漢詩，而且不是普通的應酬之作。我們可以在文獻中發現，越南北行使節們往往是特意為之，想要在詩文創作上互相比賽較勁一下，因此這些詩文中所帶有的旅行紀行文學氛圍，也就特別的濃厚。正所謂詩可言志，兼及抒情，風流萬千，這可以說是一種較為私人領域的書寫形式，但卻在字裡行間，特別容易帶有個人的感情。睹物思人之中，便常常寫下相關詩作，例如越南使臣特別喜歡在使行旅程中，順道參訪「子路墓」，並以此作為儒家文化上的人文旅行重要景點，而且在越南燕行漢文文獻中，留下了大量的詩作。某方面這也是一種越南使臣們作為「到此一遊」的旅遊誌記類詩作。尋訪名勝，寫作漢詩，並且同時感受儒學思想的豐富神采，可以說是一種既帶著感情溫度，同時又帶著東亞儒家文化情懷的深度文化之旅。[9]

如果我們再把視野放大一些，用東亞各國之間文化交流的宏觀角度，來重新審視類似的現象。我們可以發現一個在東亞漢字文化圈中特別有趣的關鍵焦點，也就是「漢詩」作為一種文化交流的觸媒，往往在各類場合中，扮演了極為重要的角色。若是套用一句日本學界時常使用的概念，也就是「共同的文化基盤」，我們可以觀察到「漢詩」就是這一個東亞文化的共同基礎。日本名古屋大學池內敏教授在其研究江戶時代日韓交流的著作中，提及薩摩藩

7　劉春銀、王小盾、陳義主編，《越南漢喃文獻目錄提要》，臺北：中央研究院中國文哲研究所，二〇〇二。劉春銀、林慶彰、陳義主編，《越南漢喃文獻目錄提要補遺》，臺北：中央研究院中國文哲研究所；亞太區域研究專題中心出版，二〇〇四。

8　復旦大學文史研究院，漢喃研究院合編，《越南漢文燕行文獻集成（越南所藏編）》，上海：復旦大學出版社，二〇一〇。

9　越南北行使的文獻近年來大量的整理出版，復旦大學與越南方面合作整理了多冊燕行文獻，以「越南漢文燕行文獻集成」為題，出版相關史料文獻。相關文獻可參見：復旦大學文史研究院、漢喃研究院合編，《越南漢文燕行文獻集成（越南所藏編）》，上海：復旦大學出版社，二〇一〇。

的藩士漂流到韓國沿岸後，曾與當地地方官員用漢詩互動。甚至在臨別回國的時候，薩摩藩士也以漢詩相贈，以此答謝朝鮮方面的照顧。此外，池內敏教授在討論朝鮮通信使的研究中，也提及韓國通信使在與日本官員的交流互動中，日本官員曾在宴席間，由官員們的幼子當場吟誦漢詩，不僅以此作為席間娛樂，也是一種語言天分與才華能力的展現。[10]

言歸正傳，除了漢文詩作之外，我們還可以看到東亞世界在出版文化方面的互動與交流，甚至還涉及了宮廷文化的傳播，以及越南國王案前的閱讀書目等等。透過近年來越南漢文燕行文獻的出版與研究成果，我們甚至還在其中看到了一份十八世紀越南使節回國的時候，順道帶回的書目清單。越南使節在使行途中利用機會，將廣州的一家書店的全部書名都給抄錄起來，這一份史料可以說是相當難得的第一手資料。因為，清朝的讀書人並不會這樣完整的抄寫一整家書店的全部書目。對於清代讀書人來說，抄寫目錄不僅太費時間，而且似乎完全沒有任何實際上的必要性。不過，對於越南使臣而言，這卻是重要的君王欽命任務。當時的越南國王特別要求越南使節們務必要抄一份清朝的圖書目錄回去，以便國王挑選讀物。等越南國王挑好書目之後，再請下次新派的使節順路按照這份目錄購買圖書。正因如此，越南使臣這才把這一家清朝書店裡的書名都給完整抄錄下來。[11]透過這一份目錄，我們可以看到這一家小書店中其實販售了不少禁書，例如李贄的著作也在其中。李贄的著作在當時被列於清代禁書的範圍之內，但這些書卻出現在這一份長長書目清單之中，並且成為了越南國王書案前眾多的讀物之一。[12]

事實上，根據學者的研究與推論，越南的重要官方歷史文獻《大南實錄》的纂修過程，其實也與越南使臣們在清朝採訪各種圖書文獻大有關係。越南阮朝的第二任君主阮福晈（一七九一—一八四一），便曾經要求出使清朝的使臣們尋訪《明實錄》，以便參考其史裁體例，之後才有了《大南實錄》的修纂的工作。甚至從《大南實錄》的內容來看，也有提及對於清朝《東華錄》體例的參考之處。相關文獻雖然零散各處，但仍然保存了不少這一類越南阮朝透過赴清使臣尋訪明清實錄，以及史書文獻的間接線索。[13]

---

10 相關研究可參見：〔日〕池內敏，《薩摩藩士朝鮮漂流日記：「鎖国」の向こうの日朝交渉》，東京：講談社，二〇〇九。

11 明清時期各種史評、史論類文獻與書目在東亞世界的跨國流傳情況，值得讀者們特別注意。參見：衣若蘭，〈才女史評越扶桑——和刻本李晚芳《讀史管見》的出版與流傳〉，《臺大歷史學報》，五五（臺北，二〇一五），頁一七三—二一七。

12 相關研究與史料文獻參見：王汎森，〈從東亞交涉史料看中國〉，收於氏著《權力的毛細管作用：清代的思想、學術與心態》，臺北：聯經出版，二〇一三，頁六四五—六五一。復旦大學文史研究院，漢喃研究院合編，《越南漢文燕行文獻集成（越南所藏編）》，上海：復旦大學出版社，二〇一〇。

13 〔日〕林正子，〈《大南寔錄》の成立過程：道光五旬節慶賀使節を中心として〉，《フォーラム》，一八，二〇〇〇。

朝鮮與越南使臣藉機尋訪、結識名人後代

古今相映，其實也有極為類似之處，各個地方的重要文化名人就像是特殊的人文景致，總是讓旅人們著迷。古人其實也如同今日人們追星一般，想在旅程之中，找尋機會認識名人之後，談談天、說說話，欣賞一片屬於人文世界的美好景色。不僅明清文士是如此，朝鮮與越南燕行使節也有類似的心境，屢屢嘗試在使行旅程中，尋訪文化名人。例如越南的《北使錄》裡常常提到的是湖南一帶重要的文士，以及各個頗有名氣的地方聞人。越南北行使臣們或是跟這一些文化名人的後代接觸，特別是想要跟這些名門後裔談話，討論天下大事，或是打探前明勝朝的軼聞掌故。越南與朝鮮使節們尤其是想要與明清兩代著名文士的後人們，或是與曾國藩有關的各方人物進行交流，嘗試談論一些與政局大勢有關的事情。

當然，這可能一方面出於使節們本來就有搜集清朝國情的任務，但是更多的部分，也是由於越南與朝鮮使節想要透過出使清朝的機會，遊歷中國各地，並且結識與接觸當地的出色人士，進而經由筆談這一種「無聲的交流」，在紙面上進行文字對話互動，以此來增長知識見聞。這一種特殊的行為，其實深具政治文化意義。近年來隨著大量東亞筆談文獻資料的校訂整理與出版刊布，我們可以結合各方面的燕行文獻，以及朝鮮通信使文獻，從而得到一個更為宏觀的跨文化理解。事實上，朝鮮與越南使臣們尋訪各方文士名人，一來可以說是朝鮮與越南使臣們在出使清朝旅程中，特意透過尋訪各地聞人名士，進而從多方面來著手，由此

增加自身對於清朝政治文化的深度理解。另外，其實也是朝鮮、越南使節成員們在搜集清朝國情訊息的過程中，結合了自身對於儒學思想的深度尋訪，因此而產生的各種內在心態與情感面向上的延伸文化現象。[14]

相較之下，朝鮮燕行使節尋訪的則多半與明朝歷史記憶特別有所關聯，反映出的是一種懷念前朝人文風雅掌故，以及尋覓明代宮廷軼聞的文化心態。朝鮮使臣們為了尋訪核實這些與明朝歷史相關的故人事蹟，或是記載晚明清初歷史見聞的圖書文獻，甚至會一次接一次，一代接一代的在出使旅程中，不斷造訪同一個「宋家莊」村落，只為了印證當地的百姓是否在明清交替的過程中，曾經保持忠義，絕不向清朝投降，堅持反抗到底。[15]又或者是使臣們多半在文字中感佩史學家谷應泰記錄下了明清易代史實的重要功業，因此必定要在旅程中，順道去尋訪一下谷應泰的後人，還要與其筆談對話數句，以為紀念。[16]

除了明代著名文人的後人外，另一些燕行使過訪與尋覓的重要對象，便是山東曲阜孔子的後裔。事實上，朝鮮使節團的尋訪活動中自然也負有情報性質的工作，因此認識清朝名人，甚至是詢問「三藩之亂」要角吳三桂的昔日麾下舊部與相關的勢力，現今究竟身處何

14 相關討論與文獻資料叢刊，可參見：王勇，《東亞筆談文獻經眼錄》，上海：上海交通大學出版社，二〇一八。王連旺，《朝鮮通信使筆談文獻研究》，上海：上海交通大學出版社，二〇一八。
15 〔韓〕申錫愚，《入燕記》（一）、《入燕記》（二），收於《燕行錄全集》，冊七八，頁二〇〇—二〇四。
16 〔韓〕李商鳳，《北轅錄》，收於復旦大學文史研究院編，《韓國漢文燕行文獻選編》，第十六冊，頁三六七—三六九。

處，也是朝鮮使臣們的訪問調查工作之一。像是朝鮮使臣洪大容便曾在一七六五年使行清朝的旅途中，試圖尋訪孔子後裔，並就此事與清朝文人談話交流。洪大容詢問清朝宋姓舉人是否知道孔子後裔的下落，宋氏回答孔門後人在山東一帶約有千餘家。洪大容又問孔子後裔是否在清朝出任官員，宋舉人回答孔子後裔有多人出任官職。洪氏接著又問孔子後裔是否有在京為官之人，宋氏回答孔子後裔也有不少人在京從宦。洪大容希望宋姓文士代為引見孔子後裔，宋舉人反而問道：「君欲見之何意？」洪大容回答說「尊慕之極，願見其孫」，表達深切欽慕之意。宋姓舉人卻一邊摸著自己的頭，另一邊向洪大容說：「其衣冠與我一樣，見之何益。」洪大容聽聞後，深感愴然，內心頗有感觸。[17]

相較於尋訪孔門後裔，朝鮮使臣們也曾經費了不少氣力，四處訪問尋覓「三藩之亂」要角吳三桂的昔日舊部，以及相關勢力的具體下落，進行一種形式上較為另類的諜報情搜。朝鮮使臣的行為在某方面其實也很類似現代國情調查報告中的田調工作，尋覓各種政治勢力興亡消長的若干線索。朝鮮燕行使臣像是洪大容、朴思浩（生卒年代不詳，一八二八年出使清朝）等人，都曾在燕行紀錄中留下文字記載。例如洪大容《湛軒書》中收錄的《乾淨衕筆談》，以及朴思浩《心田稿》中收錄的〈燕行雜著（一）〉，這一些文獻都提及了尋訪吳三桂舊部勢力的若干細節。[18]像是洪大容曾經在與王舉人對話的過程中，刻意詢問有關山海關人士林本裕的具體情況，並藉口林本裕擅長篆刻，刻製圖章，聲名聞於朝鮮等等。然而，林本裕原是吳三桂當年舊部之一，可見尋訪的目的並不單純。[19]除此之外，洪大容另外還曾經在與京城彭姓士人的交談中，詢問吳三桂晚年之事，彭氏只好回答吳三桂僭位稱帝，最後因謀反而被誅。[20]

類似的記載不只一處，洪大容時常在與清朝文士的交流中，趁著談興，有意無意之間，屢屢提及吳三桂一事。洪氏甚至在一些涉及政治敏感的話語之間，也利用彼此開玩笑的機會，將有關吳三桂的話題牽扯進他與清朝文士們的談話中。例如洪大容某次與清朝士人談話交流之中，席間正好有人提及清朝立國甚正，滅大賊，伸大義，並且趁著興頭，隨口就說了一句玩笑話，不經意的說道「江外有奇談曰：『送來禮物如何不受』」，寓意清朝入主中原，一切皆是因中原無主，方才順勢為之。洪大容卻趁機巧妙回答「吳三桂所送」，暗寓天下易主，皆由吳三桂所致，交談眾人們聞之人笑。這一段記載雖是朝鮮使臣與清朝文士在言談之間的機智笑語，但也反映了一部分實情，朝鮮使臣們的確透過各種機會尋覓前明的殘篇

17〔韓〕洪大容，《湛軒書》，卷七，〈外集．燕記〉，收於《韓國學基本叢書》，第五輯，頁三二，下冊，總頁三一五，「宋舉人」條。

18〔韓〕朴思浩，《心田稿》，〈燕行雜著（二）〉，收於成均館大學校大東文化研究院編，《燕行錄選集》，首爾：成均館大學校，一九六〇，上冊，總頁九〇五。

19〔韓〕洪大容，《湛軒書》，卷七，〈外集．燕記〉，收於《韓國學基本叢書》，第五輯，頁二九，下冊，總頁三〇九，「王舉人」條。

20〔韓〕洪大容，《湛軒書》，卷七，〈外集．燕記〉，收於《韓國學基本叢書》，第五輯，頁二，下冊，總頁二五六。

遺獻，以及吳三桂的舊部人事。[21]

另一方面，朝鮮時期因為有很多士大夫用漢文撰寫的詩文集留傳存世，其中也有一些文字記載，詳細談到了清朝呂留良文字獄一案，又或是討論到乾隆皇帝禁燬錢謙益著作的案件。雖然文字描述通常不是很多，散見於各處。但是文集中還是有片段零星的紀錄，可見得他們對於有關清朝的訊息非常的流通，而且也關心這些文字獄案件。這類對於明朝的懷念，以及對於明清歷史祕聞的愛好，可以說是朝鮮使臣共有的一種政治文化心態。

東亞文化交流的過程中，其實充滿了各種豐富多元的談話主題。我們若是透過東亞使節相關文獻資料，便可以發現一個有趣的現象。例如日本接待韓國通信使的過程中，雙方不僅用漢詩相互交流，並運用漢字進行筆談，溝通意見。而且兩邊官員們還在交流的過程中，特別談到了當時清朝發生的重要事件，好比呂留良、曾靜的文字獄案件，都可以見於雙方的談話紀錄之中，成為討論的話題之一，各種訊息可以說是非常的暢通。此外，清朝當時正在流行什麼樣的圖書，透過燕行使節與通信使的往來交流，他們也多少都有一些相關的資訊，知道大致上的概略情況。我們可以觀察到這一類交流中，雙方都表現出很大的好奇心，以及溝通上的誠意與尊重，某方面這正意味著當時東亞世界中的各種信息渠道，可以說是相當暢通，而且訊息傳播速度也非常快。清朝政治上的各種傳言，甚至是街談巷議的軼聞等等，經由使節們的往來活動，極其廣泛的影響到了整個東亞世界，[22]因此我們可以說當時的東亞世界並非是相互隔絕的孤島，除了朝貢的禮儀之外，其實仍然有很多政治文化與思想資源上的深刻交流。事實上，東亞世界在本質上，可以說是充滿了各種牽一髮而動全身的複雜互動關係。[23]

＊延伸閱讀：

1. 王汎森，《權力的毛細管作用：清代的思想、學術與心態》，臺北：聯經出版，二〇一三。
2. 王連旺，《朝鮮通信使筆談文獻研究》，上海：上海交通大學出版社，二〇一八。
3. 金泰俊，《虛學から實學へ：十八世紀朝鮮知識人洪大容の北京旅行》，東京：東京大學出版會，一九八八。

21〔韓〕洪大容，《湛軒書》，《外集．杭傳尺牘》，卷二，《乾淨衕筆談》，收於《韓國學基本叢書》，第五輯，頁二六—二七，上冊，總頁五二四—五二五。

22 伍躍，〈朝貢關係と情報収集——朝鮮王朝対中国外交を考えるに際して〉，收於夫馬進編，《中国東アジア外交交流史の研究》，京都：京都大學學術出版會，二〇〇七，第七章，頁一九〇—一九一。

23 相關討論參見：〔日〕夫馬進著，伍躍譯，《朝鮮燕行使與朝鮮通信使：使節視野中的中國．日本》，上海：上海古籍出版社，二〇一〇。裴英姬，〈《燕行錄》的研究史回顧（一九三三—二〇〇八）〉，《臺大歷史學報》，四三（臺北，二〇〇九），頁二一九—二五五。吳政緯，〈從中朝關係史看明清史研究的新面向——以《燕行錄》為中心〉，《臺灣師大歷史學報》，五一（臺北，二〇一四），頁二〇九—二四二。

4. 復旦大學文史研究院，漢喃研究院合編，《越南漢文燕行文獻集成（越南所藏編）》，上海：復旦大學出版社，二〇一〇。
5. 劉春銀、王小盾、陳義主編，《越南漢喃文獻目錄提要》，臺北：中央研究院中國文哲研究所，二〇〇二。
6. 劉春銀、林慶彰、陳義主編，《越南漢喃文獻目錄提要補遺》，臺北：中央研究院中國文哲研究所；亞太區域研究專題中心出版，二〇〇四。

第十三章

近睹天顏

朝鮮使臣的燕行見聞與清朝歷代皇帝群像

朝鮮使節們來到北京後，朝賀的過程中往往有機會親眼看到皇帝，所以說他們對於清朝歷代皇帝的長相與脾氣都有詳細描述，但這個部分在清朝史書裡面很少提及，清人文集中更少有紀錄。朝鮮使臣們關於清朝皇帝外貌的描述甚多，像是從乾隆的早年樣貌描述到他的晚年，例如嘉慶二年（一七九七）出使清朝的朝鮮使臣徐有聞（乾隆嘉慶年間人士，生卒年不詳）曾經有過相關描述，乾隆皇帝晚年的時候，毛髮濃密甚多，方面大口，外貌異於凡人。[1]另外，朝鮮使臣們的紀錄非常的觀察入微，譬如說嘉慶皇帝有時候脾氣暴躁，時常有自以為是的神情表現；但有時候嘉慶帝臉上卻又以「溫厚之氣」與「仁慈之色」表現於外貌。[2]朝鮮使臣還觀察到嘉慶皇帝在言談笑語之間，頗為和氣，容貌豐碩，為人淳厚，讓人們感到容易親近。[3]相關的文字記載還提及一些在清朝宮廷御宴中才能觀察到的日常生活細節，例如朝鮮使臣們在嘉慶皇帝賜酒的時候，曾經就近觀察到嘉慶皇帝的手指「細白如玉」，因而寫下描述記載。[4]甚至是清朝後期皇帝體格矮小、其貌不揚的若干細節，朝鮮使臣在《燕行錄》，以及回國後與朝鮮國王的奏對問答中都有所描述。[5]

《承政院日記》裡對於清朝諸帝的評價

朝鮮各種《燕行錄》文獻的讀者眾多，這恰恰反映出了朝鮮君臣對於明清時期中國有著相當熱切的好奇。朝鮮國君與眾多大臣們都想要透過閱讀燕行文獻，進而知曉有關中國的具體訊息。《燕行錄》除了有刊行巷里的版本外，朝鮮官方文獻所見，甚至就連朝鮮國王也有取閱觀看，並且與臣子們專門就燕行文獻的若干紀錄進行討論，可見朝鮮君臣對於燕行使節出使清朝一事極為重視。例如《承政院日記》便有記載，提及朝鮮英祖（一六九四—一七七六）於乾隆三十四年七月初四日在「集慶堂」與眾臣一起議論國事的時候，談到了自己對於《燕行錄》的閱讀與重視，並說曾經閱讀過朝鮮著名學者金昌業（一六五八—一七二二）的《燕行錄》著作。「集慶堂」中議論政事的朝鮮臣子們更在君臣奏對中，提到金昌業的《燕

1 朝鮮使臣徐有聞曾經在《戊午燕行錄》寫道：「暫視殿上，上皇毛髮甚衰，然方面大口，異於凡人。」參見：〔韓〕徐有聞，《戊午燕行錄》，收於《燕行錄全集》冊六二，頁一八八。

2 〔韓〕徐有聞，《戊午燕行錄》，收於《燕行錄全集》，冊六二，頁二〇六—二〇七。

3 韓國國史編纂委員會編纂，《承政院日記》，首爾：國史編纂委員會，一九六一—一九七七，第一〇一冊，朝鮮純宗六年三月十五日，嘉慶十一年。

4 朝鮮使臣徐有聞曾經在《戊午燕行錄》中寫道：「新皇座處甚近，雖不敢仰視，然賜酒之際，暫視則手指甚細，如白玉矣。」參見：〔韓〕徐有聞，《戊午燕行錄》，收於《燕行錄全集》，冊六二，頁一八八—一九一。

5 例如朝鮮燕行使任應準曾經留下了關於光緒皇帝的評論文字，他在與朝鮮國王的奏對問答的紀錄中寫道：「上曰：『得見皇帝乎？』臣曰：『保和殿四周予宴，三次入參賜宴……有勞問賜酒之舉，賜酒時，昵近詳瞻矣。』上曰：『容貌果何如？』臣曰：『今為十一齡，而見甚清弱，身體短小。』上曰：『今讀何書？』臣曰：『曾以此問於朝士，而其舖張之說，不可信也。望之，就之，恐未免蒙學矣。』上曰：『然又不如同治也。念道光甚盛時也。』臣曰：『道光有人君氣象，制治比今甚盛矣。』」參見：〔韓〕任應準，《未信錄》，收於《燕行錄續集》，冊一四七，頁一三五—一四一。

行錄》在朝鮮當地相當有名，據說在「閭巷婦孺」之間，也有許多翻譯傳誦之人。甚至就連朝鮮境內的窮僻鄉野，也有人繪成圖畫，專門供人閱覽。[6]

《承政院日記》中還有另一段記載，提及英祖於乾隆三十八年十二月初二日在「集慶堂」朝會之際，命敦寧都正李鎮翼（一七二八—一七九六）取視《燕行錄》，並讓臣子們在「集慶堂」中當堂展讀。此段官方記載相當有趣，並可由此得知《燕行錄》不僅只是朝鮮使節團成員的紀錄文書，同時也為朝鮮國王所取視閱讀，並成為朝堂中君臣議論的重要事項之一。甚至朝鮮國王還命令將《燕行錄》書稿刊行傳世，並且入藏內府，或是賞賜給臣子，另外更收儲於「龍興舊邸」之中。[7]朝鮮英祖的諸多舉措可以說不僅幫助《燕行錄》文獻在朝鮮各地傳播，並且進而促使《燕行錄》逐漸形成朝鮮在政治文化方面的重要思想資源。除上述記載外，朝鮮英祖閱讀《燕行錄》的相關紀錄，還可見於《李朝實錄》的記載中，朝鮮王朝的實錄中不僅提及了英祖要求臣子們進呈《燕行錄》，甚至還提到了英祖命藝閣刊行《燕行錄》，這也是一項《燕行錄》文獻在朝鮮出版刊行的重要佐證之一。[8]

其後，嘉慶元年，也就是朝鮮正祖二十年七月初二日前後，《承政院日記》還記錄下一則在漢陽城中相當有趣的街談巷議，反映了當時朝鮮人對於嘉慶皇帝的另類看法。《承政院日記》詳細記錄了當時的事件經過，朝鮮正祖（一七五二—一八〇〇）在「誠正閣」的君臣議政之中談到此事。正祖說道：「今春閭巷間騷說，即因訛傳嘉慶帝之請剃髮朝鮮事，轉轉愈訛，久始自靖……」[9]嘉慶元年春季前後，朝鮮國內便有閭巷之間的街談傳言，議論著嘉慶皇帝繼位之後特頒旨意，要求朝鮮上下剃髮。這一訛傳謠言，久久未息。日後許多關於嘉慶皇帝的評價中，我們仍然可以觀察到朝鮮使臣們在言語文字之間，多半是持著負面的評價與態度。[10]

綜合而論，《承政院日記》屢次提及了朝鮮君臣們對於清朝的認識，以及對於清朝皇帝們的各種評價。朝鮮君臣間奏對中的議論事例並不少見，例如清嘉慶十年，朝鮮純宗五年九月二十八日未時前後，朝鮮純宗李玜（一七九〇—一八三四）在「誠正閣」接見剛自清朝返國的燕行使臣，領府事李秉模（字彝則，一七四二—一八〇六）。純宗國王與李秉模兩人在

6 韓國國史編纂委員會編纂，《承政院日記》，首爾：國史編纂委員會，一九六一—一九七七，第七十二冊，朝鮮英祖四十五年七月初四日，乾隆三十四年。

7 韓國國史編纂委員會編纂，《承政院日記》，首爾：國史編纂委員會，一九六一—一九七七，第七十五冊，朝鮮英祖四十九年十二月初二日，乾隆三十八年。

8 例如朝鮮英祖四十九年（乾隆三十八年）十二月初二日，英祖特命敦寧都正李鎮翼（乾隆年間人士，生卒年不詳）持《麟坪大君文集》、《燕行錄》等書入侍，其後並命藝閣刊行是書。參見：韓國國史編纂委員會編，《朝鮮王朝實錄》，首爾：國史編纂委員會；東國文化社，一九五五—一九五八，卷一二二，朝鮮英祖四十九年十二月初二日丙戌條。

9 韓國國史編纂委員會編纂，《承政院日記》，首爾：國史編纂委員會，一九六一—一九七七，第九十二冊，朝鮮正祖二十年七月初二日，嘉慶元年。

10 韓國國史編纂委員會編纂，《承政院日記》，首爾：國史編纂委員會，一九六一—一九七七，第九十三冊，朝鮮正祖二十年七月初二日，嘉慶元年。

「誠正閣」中的奏對談話，也被記錄在《承政院日記》中。這一段君臣對話，領府事李秉模詳細說明了出使清朝的旅途見聞，特別是他對於清朝政情的詳細觀察與評論，以及對於康熙皇帝、乾隆皇帝，以及嘉慶皇帝施政各方面的具體評價。李秉模並在奏對之中指出嘉慶皇帝在人品學問方面，可以說是：「性似和平，政尚節儉，亦無聲色之娛」；「皇帝優於文，善於筆，亦有文集刊布者云矣。」[11]李氏在言語之間，仍然有溢美之辭，但接著話鋒一轉。李秉模在奏對中進一步描述清朝坊間傳說中多半認為嘉慶皇帝在處理政事方面，「頗有察察之明」。然而，李秉模卻認為並未如傳說所言，其實嘉慶皇帝在相關施政方面，並沒有如此的表現。[12]

相較於康熙皇帝、乾隆皇帝兩位盛世明君，李秉模認為嘉慶皇帝稍遜於康熙、乾隆二帝。李秉模更在君臣奏對之間，如此評論嘉慶皇帝，他說道：「康熙則彼人素稱聖君，乾隆亦勤政好學，兼通武藝，可謂不易得之人主，嘉慶似遜於二帝矣。」[13]李氏更進一步對滿漢關係，以及清朝當時的政局狀況提出了深刻的分析，他認為：「大抵要任，滿人皆主之，雖大勢所壓，天下不敢動，而若當風吹草動之時，則人心似有不可恃者矣。」[14]李秉模認為滿人領有朝廷要職，而且清朝重要政務也大多由滿人主導；朝廷在表面上雖然綱紀有序，肅然不紊，但是清朝政局若有變故，風吹草動之時，局勢變化中的人心向背，頗有不可依恃之處。李秉模還認為清朝立國規模上，雖然可以說是「自漢以來，鮮有其比」，但是「專以兵力壓持天下」，而且「軍兵則極為盛壯」。[15]因此，清朝在其立國根基之上，依恃軍兵武力，自然也就是「與中國不能無主客之別」。[16]朝鮮君臣還在「誠正閣」的奏對中談論到清廷權臣和珅專寵之事，朝鮮純宗特別向李秉模詢問在嘉慶朝的朝廷廟堂之中，是否有類似和珅的「專寵之臣」？李氏認為嘉慶朝的政局之中「權勢隆盛，無可以倫比於和珅者」，但是依然「頗有弊端」。[17]《承政院日記》詳細記載了這一次的君臣對話內容，可以說是極為珍貴的域外史料文獻。

11 韓國國史編纂委員會編纂，《承政院日記》，首爾：國史編纂委員會，一九六一—一九七七，第一〇一冊，朝鮮純宗五年九月二十八日，清嘉慶十年。

12 韓國國史編纂委員會編纂，《承政院日記》，首爾：國史編纂委員會，一九六一—一九七七，第一〇一冊，朝鮮純宗五年九月二十八日，清嘉慶十年。

13 韓國國史編纂委員會編纂，《承政院日記》，首爾：國史編纂委員會，一九六一—一九七七，第一〇一冊，朝鮮純宗五年九月二十八日，清嘉慶十年。

14 韓國國史編纂委員會編纂，《承政院日記》，首爾：國史編纂委員會，一九六一—一九七七，第一〇一冊，朝鮮純宗五年九月二十八日，清嘉慶十年。

15 韓國國史編纂委員會編纂，《承政院日記》，首爾：國史編纂委員會，一九六一—一九七七，第一〇一冊，朝鮮純宗五年九月二十八日，清嘉慶十年。

16 韓國國史編纂委員會編纂，《承政院日記》，首爾：國史編纂委員會，一九六一—一九七七，第一〇一冊，朝鮮純宗五年九月二十八日，清嘉慶十年。

17 韓國國史編纂委員會編纂，《承政院日記》，首爾：國史編纂委員會，一九六一—一九七七，第一〇一冊，朝鮮純宗五年九月二十八日，清嘉慶十年。

除上述記載，朝鮮君臣在商議政事之際，時常會有比較清代歷朝帝王之間高低優劣的類似議論。例如我們還可以在文獻記載中看到戶曹判書李晚秀（一七五二—一八二〇）對於嘉慶皇帝的評論。李晚秀曾經在回覆朝鮮純宗的詢問中提及他對於嘉慶皇帝的看法。根據《承政院日記》記載，朝鮮純宗九年（嘉慶十四年）十月十九日，純宗詢問李晚秀嘉慶皇帝的姿貌情況，問道：「皇帝姿表比乾隆何如？」李晚秀則在奏對中如此評論嘉慶皇帝：「骨格雖似不及，而大抵姿表，豐厚極好……而望之則特異迥出矣。」李氏認為嘉慶皇帝在體形骨格的外貌上雖不及乾隆皇帝，但姿貌大體上豐厚極好，特異迥出，不同於眾人。李晚秀並且還向朝鮮純宗報告，乾隆皇帝對朝鮮使臣可以說是極為善待，嘉慶皇帝也對使臣們有特別禮遇之處。[18]總體來看，乾隆、嘉慶之際政治氛圍微妙的轉變中，朝鮮使節們還觀察到京城的市面風氣與政治氣氛也有所變化。一方面由於嘉慶皇帝並不喜好各種「玩好之物」，因此清朝王公貴人私獻之路也隨之斷絕。另外，乾隆年間市面上所充斥的各種「玩好之物」，在當時政治氛圍的變化之下，也就隨之消聲匿跡。[19]

朝鮮燕行使臣筆下的清朝乾嘉盛世

由於乾隆、嘉慶年間以來，文字獄屢興，清廷對於事涉政治敏感的言論的查察與防範，也就越加嚴厲。甚至就連朝鮮使臣與清朝士人在驛站使館中的私人對話，也大受政治氣氛的影響。雙方在言談之間，甚至是在紙面筆談的交流過程中，往往頗有忌諱，彼此深怕觸犯政治上的禁忌話題。例如朝鮮燕行使節團成員之一的書狀官尹魯東（朝鮮正祖、純宗年間人士）便曾在與朝鮮純宗的君臣奏對之中，詳細陳述出使清朝的見聞，並詳細記錄下了這一種清代政治氛圍的微妙轉變。尹氏特別提及在乾隆之時，朝鮮使臣與清朝文士，時常接觸往來，但是嘉慶朝以來，政治氣氛有所變化，各種防範至為嚴密。尹魯東觀察到清朝文士在神情眉睫之間，「似不無向往於我人之意」，可見其心中仍然想要與朝鮮使臣互動交流。但是受限於政治氛圍的變化，雙方之間的各種交流互動已經大不如前，不但再沒有驛館中往來之事，而且彼此之間也沒有接觸交談。[20]

除上述提及的政治氛圍的轉變之外，朝鮮使臣們在奏對中也曾經向朝鮮純宗報告有關清朝民生經濟的實地觀察，甚至是嘉慶皇帝的身體健康的具體情況。朝鮮使臣在返國後的奏對報告中，曾經詳細描述了嘉慶皇帝的健康情況，指出其精神氣色上頗有問題。例如朝鮮純宗

18 韓國國史編纂委員會編纂，《承政院日記》，首爾：國史編纂委員會，一九六一—一九七七，第一〇四冊，朝鮮純宗九年十月十九日，嘉慶十四年。

19 韓國國史編纂委員會編纂，《承政院日記》，首爾：國史編纂委員會，一九六一—一九七七，第一〇一冊，朝鮮純宗六年三月十五日，嘉慶十一年。

20 韓國國史編纂委員會編纂，《承政院日記》，首爾：國史編纂委員會，一九六一—一九七七，第一〇一冊，朝鮮純宗六年三月十五日，嘉慶十一年。

六年（嘉慶十一年）三月前後，書狀官尹魯東在返回朝鮮之後，曾向朝鮮純宗奏報嘉慶皇帝的健康氣色，尹氏在奏報中說道「今四十七歲，而衰邁若六、七十者然」，這可以說是來自於朝鮮使臣在晉見嘉慶皇帝後，所做出的第一手觀察與評論。[21]朝鮮使臣們在這一次晉見的過程中，尹魯東等人還就近觀察到嘉慶皇帝在言談笑語之間，亦多和氣，「容貌豐碩，為人似淳厚」，讓人們感到容易親近。[22]

除了清朝皇帝的健康氣色之外。事實上，嘉、道、咸以來，清朝國力不濟，衰世將至的各種失序現象，包括各處民生凋敝，關隘庫舍頹落失修，以及清廷力行撙節，簡省各項財用支出的經濟實況，也都具體呈現在燕行使節尹魯東向朝鮮純宗奏陳的使行觀察報告之中。[23]尹魯東在「誠

清高宗夏朝冠
（國立故宮博物院藏品）

正閤」的君臣奏對中，還更進一步詳細描述了嘉慶年間華北地區水災頻繁，江南蠶農收穫不利的民生經濟情況。嘉慶以來民生經濟欠佳的情況，其影響所及，甚至就連清廷在賞賜外國使臣的品項上也受到了影響，只能「以紬代緞」，來權宜替換賞賜之物。一葉知秋，由小處見大勢，可見清朝之國力由盛而漸衰，「帑藏之罄竭矣」。[24]

除上述《承政院日記》的相關記載外，朝鮮使臣們當時還在各種《燕行錄》文獻中提及嘉、道之後，時局變化，有如江河日下，而常在字裡行間留下了國事難以再謀振作，甚至是「衰世將至」，或是亂事將起，以及各種驚慌恐懼紛至的心中感嘆。例如朝鮮使臣李恒億在一八六二年出使清朝時，就曾經在《燕行日記》中提及「中國之經用難辦矣」，感覺到一種「衰世」的來臨。[25]此外，一八四八年前後出使北京的燕行使節李遇駿也曾在《夢遊燕行

---

21 韓國國史編纂委員會編纂，《承政院日記》，首爾：國史編纂委員會，一九六一—一九七七，第一〇一冊，朝鮮純宗六年三月十五日，嘉慶十一年。

22 韓國國史編纂委員會編纂，《承政院日記》，首爾：國史編纂委員會，一九六一—一九七七，第一〇一冊，朝鮮純宗六年三月十五日，嘉慶十一年。

23 韓國國史編纂委員會編纂，《承政院日記》，首爾：國史編纂委員會，一九六一—一九七七，第一〇一冊，朝鮮純宗六年三月十五日，嘉慶十一年。

24 韓國國史編纂委員會編纂，《承政院日記》，首爾：國史編纂委員會，一九六一—一九七七，第一〇一冊，朝鮮純宗六年三月十五日，嘉慶十一年。

25 〔韓〕李恒億，《燕行日記》，收於《燕行錄全集》，冊九三，頁六九。

錄》中寫下他在使行途中所感受到的各種「衰世之象」。[26]若由宏觀角度來進行分析，便可以發現許多類似的記載散見於燕行文獻之中，提供了關於清朝政經實情的第一手觀察報導。例如乾隆嘉慶年間，隨行使團出訪的朝鮮譯官劉運吉也曾經在與清人筆談中，記錄下清朝文人葉景蓀對於世事時局的深切感觸，葉景蓀認為此時的清朝已然是「外強內乾」的衰沒之世。[27]一七六五年出使清朝的洪大容則是寫道他一路見聞所及的各處貧民身處窮苦困境，而且貧民中不堪飢寒者，可以說是「不勝其多」。但是，他在使行沿路所見清朝皇家行宮殿閣，可以說是「極其奢麗」，而且各處建築「多有侈美」之處。兩者相較之下，可說是天壤之別，讓人目睹後心中「不勝傷歎」。[28]洪大容分析箇中原因所在，他認為嘉慶皇帝並非不節儉，也不是崇尚奢華。但是其下奉行旨意的官員們，並不善於執行節約的政策，以致事態發展至此。[29]

這一類有關清朝國家綱紀日漸敗壞的記載其實並不少見，像是道光二年（一八二二）出使清朝的朝鮮使臣徐有素（一七七五—？）則是在其燕行紀錄中，提到道光之時國勢日衰，清朝官員的威儀與北京市面的繁華，似乎都不如乾隆嘉慶時期，國家綱紀逐漸有敗壞跡象，看來不能長治久安。[30]徐有素特別寫下他心中的深深感嘆：「豈有紀綱都喪，而國能長久者乎？」[31]另外，一八五五年出使清朝的朝鮮使臣姜長煥也曾在《北轅錄》中寫下他在出使旅程中的所見所聞，姜氏指出清朝當時的紀綱日壞，風氣不佳，即便在官方筵宴活動之中，也常有斯文掃地之事。姜長煥寫道：「群胡打成一片，盤車器皿一齊相搏。」官方筵宴之中，情況混亂，竟然有如戰場一般，充斥各種「金鼓齊鳴之聲」。宴桌還尚未撤席，就任人任意偷攫取用，而且眾人視若尋常。這一類飲宴中發生的失序情況，不但是怠慢朝鮮使節們，而且讓使臣們感到驚駭嫌惡，甚至可以說是：「紀綱掃地，令人代羞。」[32]其後，一八六〇年出使清朝的朝鮮使臣申錫愚（一八〇五—一八六五）則是在《入燕記》中詳細描述清廷各處行宮窗闥簷宇摧朽破碎的破敗情況，例如申氏描述了「灤河行宮」的破敗現況，他寫道：「灤河行宮，今皆黝暗，窗闥破碎，簷宇摧朽，至有全頹者，荒垣敗壁，見極愁慘。」[33]另外，盛京各處的宮廷殿宇，無不頹圮壞敗，情況不復當年。[34]申錫愚最後總結他在燕行旅程

26〔韓〕李遇駿，《夢遊燕行錄．（下）》，收於《燕行錄全集》，冊七七，頁六二。

27〔日〕夫馬進，林基中編，《燕行錄全集．日本所藏編》，首爾：東國大學韓國文學研究所，第一冊，頁三九四—三九五。

28〔韓〕洪大容，《湛軒書》，《外集．杭傳尺牘》，卷二，《乾淨衕筆談》，收於《韓國學基本叢書》（第五輯），上冊，頁五二一—五二二。

29〔韓〕洪大容，《湛軒書》，《外集．杭傳尺牘》，卷二，《乾淨衕筆談》，收於《韓國學基本叢書》（第五輯），上冊，頁五二一—五二二。

30〔韓〕徐有素，《燕行錄》，收於《燕行錄全集》，冊七九，頁一二八。

31〔韓〕徐有素，《燕行錄》，收於《燕行錄全集》，冊七九，頁一二八。

32〔韓〕姜長煥，《北轅錄》，收於《燕行錄全集》，冊七七，頁三四三。

33〔韓〕申錫愚，《入燕記》（一）、《入燕記》（二），收於《燕行錄全集》，首爾：東國大學校出版部，二〇〇一，冊七八，頁一九二—一九三。

之中，沿途所見多處清朝皇家行宮壞敗無數，荒垣敗壁的實際境況，聞見目睹之餘，心中感到愁慘，因此寫下了「清人之事於此，亦可見其衰倦矣」的深刻觀察與感嘆。[35]

事實上，關於清朝「衰世將至」、「天下將亂」的感嘆，以及燕行使節們所寫下的文字記載，可謂汗牛充棟，散見各種文獻之中。我們還可以在一八六二年出使清朝的使臣李恒億（？—一八六二）撰寫的《燕行日記》一書中，見到許多類似的議論文字。[36]甚至，曾經多次出使清朝的朝鮮使臣柳得恭更在《燕台再游錄》記載了當時清人對於時局的深刻感觸，並寫下了「天下將大亂矣」的驚人之語。[37]透過歷代朝鮮使臣們的紀錄，我們可以看到清代自嘉慶、道光以來，國勢日漸衰倦，綱紀日漸敗壞的具體情況，這一些政治文化上的微妙變化，透過朝鮮使臣們與清人之間的往來筆談對話，當時的政治氛圍中的各種危機感受，可以說躍然於紙上。

嘉道咸以來朝鮮使臣對於清朝政局的觀察

清朝自嘉、道、咸以來，朝鮮使臣對於清朝政局方面的變化曾經有過相當詳細的觀察，並且在文獻中留下了大量的紀錄。例如嘉慶十四年十月十九日，朝鮮使臣戶曹判書李晚秀在「誠正閣」的君臣奏對中，曾經向朝鮮純宗詳細評論與分析過清朝的「密位建儲」制度，並且認為此法並不符合君王「正大光明」之道。純宗在與李晚秀商討政事之際，對於「密位建儲制度」也有評論：「其法有屬意者，則為金縢於太廟云，恐非美法也。」雖然在具體細節上略有一些誤解之處，但純宗在言語之間，表達出了來自朝鮮君主的看法，清朝密位建儲之事，恐非美法。[38]李晚秀則認為密位建儲的立意，應是為了防止帝位爭奪，避免奪嫡政爭。但清朝在政治策略上卻有失人君之道，不夠光明磊落，實在不是一種美法良策。李氏更在奏對中強調，天下人心的維繫，嗣君國本的確立，本該一切光明正大，即使是為了預防爭嗣奪嫡，設立「密位建儲」的制度，但又何必如此為之。[39]

此外，朝鮮純宗在君臣奏對的言語之間，還曾在不經意之中，透露出來聞知有關嘉慶皇

34〔韓〕申錫愚，《入燕記》（一）、《入燕記》（二），收於《燕行錄全集》，首爾：東國大學校出版部，二〇〇一，冊七八，頁一九二—一九三。

35〔韓〕申錫愚，《入燕記》（一）、《入燕記》（二），收於《燕行錄全集》，首爾：東國大學校出版部，二〇〇一，冊七八，頁一九二—一九三。

36〔韓〕李恒億，《燕行日記》，收於林基中編，《燕行錄全集》，首爾：東國大學校出版部，二〇〇一，冊九三，頁六九。

37〔韓〕柳得恭，《燕台再游錄》，收於林基中編，《燕行錄全集》，首爾：東國大學校出版部，二〇〇一，冊六十，頁一一。

38韓國國史編纂委員會編纂，《承政院日記》，首爾：國史編纂委員會，一九六一—一九七七，第一〇四冊，朝鮮純宗九年十月十九日，嘉慶十四年。

39韓國國史編纂委員會編纂，《承政院日記》，首爾：國史編纂委員會，一九六一—一九七七，第一〇四冊，朝鮮純宗九年十月十九日，嘉慶十四年。

帝屬意由皇次子繼任的訊息。似乎當時戶曹判書李晚秀等朝鮮使節們已經刺探到嘉慶皇帝已有屬意的繼位人選，並且已在燕行出使途中聽聞到相關傳言，進而向朝鮮純宗奏報相關情況。純宗根據燕行使節們的報告內容，明白指出嘉慶皇帝心中特別屬意於第二皇子，也就是後來的道光皇帝。[40]上述各種朝鮮君臣們在「誠正閣」中的奏對紀錄，可以說間接證實了燕行使節們對於清朝政局的精確掌握程度。

嘉道以來，對於清朝皇帝與政局變化的觀察與評論，時常見於各類朝鮮燕行文獻之中。例如道光皇帝崩逝之後，廟號宣宗，新皇咸豐正式繼位。朝鮮燕行使臣們奏報咸豐皇帝年紀春秋為二十歲，京師晏如，一切平靜，朝廷緊要政事，俱倚重滿漢耆舊老臣們來主理。然而，道光皇帝的梓宮棺槨卻暫時奉安饗殿，一直遲延至三年之後的壬子年，方才正式歸葬山陵。朝鮮使節特別記錄下此事，並且私下用書信向領議政鄭元容（一七八三—一八七二）報告關於道光皇帝梓宮歸葬延遲的箇中原因，並且提及京城裡傳講的說法，此事主要是因為這兩年的「年運不利」，所以道光皇帝梓宮的歸葬一事，才特別有所延遲。[41]道光三十年（朝鮮哲宗元年）二月二十一日辰時，領議政鄭元容在熙政堂的朝議奏對中還特別向朝鮮哲宗（一八三一—一八六三）提及燕行使節在私信中的報告，以及朝鮮使臣們對於咸豐皇帝與清朝新政局的詳細報告。[42]

事實上，每當清朝皇帝崩逝，政情局勢有所變化之際，朝鮮君臣們都會在朝會中進行詳細的討論。例如咸豐十一年（朝鮮哲宗十二年）八月二十日酉時，朝鮮哲宗茲因咸豐皇帝崩逝，聚集群臣在「熙政堂」朝會進行商議，而且朝鮮使臣們往往也會在奏對中，提供相關建議。此次會議之中，領議政鄭元容向朝鮮哲宗報告，依據清朝大臣們之間的傳言，御醫曾經提及咸豐皇帝平日並不注重養生，而且在飲食方面，「每多失攝之時」，藥劑因此無效。另外，咸豐皇帝有腳痛的老毛病，身體健康狀況並不理想。[43]

另一方面，咸豐皇帝崩逝承德避暑山莊，以及同治皇帝繼位前後的北京局勢混亂；而中原兵亂已經有十年之久，天下人心是否依歸，仍未可知的各種政局情況，也成為朝鮮君臣在朝會奏對中討論的重要焦點。特別是各方傳言中提及咸豐皇帝的皇子年約六歲，皇子嗣位繼統之事，當時還沒有見報於清朝官方文書，引人疑慮。彼時坊間另有傳言提及清朝國家大政或將由恭親王主持，並且出任「攝政王」，穩定大局。處在這種紛擾情勢之下，事態發展多半仍在未可知的狀況中，朝鮮君臣們對此時清朝政局的各種變化也有議論。例如在「熙

40 韓國國史編纂委員會編纂，《承政院日記》，首爾：國史編纂委員會，一九六一—一九七七，第一〇四冊，朝鮮純宗九年十月十九日，嘉慶十四年。
41 韓國國史編纂委員會編纂，《承政院日記》，第一二二冊，稿本二五〇〇冊，朝鮮哲宗元年二月二十一日，道光三十年。
42 韓國國史編纂委員會編纂，《承政院日記》，第一二二冊，稿本二五〇〇冊，朝鮮哲宗元年二月二十一日，道光三十年。
43 韓國國史編纂委員會編纂，《承政院日記》，第一二六冊，稿本二六四三冊，朝鮮哲宗十二年八月二十日，咸豐十一年。

政堂」奏對所討論的事務中，便特別聚焦在朝貢禮儀方面。朝鮮君臣們由於考量到當下的國力有限，值此有事之時，不能不預先經紀籌劃。相關事宜中，例如朝鮮方面是否要向恭親王另外敬呈方物，尤其是假若恭親王出任「攝政王」，應當特別敬呈方物，以示崇敬之意。此外，關於「事大之禮」，應該如何因應變化，參考何種禮儀事例，亦是朝鮮君臣商議的應對事宜之一。朝鮮哲宗與領議政鄭元容、判府事金左根（一七九七—一八六九）等多位朝臣，曾特別就此事有所議論。《承政院日記》對於當時的朝鮮君臣之間奏對的內容有詳細記載，留下了朝鮮內部對於清朝咸豐同治之際政局變化，以及清朝各種政治傳聞的第一手觀察與紀錄。[44]

除上述關於咸豐皇帝的記載之外，朝鮮君臣間對於其後繼任的清朝皇帝也有許多的評論與分析。例如朝鮮燕行使任應準便曾留下了關於光緒皇帝的評論文字，他在與朝鮮高宗（一八五二—一九一九）在「熙政堂」的奏對問答中，詳細報告了此次出使燕行的相關見聞。任應準不僅在紫禁城的「保和殿」三次參與清朝皇帝賜宴，御宴之中，他還曾經在皇帝賜酒勞問的過程裡，利用機會就近詳瞻皇上御顏。任氏在描述光緒皇帝的容貌的時候，曾如此說道：「今為十一齡，而見甚清弱，身體短小。」朝鮮高宗又向任應準詢問光緒皇帝平時所讀何書？任氏在回答中表示曾經就此事詢問清朝人士，但相關說法不免鋪張誇飾，不可盡信也。若就他親眼見聞，光緒皇帝所讀之書，恐怕不過只是啟蒙幼學之類。朝鮮高宗聽聞任應準的報告之後，頗有感嘆，於是便說「然又不如同治也，念道光甚盛時也」，以為光緒皇帝恐怕又不如同治皇帝。相較之下，道光一朝，仍可算是清代甚盛之時。任應準接著表達了他對道光皇帝的看法，以及對光緒朝的相關評斷，任氏在奏答中說道「道光有人君氣象，制治比今甚盛矣」，道光皇帝有人君之氣象威儀，國家政事在制度與治理方面，可以說盛於光緒之時。[45]從上述任應準與朝鮮高宗在「熙政堂」的奏答內容，我們可以看到清代皇家御宴之中，賜酒勞問使臣，看似最是平常無奇，行禮如儀的宮廷筵宴，卻也是朝鮮使臣們就近瞻看天子御顏，並同時觀察清朝國情政局虛實的重要時機之一。

綜合來看，透過上述各種朝鮮燕行與官方文獻，我們可以得到有關清代歷任皇帝的一個側面理解，特別是透過來自朝鮮使臣們的域外之眼，保存下了本國史書與官方檔案文獻所未能盡知的各種近距離觀察與具體紀錄。時至晚清，燕行使仍然在朝鮮君臣奏對中，詳細描述與評價清朝皇帝。甚至是一直到了清朝後期皇帝體格矮小，其貌不揚的模樣。這一些內容，或者為尊者隱諱，或者是有礙時禁，因此難以在清朝官方檔案與史書文獻中留下紀錄。但這一些清朝宮廷與皇帝日常生活中的小細節，卻被保存在《燕行錄》等文獻中，仍有待研究者更進一步的發掘與利用。朝鮮使者們透過域外之眼，寫下了大量的第一手觀察，從另一種

44 韓國國史編纂委員會編纂，《承政院日記》，第一二六冊，稿本二六四三冊，朝鮮哲宗十二年八月二十日，咸豐十一年。

45〔韓〕任應準，《未信錄》，收於《燕行錄續集》，冊一四七，頁一三五—一四一。

不同的角度與立場，揭示了清朝皇帝、宮廷文化，以及清代國運由盛而衰的各種轉折與細微面向。

＊延伸閱讀：

1. 王汎森，〈從東亞交涉史料看中國〉，收於氏著《權力的毛細管作用：清代的思想、學術與心態》，臺北：聯經出版，二〇一三，頁六四五—六五一。
2. 〔日〕夫馬進著，伍躍譯，《朝鮮燕行使與朝鮮通信使：使節視野中的中國・日本》，上海：上海古籍出版社，二〇一〇。
3. 孫衛國，《大明旗號與小中華意識：朝鮮王朝尊周思明問題研究（一六三七—一八〇〇）》，北京：商務印書館，二〇〇七。
4. 葛兆光，《想像異域：讀李朝朝鮮漢文燕行文獻札記》，北京：中華書局，二〇一四。
5. 徐東日，《朝鮮使臣眼中的中國形象：以《燕行錄》、《朝天錄》為中心》，北京：中華書局，二〇一〇。

第十四章

仁心聖手護朕躬

明清宮廷御醫們的故事

醫者仁心聖手，救死扶傷，運用專業醫學知識來護持人們的身體健康，可以說在人們的日常生活中扮演了極為重要的角色。事實上，許多明清宮廷劇中都會出現御醫，他們時常伴隨在皇帝的身旁，也是重要的劇情橋段之一。但是這些御醫卻不一定被當時人們重視，甚至往往只能在史書與明清宮廷檔案文獻裡留下一些簡單的描述與片段記載。雖然透過學者們各方面的研究成果，我們或多或少可以得知明清時期任職太醫院的御醫、醫士、醫員與堂官們，他們的姓名，以及他們日常生活的大略梗概。不過，他們的醫者身影還是模糊不清。太醫院御醫在歷史長流之中若隱若現，但是宮廷之中，在檔案文獻的字裡行間，總是會留下一些他們的吉光片羽。

綜合關於明代御醫的研究成果，並依據《明史．方伎傳》，以及《國朝獻徵錄》等文獻記載，明代太醫的入仕途徑主要可以分成幾個方面：一是名醫的子弟們可以進入太醫院學習醫術，學成之後，再經由考試授予相應職位。其次，民間醫者入朝治病後，若是立功，便留任於太醫院中任職御醫。另外，還有地方醫官們經由朝廷選拔晉升，以及經由太醫院醫官們推薦，進而進入太醫院服務。此外還有因先輩功勛，而蒙恩蔭襲的醫官，也是進入太醫院的途徑之一。最後，明代也有一些太醫院醫官是因為其他的成就與事功而被徵召入朝，卻因身懷高明醫術，而被朝廷任命為御醫。[1] 綜合學者們的研究，以及傳世的各類文獻，我們可以大略了解明代御醫的概要情況。相較於明代太醫院與御醫散見於各種史書文獻的片段記載，清代太醫院與御醫們則在清朝檔案文獻中留下了頗為豐富的紀錄，包括了日常職掌的醫事任務，以及官署內部運作的具體細節等等。隨著各類清代宮廷檔案文獻的公布與開放，我們才得以從中尋覓他們的日常生活與醫者身影。

清朝檔案裡的太醫院與御醫們的日常生活

清朝宮廷檔案裡其實有不少提及太醫院的文獻記載，雖然散見在各種類型的檔案全宗，整理上需要相當的時間，但這些檔案在字裡行間可以說詳細記錄了御醫們的職掌差務，甚至是日常生活的點點滴滴。例如若是遇到各部大臣們一時生了急病，或患天花痘症，清朝皇帝時常欽命派遣太醫院御醫調配內府藥方加以救治，或是給予種痘。[2] 清朝檔案文獻中收錄的相關例子不少，例如雍正四年六月前後，翰林院侍講帶管天津同知事陳儀（一六七〇—一七四二）在任上染患疾病，雍正皇帝特命太醫院院判李德聰（雍正年間人士，生卒年不詳）、趙士英（雍正年間人士，生卒年不詳）前去診視治療。陳儀因此特別撰寫謝恩奏摺，奏謝皇

1 相關研究成果可以參閱王敏博士的學位論文：王敏，《世醫家族與民間醫療：江南何氏個案研究》，上海：華東師範大學，二〇一二。以及劉小朦，《皇明異典：明中期傳奉醫官的身分、遷轉與政治文化》，《歷史研究》（北京，二〇一七），第三期，頁四〇—五六。

2 中國第一歷史檔案館藏，《軍機處檔案》，文獻編號：03-18-009-000020-0002-0094，乾隆二十二年十月二十五日，為著太醫院派良醫一名照料額駙喇旺多爾濟數日後應行種痘即行種痘事。

〔明〕唐寅〈燒藥圖〉
（國立故宮博物院藏品）

上聖眷恩命御醫，診視微疾。雍正皇帝在陳儀的謝恩奏摺上，還寫有硃批：「聞汝大愈，朕甚欣悅。」[3]其後，雍正十三年五月前後，河南巡撫王士俊（?—一七五六）在任上患病，雍正皇帝命太醫院醫官李毓清（康熙雍正年間人士，生卒年不詳）專程由京城前往河南巡撫衙門為其診視治病。王士俊特撰謝恩奏摺，恭謝天恩，賞遣醫官前來診視，並且在奏摺中報告病情已經漸漸痊癒，精神平復，並提及太醫院醫官李毓清等人將於五月十三日起程返京一事。[4]

除上述事例之外，乾隆年間也有不少太醫院派出御醫診視文武官員們的記載，散見於各種檔案文獻，例如太醫院御醫何徵圖（乾隆年間人士，生卒年不詳）便曾經奉旨查看建威將軍的病況，並且撰寫專摺向乾隆皇帝奏報其具體病情。[5]另外，老臣若是病重難癒之時，清朝皇帝也會特派御醫診視治療。例如乾隆四十三年十二月二十六日，寒冬歲末之際，時年七十歲的文華殿大學士高晉（?—一七七八）在河南督理黃河漫口堤工的任上染患病疾，他在

3 國立故宮博物院藏，《雍正朝宮中檔奏摺》，文獻編號：402002863，雍正四年六月二十日，翰林院侍講帶管天津同知事陳儀奏謝恩命太醫院院判李德聰趙士英遠來診視臣之微疾事。

4 國立故宮博物院藏，《雍正朝宮中檔奏摺》，文獻編號：402005148，雍正十三年五月十六日，奏為恭謝天恩賞遣太醫院吏目李毓清光祿寺署正沈文崧來臣署中診視今臣精神平復醫官李毓清謹於五月十三日起程返京由。

5 國立故宮博物院藏，《軍機處檔摺件》，文獻編號：004991，乾隆年間無年月日摺件，奏為奉旨看建威將軍補熙之病今將病狀奏報。

經過御醫陳世官診視後，撰寫謝恩奏摺感謝蒙皇上慈念，特派太醫院堂官前來河南診視。乾隆皇帝亦在高晉的謝恩摺上寫有硃批：「覽，今覺稍健旺，思飯食否？」[6]稍後，乾隆四十四年大年初二，即便正值春節，太醫院院使陳世官（乾隆年間人士，生卒年不詳）還是謹慎辦差，專摺向乾隆皇帝奏報奉旨前往河南診治大學士高晉一事，並且在奏摺中報告高晉所患病症日漸沉重，以及病情概況。[7]即便經過御醫陳世官的細心診視，大學士高晉依然沒能撐過這一個年關，就在他發出謝恩奏摺後的不久，便卒逝於河南任上。[8]乾隆四十四年十二月初四前後，御醫陳世官又再次奉旨為身染哮喘的朝廷重臣文華殿大學士于敏中（一七一四—一七七九）診病。[9]這一類太醫院奉旨派出御醫診視病重老臣的案例甚多，嘉慶年間也有不少例子，例如在嘉慶六年前後，兩江總督費淳（一七三九—一八一一）罹患嚴重足疾，乞歸醫治病疾，嘉慶皇帝特別御賜費淳內府藥餌，調理身體。[10]

綜合上述例子，我們可以看見太醫院御醫在清朝皇帝與大臣之間，亦扮演了一種極為微妙的特殊角色。御醫們一方面既是診視治病的醫師，另一方面是代表皇帝特派欽使之一，同時也是觀察與奏報患病大臣們具體病情的訊息渠道。可在表面上，御醫們卻又是君王展示慈念恩眷，體恤患病臣子們的禮遇之舉。此外，太醫院也時常接獲上諭指示診視各類病人，例如康熙五十二年三月初八日，上諭指示南書房翰林著令太醫院派員診視赴京參與千叟御宴的祝壽老人們，顧看照料其健康狀況。[11]

此外，若遇到需要給百姓種痘治病，朝廷也會派出太醫院的御醫們出診訪視疫病情況，給地方百姓與孩子們種痘，預防疾病傳染。《中央研究院歷史語言研究所藏明清內閣大庫檔案》裡便有數條史料文獻，例如雍正七年六月八日，太醫院醫士李直方（雍正年間人士，生卒年不詳）奏報奉旨前往查哈拉西四旗種痘。李醫士在給雍正皇帝的回覆奏報中寫道，奉旨前往查哈拉西四旗種痘一事，此行一共種痘孩子三十八人，均仰賴皇上洪福，俱已全好。[12]

6 國立故宮博物院藏，《乾隆朝宮中檔奏摺》，文獻編號：403037342，乾隆四十三年十二月二十六日，高晉奏為奴才偶患疾病蒙皇上慈念並特派太醫院堂官陳世官前來診視感激涕零事。

7 國立故宮博物院藏，《軍機處檔摺件》，文獻編號：022381，乾隆四十四年一月二日，奏報診治大學士高晉病症。

8 《清史稿》記載有此事：「四十三年，命赴浙江會巡撫王亶望相度海塘，又命赴河南堵築儀封漫口。秋，河決時和驛，高晉請議處，命寬之。冬，時和驛工竟。儀封新修埽工蟄陷，部議奪官，仍命留任。十二月，卒，賜祭葬，諡文端。」可參見：《清史稿》．〈列傳〉，卷三一〇，頁一〇六三四—一〇六三六。

9 國立故宮博物院藏，《軍機處檔摺件》，文獻編號：025656，乾隆四十四年十二月四日，于敏中奏謝恩賜太醫院使陳世官為臣診病事。

10 《清史稿》記載：「兩江總督費淳，字筠浦，浙江錢塘人。乾隆二十八年進士，授刑部主事。歷郎中，充軍機章京……。六年，以足疾乞歸醫治，允之，命毋解職。尋稱足疾已瘳，若遵旨回籍，轉涉欺蒙，詔嘉其得大臣體，賜內府藥餌……」參見：《清史稿》，〈列傳〉，卷三二六，頁一一三二一—一一三二三。

11 國立故宮博物院藏，《軍機處檔摺件》，文獻編號：032295，康熙五十二年三月八日，諭南書房翰林令太醫院看治祝壽老人。

12 《中央研究院歷史語言研究所藏明清內閣大庫檔案》，文獻編號：011680-001，雍正七年六月八日，太醫院為奉旨往查哈拉西四旗種痘事。

中國第一歷史檔案館所藏《軍機處全宗》檔案中，也有兩則乾隆年間的記載，提及太醫院將「醫痘之藥」送至阿睦爾撒納、烏里雅蘇臺等地。[13]

論功而行賞，清朝皇帝對於太醫院內御醫們的加恩賞賜，以及日常生活中的關懷照料，也頗為用心，盡可能照顧太醫院所轄的御醫們，使其能安居樂業。例如太醫院醫員遇到京城住房被兵丁侵占，無處居住，妻小露宿街頭的困難情況，朝廷也會在力所能及的範圍給予若干幫助。例如《中央研究院歷史語言研究所藏明清內閣大庫檔案》便保存有一份《工部錄書》，其中便有記載提及順治元年八月十九日，太醫院中負責外科之事的右監丞御醫劉國棟（順治年間人士，生卒年不詳）向朝廷奏報其家在北京東城原有住房被官兵們占住，妻小露宿，朝廷接獲奏報後，不僅派員調查，加以周濟幫助，還特例賜給北京南城賈姓內官所遺留下空房供其居住。[14]

除了在京城住房問題上的特別關照，清朝皇帝給予御醫們的賞賜也有各種不同的形式，或是有功醫員依照其品級，賞給蔭生，以恩蔭其子弟。國立故宮博物院所藏《雍正朝宮中檔奏摺》中即有相關事例記載，例如雍正元年二月二十二日，吏部尚書隆科多（？—一七二八），以及文華殿大學士張鵬翮（一六四九—一七二五）、鑲紅旗滿洲副都統勒什布（康熙雍正年間人士，生卒年不詳）與都察院左副都御史李紱（一六七三—一七五〇）等曾就奏請商議太醫院使劉聲芳（雍正年間人士，生卒年不詳）應照何品級賞給蔭生一事，撰有滿漢合璧專摺，雍正皇帝並特就此事在奏摺上寫有滿文硃批。此事中也可見到清朝皇帝對於太醫院所屬院使、御醫們的恩賞，極為重視注意。[15] 除此之外，朝廷對於有功的太醫院院使、院判，也會以賞賜「三品卿」、「四品卿」與「五品卿」等品官榮銜，並且依照品級食俸，可謂是「冠帶榮身」，也是一種皇家恩賞的榮耀之一。[16]

相關的事例不少，像是在國立故宮博物院所藏《咸豐朝宮中檔奏摺》便有若干記載，咸豐四年四月十二日，咸豐皇帝為獎勵太醫院有功人員，須有上諭指示：「太醫院院使欒泰著賞給四品卿，左院判張鎮著賞給五品卿銜。」[17] 此外，太醫院御醫們若是患病，朝廷也會特加恩賞，賞給病假調理養病，也有不限其恩賞給假月日期限的事例，這也是一種對於御醫的禮遇與照顧。[18]《咸豐朝宮中檔奏摺》亦有其他事例，咸豐九年的元月二十七日，還在正月

13 中國第一歷史檔案館藏，《軍機處檔案》，文獻編號：03-18-009-000011-0003-0006，乾隆二十年三月二日，為交付太醫院將醫痘之藥送阿睦爾撒納等游牧鄂爾昆烏里雅蘇臺等地事。

14《中央研究院歷史語言研究所藏明清內閣大庫檔案》，文獻編號：185049-006，順治元年八月十九日，太醫院右監丞啟為賜給空房事。

15 國立故宮博物院藏，《雍正朝宮中檔奏摺》，文獻編號：402021959，雍正元年二月二十二日，吏部尚書隆科多等人奏請太醫院使劉聲芳應照何品級賞給蔭生事。

16 國立故宮博物院藏，《乾隆朝宮中檔奏摺》，文獻編號：403037376，乾隆四十四年一月二日，太醫院院使加三品卿銜食俸陳世官奏聞大學士高晉病情事。

17 國立故宮博物院藏，《咸豐朝宮中檔奏摺》，文獻編號：406015368，咸豐四年四月十二日，奉上諭太醫院院使欒泰著賞給四品卿左院判張鎮著賞給五品卿銜欽此。

新年熱鬧氣氛之中，總管內務府大臣麟魁（一七九一—一八六二）特撰專摺向朝廷奏報太醫院院使欒泰（道光年間人士，生卒年不詳）因為身患病疾，而向朝廷請恩開缺，辭去院使職務。咸豐皇帝對於此事特有硃批，給予指示「著再行賞假調理，不必限以月日」，讓多年患病的太醫院御醫欒泰得以安心養病調理，恢復身體健康。[19]此外，若是太醫院院使與御醫們遇到家中變故，父母病故丁憂之事，朝廷也會特別加恩，賞給喪假百日，待其喪禮服闋完畢後，即行返回當差。國立故宮博物院藏《道光朝宮中檔奏摺》便記錄有相關事例，道光二十六年四月十七日，管理太醫院事務的宗室大臣恩桂（？—一八四八）專摺向朝廷奏報為院使欒泰丁父憂是否可以恩賞給予喪假百日一事，道光皇帝在此奏摺的硃批中指示：「賞假百日，服闋後即行當差。」[20]朝廷的相關恩賞待遇不僅在御醫們任職服務之時如此，太醫院御醫們若是致仕退休之後，患病身故，朝廷也有相關的恩賞，以及寬免與優待等禮遇。[21]

相較於恩賞禮遇，清朝官方對於太醫院內處事不力的御醫，以及失職人員也有相應的處罰規例。一般而言，若就檔案文獻所見，除了罰俸之外，道光年間也有奉旨革去御醫職位，並隨即逐出太醫院的例子。例如國立故宮博物院所藏《道光朝宮中檔奏摺》中便記載，道光二十七年四月十日，道光皇帝特頒旨意：「太醫院御醫魏廣元著即革去御醫，逐出太醫院，欽此。」[22]

清代太醫院職能的沿革與其在東亞世界的影響

整體來看，清代太醫院的日常職務運作涉及皇帝天子，以及皇親貴胄們的醫事照料，自然在行事上小心謹慎，嚴謹合度，務求萬無一失。例如太醫院院使負責職掌該院印鑰，若是遇到院使因病賞假調理，相關職掌則由左、右院判暫行署理印鑰，維持日常行政職務運作。[23]太醫院行政職掌方面的各種人事異動，皆由總管內務府大臣專摺向朝廷進行奏報，並在向皇帝請旨後，再詳細逐項妥為辦理。[24]另外，太醫院轄下的院判、堂官、醫員等出診訪

18 國立故宮博物院藏，《咸豐朝宮中檔奏摺》，文獻編號：406006905，咸豐五年十月十一日，阿靈阿為太醫院使欒泰賞假調病該院印鑰可否令左院判張鎮署理請旨事。

19 國立故宮博物院藏，《咸豐朝宮中檔奏摺》，文獻編號：406010081，咸豐九年一月二十七日，麟魁奏為太醫院院使欒泰因病請恩開缺事。

20 國立故宮博物院藏，《道光朝宮中檔奏摺》，文獻編號：405009045，道光二十六年四月十七日，管理太醫院事務恩桂奏為院使欒泰現在丁父憂可否賞假百日事請旨事。

21 國立故宮博物院藏，《咸豐朝宮中檔奏摺》，文獻編號：406005099，咸豐三年九月二十七日，管理太醫院事務阿靈阿等奏為休致右院判張宗濂於本年九月二十三日病故未經扣完恩俸可否准其寬免乞示遵事。

22 國立故宮博物院藏，《道光朝宮中檔奏摺》，文獻編號：405012340，道光二十七年四月十日，奉旨太醫院御醫魏廣元著即革去御醫逐出太醫院欽此。

23 國立故宮博物院藏，《咸豐朝宮中檔奏摺》，文獻編號：406006905，咸豐五年十月十一日，阿靈阿為太醫院使欒泰賞假調病該院印鑰可否令左院判張鎮署理請旨事。

視病員的路費開支，皆有咨文呈送軍機處，妥善辦理，並存有詳細的文檔紀錄。例如乾隆四十六年八月十三日直隸熱河兵備道伊桑阿（？—一八〇一）便撰有專摺奏報太醫院右院判武世倬（乾隆年間人士，生卒年不詳）回交路費，並且照數查收歸款報部的具體事宜。[25]最後，檔案文獻中還包括了宗人府府丞，以及監察御史奏請朝廷飭命太醫院醫士調配救治時疫的「除瘟丸藥」，以及研擬藥方，並將「除瘟丸藥」分發患病人等的各種詳細紀錄。[26]綜合上述各方面的記載，我們可以看到清代太醫院轄下的醫士、醫員們皆有負責儲備與深化醫學知識，並直接濟助病苦百姓的相關作為。

有清一代，太醫院可以說一直保持著醫事職能的官署運作，甚至到了光緒朝、宣統朝依然有變通太醫院官制的商議，以及院判、御醫、醫士、吏目、司員等職任選起用的奏摺、奏片與人員清單等。[27]甚至，太醫院內左院判、右院判、醫員、醫士與吏目等職務的開缺補用、加恩賞賜、革職留任、升選班次、患病身故、硃筆圈出補授，以及簡放御醫職缺的奏議內容與請旨辦理事項等，也都有詳細的檔案文獻記載。[28]即便晚清以來，國勢日衰，太醫院的官署運作依然維持如昔，頗有規制。國立故宮博物院所藏《軍機處檔摺件》便有記載提及光緒三十四年六月二十二日，太醫院轄下人員戴家瑜（光緒年間人士，生卒年不詳）因為「當差疏懈」，奉旨罰俸，停給錢糧米三個月的處罰紀錄。[29]稍後，宣統元年閏二月，太醫院也有公文書知照漢方略館、軍機處有關奉硃筆圈出九品吏目王毓麟補授一事。[30]清朝檔案文獻記載到宣統元年前後，當時的太醫院官員們仍然屢有奏請朝廷在太醫院官制、遞升官階，以及任用醫官上能夠有所通融，試圖改革太醫院的任官制度。[31]例如宣統元年十一月十六日，管理太醫院事務總管內務府大臣繼祿（光緒、宣統年間人士，生卒年不詳）便向朝廷奏報太醫院院使張仲元等人呈請變通太醫院官制一事。[32]稍晚，宣統元年十二月十二日，軍機大臣奕劻（一八三八—一九一七）對於變通太醫院奏請之事也有奏報，表示遵議變通太醫院官制。[33]同年十二月二十五日，奕劻等人更專摺奏請朝廷續議太醫院遞升官階的相關具體細節，並請旨施行。[34]

最後，清代太醫院的典章制度甚至引起了東亞世界的注意，江戶幕府曾經聘請清朝醫師胡兆新於享和三年（一八〇三）隨商船遠赴長崎行醫，並派幕府醫官向其詢問清朝醫學教育

24 國立故宮博物院藏，《咸豐朝宮中檔奏摺》，文獻編號：406014139，咸豐十一年三月六日，總管內務府大臣寶鋆等奏為請旨派員署理太醫院印鑰事。

25 國立故宮博物院藏，《軍機處檔摺件》，文獻編號：031730，乾隆四十六年八月十三日，呈送軍機處咨文太醫院右院判武世倬回交路費並照數查收歸款報部事。國立故宮博物院藏，《軍機處檔摺件》，文獻編號：031737，乾隆四十六年八月十三日，呈送軍機處咨文支給太醫院右院判武世倬路費事。

26 中國第一歷史檔案館藏，《軍機處全宗》，文獻編號：03-1619-054，嘉慶七年五月三十日，宗人府府丞徐績奏請太醫院檢配除瘟丸藥分發病人事。中國第一歷史檔案館藏，《軍機處全宗》，文獻編號：03-5005-043，同治六年二月八日，陝西道監察御史李德源奏為時疫流行請飭太醫院擬方散藥事。

27 國立故宮博物院藏，《軍機處檔摺件》，文獻編號：170016，光緒三十四年五月三十日，太醫院知照軍機處事為奉旨傳本院醫士崔敬儀等每月償給錢米在壽藥房當差相應錄請知照事。

與相關制度，醫官們並將筆談問答內容匯編成《清客筆語》與《崎館箋臆》等書。胡兆新在《清客筆語》中曾就幕府醫官的筆談提問，概要回答了清代太醫院選拔醫者的制度，這些內容一直保存在日本，最終形成了各種不同鈔本在江戶輾轉流傳。[35]

《御纂醫宗金鑑》：乾隆皇帝敕命太醫院編纂的大型醫學叢書

除了各種醫事活動外，編纂醫學叢書也是清代太醫院御醫們的重要工作之一。各類醫書文獻的編纂事業成就之中，《御纂醫宗金鑑》可以說最為著名，對於清代與後世中醫學理有著深遠的影響。該部醫書是乾隆皇帝敕命編纂的大型綜合醫學叢書，既是宏揚中醫醫學，同時也是經世濟民的重要政治文化成就。清朝前期，經過康熙雍正年間的社會經濟發展，國力漸至鼎盛，清朝宮廷醫學也隨之達到一個新的頂峰時期。除了「十全武功」的開拓疆域，乾隆皇帝在政治上也務求標榜文治興邦，提倡文化事業，典正醫學之事，自然也在文化事功之中。因此特於乾隆四年（一七三九）諭令太醫院編纂醫書，並指派大學士鄂爾泰（一六七七—一七四五）與和親王弘晝（一七一二—一七七〇）督辦，另外任命御醫吳謙、劉裕鐸擔任總修官，陳止敬等人擔任該書的經理提調官。乾隆皇帝可以說充分授權太醫院的御醫們集中心力，從各處採集抄錄醫書文獻，匯編成這一套全面性的醫學典籍。

清朝檔案文獻中也有不少相關記載，例如乾隆四年十二月初二日，太醫院院使錢斗保

28 國立故宮博物院藏，《軍機處檔摺件》，文獻編號：163152，光緒三十年八月，太醫院為通告該院御醫吏目等官升選班次事致軍機處之知照。國立故宮博物院藏，《軍機處檔摺件》，文獻編號：167857，光緒三十四年十一月十三日，奏為病勢日重職任久虧請開缺由。國立故宮博物院藏，《軍機處檔摺件》，文獻編號：167869，光緒年間無年月日摺件，交管理太醫院大臣繼軍機大臣欽奉諭旨太醫院右院判姚寶生因病奏請開缺一摺著仍由管理太醫院大臣請旨辦理事。國立故宮博物院藏，《軍機處檔摺件》，文獻編號：167893，光緒三十四年十一月十四日，內務府呈報軍機處為奉諭旨太醫院右院判姚寶生著准其開缺由。國立故宮博物院藏，《軍機處檔摺件》，文獻編號：168322，光緒三十四年十一月十二日，太醫院知照方略館軍機處為奉太后懿旨已革太醫院張仲元等四員均著改為革職留任相應錄請知照事。國立故宮博物院藏，《軍機處檔摺件》，文獻編號：168323，光緒三十四年十一月十四日，總管內務府呈報軍機處為奉旨太醫院姚寶生著准其開缺請查照事。國立故宮博物院藏，《軍機處檔摺件》，文獻編號：168482，光緒三十四年十二月六日，管理太醫院事務總管內務府大臣奏為請旨簡放御醫等缺由。國立故宮博物院藏，《軍機處檔摺件》，文獻編號：168712，光緒三十四年十二月十三日，管理太醫院事務總管內務府大臣奏為請旨簡放左右院判由。國立故宮博物院藏，《軍機處檔摺件》，文獻編號：169896，光緒三十四年十二月十五日，知照方略館漢軍機處為本院奏請簡放左右院判員缺一摺由。國立故宮博物院藏，《軍機處檔摺件》，文獻編號：169908，光緒三十四年十二月十八日，知照方略館漢軍機處為本院御醫李德源病故等由。國立故宮博物院藏，《軍機處檔摺件》，文獻編號：169968，光緒三十四年十二月二十三日，知照漢軍機處為奉藍筆圈出御醫著八品吏目李曾蕃補授等由。國立故宮博物院藏，《軍機處檔摺件》，文獻編號：169973，光緒三十四年十二月，太醫院知照漢軍機處為奉懿旨前太醫院九品吏目周鳴鳳著加恩賞等由。

29 國立故宮博物院藏，《軍機處檔摺件》，文獻編號：170304，光緒三十四年六月二十二日，太醫院知照方略館漢軍機處事為奉旨本院恩糧戴家瑜當差疏懈，著罰錢糧米三個月請知照。

30 國立故宮博物院藏，《軍機處檔摺件》，文獻編號：185039，宣統元年閏二月，太醫院知照方略館漢軍機處為奉硃筆圈出九品吏目著王毓麟補授由。

（生卒年不詳）奏報奉諭編纂校訂《御纂醫宗金鑑》等重要醫書之事，包括奏請將大內所藏醫書發出，並請命下各省地方官購買舊醫書，或是借抄錄集送太醫院，進行文獻彙整。[36]乾隆四年十二月十二日，大學士鄂爾泰奏請朝廷酌議纂修醫書的相關事宜，鄂爾泰認為所修醫書一事，「不必另行開館」，即在太醫院衙門內纂修醫書。並奏請將太醫院內的閒房照例量加修葺，就可權充使用。鄂爾泰將奏議書於奏摺夾片呈上。乾隆皇帝就醫書纂修一事，特有旨意，指示醫書館與其他修書各館有所不同。太醫院醫書館纂修等官公費酌照修書各館之舊例，減半支給各項銀錢開支。[37]此後，不僅是《御纂醫宗金鑑》的正式刷印細節，皆有明確紀錄，甚至包括《御纂醫宗金鑑》在乾隆九年十一月前後正式刷印三部的情況，以及如何存儲於太醫院衙門中，以便醫士詳加研究參考的細項安排等等，太醫院負責官員也有專摺詳細奏報具體情況。奏報中也提及各處衙門若有意願再行刷印《御纂醫宗金鑑》，亦准自備工料，前赴太醫院刷印該書。相關細務的辦理上，可謂相當謹慎用心，務求將《御纂醫宗金鑑》的差事辦理妥當。乾隆皇帝對於刷印《御纂醫宗金鑑》的奏報，則是批示《御纂醫宗金鑑》的裝載書板與木櫃等項，太醫院不必行文工部後再行製造。其餘之事，皆依太醫院的奏議辦理。[38]自乾隆十四年起，清太醫院將《御纂醫宗金鑑》定為醫學教科書；這一部書還廣泛流傳於民間，清朝全國各地醫者們皆深受影響。

此外，乾隆年間《御纂醫宗金鑑》的編纂，也與內府御敕製作的婦女針灸銅人大有關係。此一婦女銅人有別於歷代的男子銅人製作。《御纂醫宗金鑑》正式纂修完成，乾隆帝除了特別賜名《御纂醫宗金鑑》，並且還賞賜編纂者們每人一部《御纂醫宗金鑑》，以及一具小型針灸銅人作為獎賞，此一銅人，也就是日後傳世的內府御敕製作婦女針灸銅人。綜合而論，乾隆年間對於歷代醫學知識的匯輯整理，婦女銅人的製作，其實也是典正醫學的重要事功之一。這一種對於知識的彙整工作，可以說反映在各種不同形式的物質文化之中。若由

31 國立故宮博物院藏，《軍機處檔摺件》，文獻編號：147345，光緒二十七年十二月二日，太醫院片呈方略館漢軍機處為將本院實缺司員銜名開單片呈貴處查照由。

32 國立故宮博物院藏，《軍機處檔摺件》，文獻編號：182944，宣統元年十一月十六日，管理太醫院事務總管內務府大臣奏報院使張仲元等呈請變通太醫院官制事。

33 國立故宮博物院藏，《軍機處檔摺件》，文獻編號：183735，宣統元年十二月十二日，軍機大臣總理外務部事務奕劻奏為遵議變通太醫院官制事。

34 國立故宮博物院藏，《軍機處檔摺件》，文獻編號：184245，宣統元年十二月二十五日，軍機大臣總理外務部事務奕劻等奏陳續議太醫院遞升官階請旨施行事。

35 朱子昊、郭秀梅，《東亞醫學筆談文獻研究》，上海：上海交通大學出版社，二〇一八，《清客筆語》，頁一一〇—一一一。

36 《中央研究院歷史語言研究所藏明清內閣大庫檔案》，文獻編號：194599-001，乾隆四年十二月二日，太醫院為奉諭纂修醫書事。

37 《中央研究院歷史語言研究所藏明清內閣大庫檔案》，文獻編號：209092-001，乾隆四年十二月十二日，大學士為纂修醫書由。

38 《中央研究院歷史語言研究所藏明清內閣大庫檔案》，文獻編號：019636-001，乾隆九年十一月八日，太醫院院使為刷印御纂醫宗金鑑事。

宏觀的角度來看，《御纂醫宗金鑑》可以說是具體而微的呈現出了乾隆皇帝的文化理想，是其在知識和文化上的諸多建樹之一。《四庫全書》、《滿文大藏經》，以及《御纂醫宗金鑑》，務求圓滿全璧。

皇帝身邊的各種治病大夫：清代宮廷裡的蒙古醫士、僧醫與按摩太監

清朝皇帝對於傳統中醫以外的各類醫者們，也有一定的互動，例如嘉慶皇帝不慎扭傷的時候，便曾由蒙古醫士加以診視治療等等。據中國第一歷史檔案館所藏《內務府奏銷檔》的文獻記載，嘉慶二十四年八月初二日，正值秋高氣爽之際，嘉慶皇帝當時正在熱河行宮參與木蘭秋獮，行圍打獵。但嘉慶帝在騎馬中不慎摔傷，

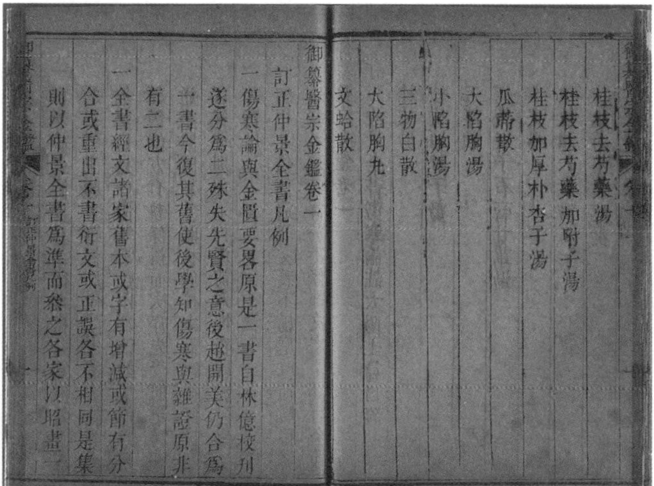
桂枝去芍藥湯
桂枝去芍藥加附子湯
桂枝加厚朴杏子湯
瓜蒂散
大陷胸湯
小陷胸湯
三物白散
大陷胸丸
文蛤散

御纂醫宗金鑑卷一
訂正仲景全書凡例
一傷寒論與金匱要畧原是一書自林億校刊遂分爲二殊失先賢之意後趙開美仍合爲一書今復其舊使後學知傷寒與雜證原非有二也
一全書經文諸家舊本或字有增減或節有分合或重出不書衍文或正誤各不相同是集則以仲景全書爲準而參之各家以昭畫

《御纂醫宗金鑑》九十卷卷首一卷
（國立故宮博物院藏品）

因此特別請來蒙古醫士進行按摩推拿治療，希望可以消腫化瘀，減輕傷勢。[39] 透過檔案文獻裡的記載，我們可以發現清朝宮廷中有不少蒙古醫士，他們不僅師承傳統悠久的蒙古醫學，醫術上甚是高明，同時也深受清朝皇帝們信賴，而且地位上也有相當程度的提升，頗受朝廷禮遇。

除了上述的蒙古醫士們之外，檔案文獻中也記載了清代宮廷中的各種不同醫者們，例如僧醫曾經施用藥物治療大臣所患毒疽，以及善於推拿按摩的內廷太監施術治病等等。宮廷中的眾多醫者們可以說提供了各種不同類型的醫療服務，並在檔案文獻中留下了若干身影。國立故宮博物院所藏的《康熙朝宮中檔滿文奏摺》記載有相關事例，康熙三十六年閏三月初七日，太醫院御醫吉紹（康熙年間人士，生卒年不詳）向朝廷奏報僧醫診治刑部尚書圖納（？—一六九七）所患毒疽。吉紹奏報圖納在服用僧醫所開藥方後，感到煩熱昏沉，毒疽瘡勢嚴重，病情極為凶險。[40]

僧醫專長的外科治疽藥方之外，據中國第一歷史檔案館所藏《內務府全宗》與《內務府奏銷檔》等檔案文獻記載，內廷太監中也有特別擅長按摩醫術之人。清代宮廷中也設有「按

39 中國第一歷史檔案館藏，《內務府奏銷檔》，嘉慶二十四年八月二日，頁三七八，檔案頁面編碼：005-006。

40 國立故宮博物院藏，《康熙朝宮中檔滿文奏摺》，文獻編號：411000771，奏報僧醫診治刑部尚書圖納對口毒疽服用藥方煩熱昏沉瘡勢極險事。

摩處」，專司職掌按摩之事。[41]這一些專長按摩的內廷中官們，他們在修習技術期間，白天責令其在外學習按摩，另外兼習剃頭等技術。晚間仍然返回值宿當差，並由內膳房給予飯食。除了按摩太監外，內務府亦奉旨揀選其佐領管領下的幼童十名，學習按摩、剃頭技術，照「拜唐阿」等執事人員之例，每月賞給二兩錢糧米石，以備聽差候用。[42]清代內廷太監時常施用按摩醫術來緩解宮廷皇室成員身上的各種病痛不適之處，甚有療效，也頗得清朝皇帝們的信任。

＊延伸閱讀：

1. 朱子昊、郭秀梅，《東亞醫學筆談文獻研究》，上海：上海交通大學出版社，二〇一八。
2. 李建民主編，《從醫療看中國史》，臺北：聯經出版，二〇〇八。
3. 林富士，《中國中古時期的宗教與醫療》，臺北：聯經出版，二〇〇八。
4. 林富士主編，《疾病的歷史》，臺北：聯經出版，二〇一一。
5. 劉小朦，〈皇明異典——明中期傳奉醫官的身分、遷轉與政治文化〉，《歷史研究》（北京，二〇一七），第三期，頁四〇—五六。

41 中國第一歷史檔案館藏，《內務府全宗》，文獻編號：05-08-000176-0048，道光十八年八月七日，派出會計司員外郎烏勒洪額為酌擬招募太監學習剃頭章程事。中國第一歷史檔案館藏，《內務府全宗》，文獻編號：05-08-005-000176-0046，道光十八年七月二十一日，會計司擬裁按摩處剃頭按摩學業人事。

42 中國第一歷史檔案館藏，《內務府奏銷檔》，乾隆四十七年一月，頁三五七—三五八，檔案頁面編碼：004-005。中國第一歷史檔案館藏，《內務府奏銷檔》，乾隆四十七年閏三月，頁三五七—三五八，檔案頁面編碼：004-005。

第十五章

皇帝貼身侍衛的真實面貌

清朝官方檔案裡的內務府粘竿處

清代內務府轄下的「粘竿處」，在清朝檔案文獻中也稱作「尚虞備用處」，或是寫作「上虞備用處」，可以說是清代宮廷中「內廷侍衛」與「宮門侍衛」之外，另一種近侍親衛的職官建置。表面上看來，所謂「粘竿」的字面之意，好像就是專事粘蟬捉蟲、垂桿釣魚的後勤庶務單位。然而，一般民間傳說故事中提到的「粘竿處」多半與大內高手，還有宮廷祕密組織有關。甚至在燕北老人撰寫的《滿清十三朝宮闈祕史》一書中還提及「粘竿處」與「血滴子」等等的傳說軼聞。民國初年以來，庶民百姓多半好談宮闈祕聞，當時的各種歷史演義小說，往往就聚焦於雍正朝的宮廷軼事，比較著名的作品例如胡蘊玉的《胤禎外傳》、孫劍秋的《呂四娘演義》、柴萼的《梵天廬叢錄》，以及蔡東藩的《清史演義》等。這一些歷史演義小說的故事情節時常借用掌故軼聞，另外再加油添醋後，演繹成洋洋鉅篇之作。但其實在內容上都是雜匯各種筆記小說與民間傳說，再綜合各方面的說法，匯編而成文學藝術創作。不過，小說在字裡行間，或多或少提及了「血滴子」一事，可以說具體而微的形象化了關於清代宮廷裡的各種傳言，也就讓「粘竿處」增添了幾分神祕的色彩。不過，這一類的故事往往是言人人殊，光怪陸離，多半的內容和清代檔案文獻裡的真實歷史記載有很大的差距。

細究清代職官建置，我們可以綜合各類滿漢官書與檔案文獻，逐一理清頭緒。事實上，粘竿處的正式名稱叫做「尚虞備用處」，檔案文獻中也常見有寫為「上虞備用處」的例子。相較於漢文官署名銜，粘竿處的滿文官署名銜寫作：「dergi buthai hacin belhere ba」。依據日本學者羽田亨所編《滿和辭典》的記載，滿語「dergi」專指「主上」、「天子」之意，而此處的「buthai hacin」係指「漁獵打牲物項」之意。[1]另外，「belhere」在滿語裡即意指「預備」、「備用」之意。此處的滿文官署名銜的全意，即是「預備天子御用漁獵打牲諸物的處所」。安雙成等著名明清檔案學者所編著的《漢滿大辭典》一書，則在「尚虞備用處」的辭條注解寫道「為皇帝身邊的協助護衛，隨從車駕，侍候漁獵的機構」，提供了一些概略的文獻線索。[2]透過滿文官署名銜，或多或少，可以增加一些對於「粘竿處」相關職掌的理解。此外，據《光緒朝大清會典事例》記載，粘竿處在順治初年就已經設立，初歸侍衛處管理，當時主要是負責「上駟院」的司轡、司鞍侍衛的兼任差事，初無定員。依據清代官書與檔案文獻的記載，此一用於造辦御用漁獵網具、夾子、粘竿的特殊官署，其後一直存在，甚至到宣統年間仍有關於「粘竿處」的記錄。然而，「粘竿處」是否真的如同各種野史與清人筆記小說所言，專門從事一些諸如刺殺政敵反逆、剷除異己，以及搜集情報的祕密工作？在史實真相與研究分析方面，仍然是言人人殊，並無定論。

事實上，清人筆記小說中也有一些相關記載，概略提及粘竿處的職掌情況，例如清代宗室昭槤在其所撰《嘯亭續錄》中主要認為「粘竿處」主司職掌皇帝巡狩時扶輿、擎蓋、捕魚

1 〔日〕羽田亨編，《滿和辭典》，臺北：學海出版社，一九七四，頁八九。

2 安雙成主編，《漢滿大辭典》，瀋陽：遼寧民族出版社，二〇〇七，頁八九六，「尚虞備用處」。

與罟雀之事，都是一些零細庶務。[3]另外，我們可以通觀清人文字記載，以及晚近以來時人的評述分析，從林林總總的議論中，不難看出大多數的論點，認為「粘竿處」主要是隨侍皇帝出巡漁獵的機構，但綜合各種檔案文獻來看，這卻並非是真正的實際情況，而僅僅呈現出了一部分的業務職掌與官署運作的日常表象而已。雖然在清朝檔案中也時常見到有關記載提及了「粘竿處」辦理捕獵獸夾、秫秸蟲餌，以及修補捕魚網具所需麻線等置辦物事的瑣細庶務。[4]但若詳細加以分析，甚至是透過世界史與跨文化比較研究的視角來觀察，我們或許可以從宮廷檔案文獻得到更豐富多元的認識與理解。

清朝檔案文獻裡的「粘竿處」與相關職掌

透過清朝各類檔案文獻，我們可以了解到「粘竿處」所負責的日常職務，以及相關事例。特別是這一些身處在宮廷中的粘竿處侍衛們，也有其日常生活的辛酸苦處。若是辦差不力，也時常受到處罰。不過，現今的概念很難完全挪用到古代宮廷的運作之中，古今之間，有時如同陌生異域一般。退一步而言，我們只能說清代宮廷中的侍衛們有其特定的作用，也有被外派欽差，辦理差事的情況。而侍衛們回到宮中的奏報，既是皇帝的耳目，也是重要地方政情與百姓民情的訊息線索。較為可惜的是，關於「粘竿處」的檔案文獻比較有限。十多年整理清代檔案的過程中，曾經見到的相關檔案文獻大約在二百多件，而且散見於各個檔案全宗。透過檔案的記載，傳說中的「粘竿處」的真相究竟為何？且讓我們細細道來其中的實際真相。

根據學界的研究與文獻的記載，清代「粘竿處」主要職掌可以分成五個主要方面：其一，分班入值，宮廷宿衛。按照規定，管理大臣應將粘竿處侍衛分為六班，分別在宮內當班，站崗，保衛宮廷安全。其二，巡幸扈從，供其執事，隨侍在清朝皇帝的身邊左右。皇帝巡幸出行之時，「粘竿處」必須派員陪鑾伴駕，隨侍皇帝，做執燈、幫車、幫轎、提鐙、捕魚、逮鳥、布夾抓獸、修理粘補御用攔河網具等庶務差事。第三，則是稽查宮中可疑之人，並派員拿獲。由於道光十三年五月二十日，奏事處曾發生過率行接收不識姓名之人所擅遞的封章文書一事。稍後，道光皇帝就此事特頒上諭，著命御前大臣、軍機大臣等共同商議。道光帝特有旨意，參酌依眾臣奏報商議，訂立規矩。「粘竿處」侍衛自此之後每日清晨需在「奏事處」寅時（凌晨三點至五點間）於紫禁城內左門外九卿直房接收奏摺之時，特派侍衛值班進行稽查，如若「奏事處」查出某人形跡可疑，呈遞匿名章奏，立即拿獲遞事之人，並且嚴加看守，以便維護清代宮廷中公文書交遞的安全。[5]

---

3 〔清〕昭槤，《嘯亭續錄》。臺北：新興書局，一九八四。

4 中國第一歷史檔案館藏，《內務府全宗》，文獻編號：05-08-006-000639-0092，道光十九年九月八日，營造司值年員外郎寶麟為支領上虞備用處粘補上用攔河網行用線麻線等項需用銀錢事。

5 《清宣宗成皇帝實錄》，卷二三七，頁五五〇b—五五一a，道光十三年五月二十一日辛卯條。

第四，若有前線緊要軍情，「上虞備用處」，也就是「粘竿處」的侍衛們也會獲派至軍前效力，協助剿賊。例如乾隆四十六年十月，御前大臣扎拉豐阿（？—一七八三）曾經奏報上虞備用處派赴蘭州協助剿賊之侍衛人等並無帶回俘虜一事。[6]第五，則是協助處理宮廷中的各項雜役差事，例如在「粘竿處」所轄的侍衛與拜唐阿們在日常的業務中，甚至包括了在宮廷失火的時候，協助防災救火。檔案文獻中記錄有不少事例，例如同治七年閏四月，神武門內敬事房木庫失火，隨同救火人員中便有上虞備用處轄下的多名拜唐阿。[7]此外，根據中國第一歷史檔案館藏《民政部檔案》的記載，「粘竿處」的侍衛與拜唐阿們也會在太廟執差。[8]第六，負責解送「奉發售賣人參」，例如中國第一歷史檔案館所藏《內務府全宗》檔案中便有乾隆五十一年四、五月間，粘竿處拜唐阿達林（乾隆年間人士，生卒年不詳）負責奉差解送「奉發售賣人參」至杭州織造，但卻不幸在杭州患病，待病疾痊癒後再起程返回京城的文書紀錄。[9]「粘竿處」的建置之中，除了管理大臣外，尚有各等侍衛，以及各庫房庫長、守庫栢唐阿、鉤子匠栢唐阿等低階職級人員。作為天子近侍之臣，「粘竿處」也成為了權臣發跡之地，例如乾隆三十七年，和珅任職官階正五品的三等侍衛，並隨即充任粘竿處侍衛，自此展開了仕宦之路，隨侍在乾隆皇帝之旁，漸得寵信，最終甚至位極人臣，權傾一時。

乾隆年間的《軍機處檔》、《內務府全宗》與《內閣大庫檔案》等奏摺文書中，我們可以看到「上虞備用處」備有漁獵網具，另外辦差有功人員行賞需呈請軍機處查核。[10]其後，道光四年四月前後，道光皇帝曾經在上諭中提及「粘竿處」遺失「蝦鬚釣竿」一案，也對「粘竿處」的職掌提供了一個側面描寫。《中央研究院歷史語言研究所藏明清內閣大庫檔案》中典藏的一份上諭檔冊中便收錄了此件上諭，記載了「粘竿處」收藏置備有這一類出遊漁狩的釣具等等。[11]相較之下，《內務府全宗》檔案則詳細提及道光四年二月前後，「粘竿處」的外庫庫房被竊「蝦鬚釣竿」一案，以及失察人員的相關處罰情況。[12]除此之外，「粘竿處」

6 中國第一歷史檔案館，《軍機處全宗》，文獻編號：03-0189-2899-045，乾隆四十六年十月，御前大臣扎拉豐阿奏為上虞備用處前赴蘭州剿賊之侍衛等並無帶回俘虜事咨文。

7 中國第一歷史檔案館，《內務府全宗》，文獻編號：05-13-002-000800-0040，同治七年閏四月十七日，為神武門內敬事房木庫失火咨送上虞備用處隨同救火拜唐阿及應得賞銀事致內務府。

8 中國第一歷史檔案館藏，《民政部檔案》，文獻編號：21-1059-0122，光緒三十四年九月二十八日，上虞備用處太廟執差侍衛拜唐阿等銜名冊。

9 中國第一歷史檔案館藏，《內務府全宗》，文獻編號：05-13-002-002410-0089，乾隆五十一年四月十五日，杭州織造盛住為呈明粘竿處拜唐阿達林解送奉發售賣人參到杭病痊起程回京日期並呈繳奉給引照事致內務府。

10 國立故宮博物院藏，《軍機處檔摺件》，文獻編號：017773，乾隆三十七年八月三日，呈為收回上虞備用處備網拜唐阿托穆爾渾賞過銀兩呈請查核事。

11 《中央研究院歷史語言研究所藏明清內閣大庫檔案》，文獻編號：278636-011，道光四年四月十二日，奉上諭刑部審理案件必須盡心推勘事。

12 中國第一歷史檔案館，《內務府全宗》，文獻編號：05-13-002-000598-0046，道光四年二月十四日，兵部為知照粘竿處外庫被竊蝦鬚釣竿等物案內失察披甲壽兒曠班之該管佐領中祥銷去紀錄抵免罰俸事致內務府。

的執事人員也會在耕耤典禮中侍從清朝皇帝，協助典禮之進行。[13]然而，看似職守皇帝日常供需之物的「粘竿處」，卻也不像外在表現的那樣單純。例如清朝皇帝在將官員任放於粘竿處兼行走差職，也需上諭指示兵部處理任職一事。[14]後續，我們在國立故宮博物院藏《宮中檔光緒朝奏摺》中可以看到「尚虞備用處」的官員執有印鑰，署理差事官員皆有滿文名單。[15]另外，中國第一歷史檔案館藏《俸餉冊》中收錄的《正白旗夏季分米冊》中則有提及上虞備用處的守庫栢唐阿、鉤子匠、栢唐阿等雜差人員。這些人員的薪資不高，大多為二至三兩白銀，俸米大約是五石三斗。另外，若據中國第一歷史檔案館所藏「總管內務府呈上虞備用處等侍衛栢唐阿清單」與「粘竿處侍衛受賞名單」，則可以從清單中看到「粘竿處」所轄侍衛章京與栢唐阿所獲皇上恩賞銀兩數目。粘竿處轄下負責執燈、幫車、幫橋的侍衛們所得賞賜不過三兩白銀，相較之下，栢唐阿們所得的賞賜更少，僅僅只有二兩白銀。[16]上述所列的這一些薪餉紀錄與恩賞銀兩清單看似瑣細無用，但卻也提供一個寶貴的側面紀錄，讓我們得以理解「粘竿處」低階人員的具體收入情況。

粘竿處的職官建置與主要成員情況

總體來說，「粘竿處」的職官建置，負責的最高長官在初期為侍衛班長，後來則改為管理大臣。主官的派任方面，主要在宗室王公、蒙古王公、額駙、滿洲蒙古大臣內選用，並無定員。其下主要設侍衛，以及各類拜唐阿。所謂的「拜唐阿」，源自滿語中的「baita」，意謂「事務」之意，也寫作「栢唐阿」。滿語寫作：「baitangga」，根據日本學者羽田亨所編《滿和辭典》所載，可知其原意為「聽用之人；聽差辦事之人」，也就是「執事人」意思，即是指各衙門部院管事無品級、隨營聽用的各類人員們。[17]大體上來看，「粘竿處」的職官

13《中央研究院歷史語言研究所藏明清內閣大庫檔案》，文獻編號：175821-001，道光十七年四月十三日，吏部為舉行耕耤典禮事。

14《中央研究院歷史語言研究所藏明清內閣大庫檔案》，文獻編號：278635-011，道光十一年無月日摺件，兵部為奉上諭一道由。

15 國立故宮博物院藏，《宮中檔光緒朝奏摺》，文獻編號：418000171，光緒年間無年月日摺，開列應署理尚虞備用處印鑰官員名單。

16 相關檔案參見：中國第一歷史檔案館所藏，《軍機處全宗》，文獻編號：03-2921-096，道光二十年，呈上虞備用處侍衛人數單。中國第一歷史檔案館所藏，《軍機處全宗》，文獻編號：03-4784-131，同治十二年，呈上虞備用處等處各職人員清單。另可參見：中國第一歷史檔案館藏，〈總管內務府呈上虞備用處等侍衛栢唐阿清單〉、〈粘竿處侍衛受賞名單〉等相關檔案文獻。

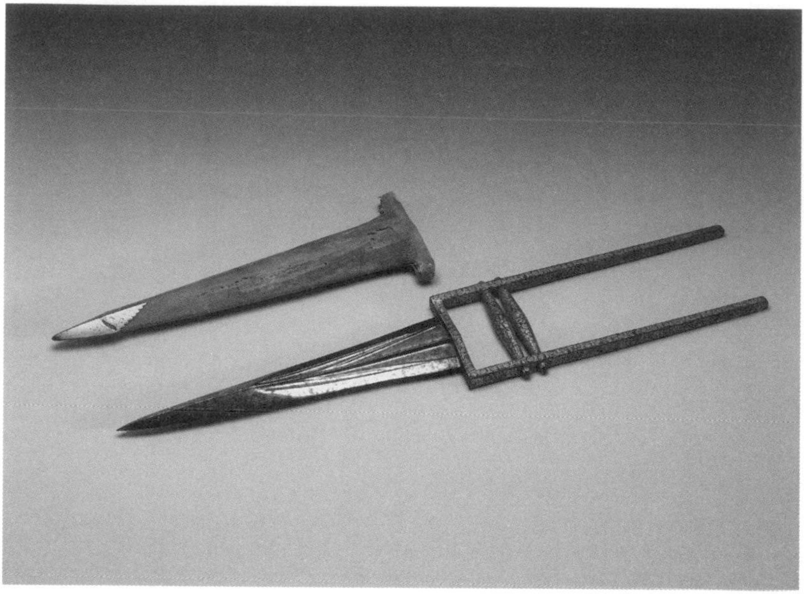

〔清〕插刀
（國立故宮博物院藏品）

建置上，設有「協理事務頭等侍衛」一名、「粘竿長頭等侍衛」一名、「二等侍衛」共三人、「三等侍衛」二十一人、「藍翎侍衛」則有十五人。另外，「額設粘竿拜唐阿」共有四十名，「備網拜唐阿」則有十二名，以及「額設庫拜唐阿」等共十名。除此之外，還有一些扈從的備差侍衛們，以及各有專責差事的拜唐阿（例如「尚膳拜唐阿」等）等等。[18]相關庶務人員方面，則有「魚鉤匠」、「鉤子匠」、「守庫」、「筆帖式」、「茶役」等等。

透過清朝檔案文獻與史料的記載，我們也可以觀察到在雍正年間以後，「粘竿處」逐漸成為一些皇親宗室、王公大臣、將軍、侍衛，以及圈禁獲釋之人，甚至是廓爾喀投誠人等的贖罪效力之處。相關贖罪效力人等在「粘竿處」行走效力之事，在《清實錄》，以及清代《內務府全宗》、《軍機處全宗》等檔案文獻中多有記載，例如胡什禮、扎勒杭阿、富昌、宗室盛昌等人。據中國第一歷史檔案館藏《軍機處全宗》記載，乾隆二十二年三月十四日，副都統扎勒杭阿（？—一八一七）因為藉口毫末小事，傾軋排擠哈達哈（乾隆年間人士，生卒年不詳）而被革職，此後便在上虞備用處贖罪效力。[19]乾隆二十二年五月十九日，富昌（乾

17（日）羽田亨編，《滿和辭典》，臺北：學海出版社，一九七四，頁三二。
18 中國第一歷史檔案館所藏，《軍機處全宗》，文獻編號：03-0200-3933-014，嘉慶二十四年十一月二十四日，屯多奏請裁減上虞備用處尚膳拜唐阿缺額摺。
19 中國第一歷史檔案館所藏，《軍機處全宗》，文獻編號：03-18-009-000020-0001-0054，乾隆二十二年三月十四日，為扎勒杭阿以全無影響之事有意傾軋哈達哈此風不可長著革其副都統在上虞備用處贖罪效力事。

隆年間人士，生卒年不詳）因身任將軍，卻矯飾瀆職，不訓練兵丁，革職後在上虞備用處行走效事。[20]稍晚，乾隆三十四年五月十四日，藍翎侍衛佟善（乾隆年間人士，生卒年不詳）因飲酒後沿街肆叫罵，行為失序，不堪入目，解任革職後，遭罰板笞八十下，派在「上虞備用處」效力贖罪。[21]另外，也有一些革職侍衛人員，特蒙皇上恩賞，而在「粘竿處」繼續當差效力。中國第一歷史檔案館所藏《軍機處全宗》相關檔案文獻中，也有不少記載，例如乾隆十六年十月十五日，藍翎侍衛德寧（乾隆年間人士，生卒年不詳）因為步射武藝欠佳，著其革職，恩賞在上虞備用處擔任拜唐阿。[22]另外，勛舊大臣子弟也是在粘竿處效力的重要成員之一，在中國第一歷史檔案館所藏《軍機處全宗》所收錄的乾隆年間檔案文獻中，便可看到許多相關事例。例如乾隆五十五年正月十四日，也就是新春元宵佳節前夕，乾隆皇帝特有旨意，施恩補放四川提督成德的四子穆克登布進入「粘竿處」，擔任藍翎侍衛。但成德的長子則因為其「目既短視」，也就是患有近視眼，視力不佳，因此被辭退拜唐阿之職。[23]稍後，道光年間內閣大庫檔案文獻中，也可看到道光皇帝指派官員著放粘竿處行走。整體來看，「粘竿處」可以說是清朝官員們欽奉上諭當差效力的官署之一。[24]

不過，即便是紀律嚴謹的侍從親衛，透過清代檔案文獻的相關記載，我們卻也能看到「粘竿處」發生了不少行為脫序事件，例如街頭打架鬥毆，或者管理庫房人員曠班失察，致使庫房被人竊盜物品等等。[25]據中國第一歷史檔案館藏《軍機處全宗》的記載，嘉慶十一年五月十八日，步軍統領祿康（嘉慶年間人士）奏報「粘竿處」的藍翎侍衛倫布（嘉慶年間人士，生卒年不詳）與內務府筆帖式慶雲（嘉慶年間人士，生卒年不詳）在京城街面扭鬥，兩人分別交予兵部、吏部議處。[26]另外，「粘竿處」庫房管理不善，致使被盜也有案例，例如道光三年七月十五日，兼管刑部事務的文淵閣大學士戴均元（一七四六—一八四〇）向朝廷奏報審理粘竿處外庫庫房的庫長福昇（道光年間人士，生卒年不詳）看管庫房鬆懈，一時失察，致使庫房物品什物被盜的具體情況。[27]至於粘竿處侍衛與拜唐阿們在犯錯後多半交由刑部議罪，予以處罰；除了罰俸、革職之外，有時也會受到「粘竿處」極為嚴厲的處分。中國

20 中國第一歷史檔案館所藏，《軍機處全宗》，文獻編號：03-18-009-000020-0001-0110，乾隆二十二年五月十九日，為富昌受朕之恩身任將軍乃並不訓練兵丁妄自矯飾著革去將軍在上虞備用處效力行走事。

21 中國第一歷史檔案館所藏，《軍機處全宗》，文獻編號：03-18-009-000036-0002-0043，乾隆三十四年五月十四日，藍翎佟善飲酒沿街肆行罵詈不堪入目著解任板笞八十在上虞備用處效力贖罪事。

22 中國第一歷史檔案館所藏，《軍機處全宗》，文獻編號：03-18-009-000008-0004-0147，乾隆十六年十月十五日，為藍翎侍衛德寧步射不堪著革職賞上虞備用處拜唐阿效力領侍衛內大臣等交部從嚴察議事。

23 中國第一歷史檔案館藏，《軍機處全宗》，文獻編號：03-18-009-000052-0001-0010，乾隆五十五年一月十四日，為四川提督成德之第四子穆克登布著施恩補放粘竿處藍翎侍衛其長子目既短視著辭退拜唐阿事。

24 《中央研究院歷史語言研究所藏明清內閣大庫檔案》，文獻編號：227897-001，道光十一年，兵部為奉上諭一道由。

25 中國第一歷史檔案館，《內務府全宗》，文獻編號：05-13-002-000598-0046，道光四年二月十四日，兵部為知照粘竿處外庫被竊蝦鬚釣竿等物案內失察披甲壽兒曠班之該管佐領中祥銷去紀錄抵免罰俸事致內務府。

26 中國第一歷史檔案館藏，《軍機處全宗》，文獻編號：03-2443-003，嘉慶十一年五月十八日，奏為報粘竿處藍翎侍衛倫布與內務府筆帖式慶雲在街扭鬥分別交兵部吏部議處事。

第一歷史檔案館所藏《軍機處全宗》裡便有文獻記載，例如嘉慶二十年十一月二十六日，烏魯木齊都統高杞（嘉慶年間人士）奏報原任粘竿處三等侍衛的佟關保（道光年間人士，生卒年不詳）因罪而被發往新疆伊犁當差，待差事期滿後，再派至烏魯木齊辦事效力三年，等三年期滿後才准報請朝廷，予以釋回。[28]

粘竿處：內亞政治文化中特有的親衛軍

最後，關於「粘竿處」的研究，個人覺得還可以由內亞政治文化來進行更進一步的討論與分析。內亞傳統政治文化中，例如在伊斯蘭哈里發統治疆域裡便有不少的親隨傭兵與「親衛軍」的建置，伊斯蘭世界的文獻中多半稱為「gulām」（阿拉伯語的原意是年輕男孩，後來也有士兵與僕役的字義），以及阿拔斯王朝、鄂圖曼土耳其與伊朗薩菲王朝則稱作「ghulam」，或是在埃及一帶往往稱之為「mamlūk」。而在組織形式上可以歸類在早期伊斯蘭世界中處於冷兵器時代的一種「奴隸軍士」和「奴隸騎兵」軍事組織。隨著時代的流變，內亞各地的政權各有興亡生滅，而這一類的親兵護衛也就以不同的形式影響了許多具有內陸亞洲政治文化傳統的政治勢力，甚至是國家機構建置。

甚至若將視野更加擴大，則不僅在早期伊斯蘭世界中如此，透過前輩學者的研究成果，特別是經由絲路沿線上的歷史與文化比較研究，我們還可以進一步發現在唐代中晚期藩鎮權力結構中的「親衛軍」，以及五代以來以「義父子」名義來維繫的各種軍事政權與地方軍事勢力集團中，往往也能夠看到這一類親兵侍衛組織。這可以說是一脈相傳而來的一種政治文化與軍事組織形態，並且深具內亞文化的傳統因素。甚至透過跨文化的比較研究，我們還可以就發生於西元七五五至七六三年的「安史之亂」，以及西元一〇五五年塞爾柱突厥人（Seljuk）攻占黑衣大食的京城巴格達（Baghdad）的軍事行動等等，從中觀察到這些親衛軍在重要軍事活動與權力結構運作中所扮演的重要角色。

總體而論，關於伊斯蘭早期歷史與唐中晚期以來的「親衛軍」，張廣達院士曾經對與此相關的內亞政治文化現象，以及這一些親兵護衛組織在世界歷史上的演變，作過相當深入的討論分析，並在政治大學歷史系的學術講座中，以「冷武器時代權力結構中的親衛軍」為題，進行過專題演講。藉由張廣達院士的研究，我們或許可以透過較為宏觀、長時段的角度來觀察清朝「粘竿處」的職官建置與檔案文獻的記載。清代皇帝既是天子，亦是滿洲臣僕之君主，君臣之間，世代皆有主僕名分，沿襲久遠，並且深化在宮廷文化之中。這類選用宗室勛舊與滿洲八旗子弟進入宮廷擔任近侍親衛之事，散見於各種清朝檔案文書之中。例如

27 中國第一歷史檔案館藏，《軍機處全宗》，文獻編號：03-3918-016，道光二年七月十五日，大學士戴均元奏為審擬粘竿處外庫庫長福昇等看庫鬆懈以致什物被盜一案事。

28 中國第一歷史檔案館藏，《軍機處全宗》，文獻編號：03-1573-050，嘉慶二十年十一月二十六日，烏魯木齊都統高杞奏為原粘竿處三等侍衛佟關保因罪發往伊犁當差期滿後赴烏魯木齊辦事三年期滿請准釋回事。

乾隆二十三年二月二十三日，乾隆皇帝便曾在相關旨意中提及「大員子孫」，何必參加童生考試，著令大學士傅恆（一七二一—一七七〇）侄兒等人在「上虞備用處」當差。[29]咸豐年間，「上虞備用處」亦有傳令鑲黃旗幼丁赴圓明園內本處朝房報到以備挑補「庫拜唐阿」的相關事例。[30]

甚至直到晚清光緒、宣統年間，檔案文獻中仍有記載，或是由滿洲八旗、宗室成員之中挑選年輕男丁參加「粘竿侍衛」考試，應試當差。[31]此外，同治、宣統年間，上虞備用處還曾多次行文總管內務府衙門奏報八旗幼丁挑補充任，或是傳令內務府正白旗幼丁屆期向其報到候補「庫拜唐阿」職缺等事。[32]例如宣統三年二月二十四日，上虞備用處特別奏請總管內務府衙門由幼丁挑補充任該處鉤子匠職缺，並在《內務府全宗》留下了檔案紀錄。[33]綜合上述史料文獻的記載，若是透過世界文化史的角度來觀察，我們或許就更能深刻的理解到「粘竿處」作為近侍親衛組織的一面。另外，視角的轉換之中，往往也能由小見大，透過長時段的歷史觀察角度，進而從「粘竿處」的若干行政業務的面向，以及清代檔案文獻記載所提及的各種特殊職掌著手，從而觀察到內亞文化因素如何具體而微的呈現在清代宮廷文化與權力結構的日常運作之中。[34]

*延伸閱讀：

1. 杉山正明著，黃美蓉譯，《遊牧民的世界史》（譯自：《遊牧民から見た世界史》〔增補版〕），新北市：廣場出版，二〇一三。
2. 李伯重，《火槍與帳簿：早期經濟全球化時代的中國與東亞世界》，新北市：聯經出版，二〇

---

29 中國第一歷史檔案館藏，《軍機處全宗》，文獻編號：03-18-000024-0001-0048，乾隆二十三年二月二十三日，大學士傅恆侄兒等俱係大員子孫何必考試童生著令於上虞備用處當差事。

30 中國第一歷史檔案館藏，《內務府全宗》，文獻編號：05-13-002-000750-0158，咸豐七年三月二十二日，為上虞備用處有庫拜唐阿缺傳令鑲黃旗幼丁春秀等赴圓明園刑部朝房內本處朝房報到以備挑補事致內務府等。

31 中國第一歷史檔案館藏，《宗人府全宗》，文獻編號：06-01-001-000391-0208，光緒三十二年，鍾秀等為正藍旗第八族內願報考上虞備用處宗室粘竿侍衛宗室旗佐年歲三代出具圖片事。中國第一歷史檔案館藏，《宗人府全宗》，文獻編號：06-01-001-000398-0087，宣統二年四月，為呈報揀選上虞備用處三等侍衛之缺鑲紅旗第六族宗室誠斌三代存歿事。

32 中國第一歷史檔案館藏，《內務府全宗》，文獻編號：05-13-002-000800-0044，同治六年五月三十日，為上虞備用處出有庫拜唐阿一缺傳令記名庫拜唐阿之內務府正白旗幼丁吉泰屆期報到候補事致內務府衙門。

33 中國第一歷史檔案館藏，《內務府全宗》，文獻編號：05-13-002-001003-0078，宣統三年二月二十四日，為請由幼丁吉升挑補上虞備用處鉤子匠一缺事致總管內務府。

34 相關研究可參見張廣達院士近年來在政治大學發表的幾場重要學術演講與相關文稿。張廣達，〈第二講——冷武器時代權力結構中的親衛軍〉，《張廣達教授系列演講》，臺北：政治大學歷史系，二〇一八．五．九。

一九。
3. 張廣達，《張廣達文集：文本、圖像與文化流傳》，桂林：廣西師範大學出版社，二〇〇八。
4. 莊吉發，《清史論集（二十二）》，臺北：文史哲出版社，二〇一二。
5. 馮爾康，《雍正傳》，臺北：臺灣商務印書館，二〇一四。

HISTORY系列 052

流轉的紫禁城：世界史視野下的明清宮廷文化

作者—王一樵
校對—馬文穎
副主編—石瑷寧
資深編輯—張擎
責任企畫—林進韋
封面設計—謝佳穎
內文排版—極翔企業有限公司

總編輯—胡金倫
董事長—趙政岷
出版者—時報文化出版企業股份有限公司
一〇八〇一九台北市萬華區和平西路三段二四〇號七樓
發行專線—（〇二）二三〇六六八四二
讀者服務專線—〇八〇〇二三一七〇五・（〇二）二三〇四七一〇三
讀者服務傳真—（〇二）二三〇二七八四四
郵撥—一九三四四七二四時報文化出版公司
信箱—一〇八九九臺北華江橋郵政第九十九信箱
時報悅讀網—www.readingtimes.com.tw
電子郵件信箱—ctliving@readingtimes.com.tw
人文科學線臉書—http://www.facebook.com/jinbunkagaku
法律顧問—理律法律事務所 陳長文律師、李念祖律師
印刷—勁達印刷有限公司
初版一刷—二〇二〇年九月十八日
定價—新台幣四二〇元

時報文化出版公司成立於一九七五年，
並於一九九九年股票上櫃公開發行，於二〇〇八年脫離中時集團非屬旺中，
以「尊重智慧與創意的文化事業」為信念。

流轉的紫禁城：世界史視野下的明清宮廷文化 / 王一樵著. -- 初版.
-- 臺北市：時報文化, 2020.09
面；　公分. --（History ; 52）
ISBN 978-957-13-8320-0（平裝）

1.文化史 2.宮廷制度 3.明清史

636　　109011270

ISBN 978-957-13-8320-0
Printed in Taiwan